D1674908

GUNTER SCHOLTZ
DIE PHILOSOPHIE SCHLEIERMACHERS

ERTRÄGE DER FORSCHUNG

Band 217

GUNTER SCHOLTZ

DIE PHILOSOPHIE
SCHLEIERMACHERS

1984

WISSENSCHAFTLICHE BUCHGESELLSCHAFT

DARMSTADT

CIP-Kurztitelaufnahme der Deutschen Bibliothek

Scholtz, Gunter:
Die Philosophie Schleiermachers / Gunter Scholtz.
– Darmstadt: Wissenschaftliche Buchgesellschaft,
1984.
   (Erträge der Forschung; Bd. 217)
   ISBN 3-534-07483-1
NE: GT

12345

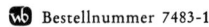 Bestellnummer 7483-1

ISSN 0174-0695
ISBN 3-534-07483-1

INHALT

VORWORT

Wenngleich es mehrere Arbeiten mit dem Titel ›Schleiermacher als Philosoph‹ gibt (z. B. W. Gass 1877, G. J. Hoenderdaal 1968, H. J. Adriaanse 1981), so steht seine Philosophie doch noch weitgehend im Schatten seiner großen Zeitgenossen Fichte, Hegel und Schelling. Allerdings mehren sich die Stimmen, die von Schleiermachers Aktualität sprechen. Gern und häufig zitiert wird er als Hermeneutiker, sodann genießt er einiges – aber nicht unumstrittenes – Ansehen als Religionsphilosoph. In dieser Situation stellt sich das vorliegende Bändchen die Aufgabe, sowohl einen Begriff von seiner systematischen Philosophie als ganzer zu geben, wie in die Forschung einzuführen, um so das Studium dieses Philosophen zu erleichtern. In der Rezeptionsgeschichte (Teil B) wurde die weniger bekannte ältere Literatur, im systematischen Teil (C) die neuere Literatur ausführlicher erwähnt. Wer mit dem Thema dieser Arbeit noch wenig vertraut ist, sollte die Lektüre vielleicht mit Teil C. II. beginnen.

Gegenwärtig erhält die Forschung wichtige Voraussetzungen und Impulse durch die Edition der Kritischen Gesamtausgabe. Der vor kurzem erschienene Band ›Jugendschriften 1787–1796‹ (KGA I, 1) gibt der Beschäftigung mit dem Denken des jungen Schleiermacher eine neue solide Basis, der neue Band mit Marginalien und Stellungnahmen zur ersten Auflage der Glaubenslehre (KGA I, 7, 3) ermöglicht einen Einblick in die Werkstatt der berühmten Zweitauflage und in Schleiermachers Auseinandersetzung mit seinen Kritikern. Beide 1984 erschienenen Bände konnten für unsere Arbeit nicht mehr fruchtbar gemacht werden.

Bochum, im April 1984   G. Sch.

A. EINLEITUNG

1. Schleiermachers Aktualität

„Schleiermacher ist wieder im Gespräch" (M. REDEKER 1968), er hat „neue Aktualität" (CH. SENFT 1962, G. MORETTO 1976), ja „Konjunktur" (H.-R. REUTER 1979). Eine Zuwendung zum Denken Schleiermachers hat nicht nur die neuere protestantische Theologie vollzogen, sie zeichnet sich gegenwärtig auch in der Philosophie ab. In der Tat gibt es in der heutigen Philosophie einige Problemstellungen, die eine solche Rezeption begünstigen. Ich deute an:

1. Während die *Hermeneutik* zur Daseinshermeneutik und zur Selbstreflexion des geschichtlichen Bewußtseins wurde, meldete sich dagegen auch Widerspruch: Hermeneutik soll auch weiterhin Methodenlehre der Geisteswissenschaften und „Kunstlehre" des Verstehens und Auslegens sein. Für die Hermeneutik in diesem älteren Sinne ist Schleiermacher, wenn nicht der Begründer, so doch einer der wichtigsten Repräsentanten.

2. Gegenwärtig wird die Transzendentalphilosophie weitgehend durch die *Sprachphilosophie* verdrängt. Indem diese aber jenseits der Einzelsprachen auch wieder Universalien anzuerkennen sich gedrungen sieht, nähert sie sich dem Problem von Vernunft und Sprache in einer Weise, wie sie auch Schleiermachers Denken in Unruhe hielt.

3. Die Kritik der Frankfurter Schule hat an der *systematischen Philosophie* Hegelscher Provenienz die Herrschaft des identischen Begriffs über das Nichtidentische und Individuelle hervorgehoben und darin den Gewaltcharakter der modernen Zivilisation wiedererkannt. Schleiermacher aber hatte – anders als die idealistische Systemphilosophie – das Individuelle sogleich zu einem Angelpunkt seines Denkens gemacht.

4. Die *Kommunikationstheorien*, die das Denken der zwanghaften Logik der Geschichte entziehen möchten und die Dialektik qua Gesetzeswissenschaft zur Dialogik umformen möchten, nähern sich damit von sich aus dem Dialektik-Begriff Schleiermachers. Auch Schleiermacher erhob die Konsensfähigkeit zum Wahrheitskriterium.

5. Im Zuge der Rehabilitierung der *praktischen Philosophie* stellt sich die Aufgabe, eine bloß soziologische Institutionenlehre mit einer ethischen Postulatenlehre zusammenzudenken, sollen nicht Deskription und Präskription, Sein und Sollen, Gesellschaft und Subjektivität sich unvermittelt gegenüberstehen. Diesen Zwiespalt aufzuheben war das Bemühen nicht nur Hegels, sondern auch Schleiermachers.

6. Die *Philosophiegeschichtsschreibung* muß sich seit dem 19. Jahrhundert um der historischen Genauigkeit willen ganz historisch-philologischer Methodik unterwerfen. Gleichzeitig bleibt die Forderung bestehen, historische und systematische Philosophie jeweils nicht zu verselbständigen. Es war Schleiermacher, der sowohl die methodische Trennung wie die systematische Verbindung von Philosophie und ihrer Historie vorantrieb. Das in allen Geisteswissenschaften wichtige Problem des Verhältnisses von Theorie und Geschichte stand in Schleiermachers Interessenzentrum.

7. Die *Religionsphilosophie* hat Schleiermachers Leistung nie gänzlich aus dem Blick verloren. Sie wendet sich insonderheit dann Schleiermacher zu – und wird das auch künftig tun müssen –, wenn sie das Verhältnis von Religiosität und Wissenschaft bestimmen, religiöse Erfahrung begrifflich artikulieren oder die Geschichte der neueren Theologie und der neuzeitlichen Religiosität begreifen möchte.

8. Die *Ästhetik,* in der z. Z. noch semiotische, linguistische und strukturalistische Modelle dominieren, findet in Schleiermacher einen Theoretiker, der Zeichen und Struktur mit der produktiven künstlerischen Individualität vermittelte und dabei die Tradition des Neuplatonismus fortsetzte.

Findet die Philosophie der Gegenwart bei Schleiermacher

2

z. T. ihre eigenen Probleme wieder, so darf sie freilich bei ihm nicht endgültige Lösungen, sondern nur Anregungen suchen. Historische Forschung bringt in ihrer Arbeit dabei immer auch zutage, was über den Fragehorizont der Gegenwart hinausreicht; solches, das die eigene Frage in andere Richtungen treiben kann, und solches, das sich nicht mehr als applizierbar oder sogar als fremd erweist.

2. Schwierigkeiten des Zugangs

Die Aktualität der Philosophie Schleiermachers beseitigt aber nicht die Hemmnisse, die ihre Aneignung erschweren. Der *Stil* seiner poetisierenden Frühschriften (der ›Reden‹, der ›Monologen‹, der ›Weihnachtsfeier‹) war schon bei den Zeitgenossen umstritten und verdeckt häufig den spekulativen Gedanken. Die im engeren Sinne philosophischen Texte (etwa die ›Kritik der bisherigen Sittenlehre‹ und die ›Einleitungen‹ zu den Dialogen Platons) sind von einer Herbheit des Stils und z. T. von einer Vertracktheit der antikisierenden Syntax, daß sie in anderer Weise schwer zugänglich sind. Schleiermacher hat darüber selbst ein Ungenügen empfunden; seine ›Kritik der Sittenlehre‹ nannte er einen „Westindischen underwood von Cactus" (Br. IV, 93), und gelegentlich äußerte er, man könne jedem seiner Sätze anmerken, daß er einen Buckel habe. (Das Hintergründige dieses Sarkasmus erhellt aus seiner Ästhetik, die – an den Neuplatonismus anknüpfend – die leibliche und die geistige Natur auf das nämliche Eidos zurückführt.) Aber man wird auch in Anschlag bringen müssen, daß vielleicht der Autor der schwungvollen ›Reden über die Religion‹ in der Philosophie nicht eingängig schreiben *wollte* (vgl. Br. IV, 79). So sieht es J. Cohn (1923/1965: 44):

„Der Meister der Predigt verschmäht in der Wissenschaft jedes rednerische Mittel, der lebenszugewandte Mann drückt sich auffallend blaß und abgezogen aus, so daß man oft Hegels gewaltige Sprachschöpfung oder Fichtes eindringliches Pathos vermißt. Diese Schreibart

entspringt einer merkwürdigen Mischung von Urbanität und Aristokratismus. Sie will nicht zwingen, nicht überreden, sondern den Leser
zur Untersuchung, zu geselliger Vereinigung der Geister laden – wobei nur die geistige Nahrung so gewählt ist, daß der Gast hungrig
vom Tische aufsteht, wenn er nicht die Fähigkeit mitbringt, kunstvoll
Bereitetes gebildet aufzunehmen. An das Leben wird stets erinnert,
es wird nirgends dargestellt. Der Gedanke meint überall bestimmte
Wirklichkeit; aber er schwebt über ihr, taucht nicht in sie hinab."
(Wäre hinzuzufügen, daß dieser Aristokratismus eine Angleichung an
Platon darstellt, der nach Schleiermachers Einsicht auch das Lesen erschwerte, um den selbsttätigen Vollzug des Gedankens dadurch her-
vorzulocken.)

Aber weit hinderlicher als der Stil ist für die Rezeption die
Textlage, nämlich die Tatsache, daß Schleiermacher – seines
Amtes Theologe – die Masse der philosophischen Arbeiten nur
in den Vorlesungen vortrug, sie dort immer umformte, aber
nicht zum Druck gab. So besitzen wir in der Regel für die
philosophischen Disziplinen nur jeweils eine Reihe von Entwürfen, und die posthumen Editionen zeigen teilweise – wie
man schon im 19. Jahrhundert beklagte – eine geradezu „chao-
tische" und „abschreckende Gestalt" (G. WEISSENBORN 1847: X;
J. SCHALLER 1844: 134). Die Herausgeber mußten – um der
Authentizität willen – die fragmentarischen Aufzeichnungen in
vorliegender Form einfach abdrucken (z. B. DJ, E), oder sie
mußten – um der Lesbarkeit willen – eine problematische Auswahl treffen und den Schleiermacher-Text mit Vorlesungsnach-
schriften sogleich zusammenschmelzen (ÄL, DO). Wer Schleiermachers Philosophie studiert, der muß sich also zumuten, zu
ein und derselben Disziplin mehrere Fassungen und Ausgaben
zu benutzen. Und die Gefahr jeder Schleiermacher-Darstellung
ist die, daß sie sich entweder in Philologie verliert und Schleiermachers Intention in Motive und Entwicklungsstufen zersplittert oder daß der leitende Gedanke nur dem geliehenen Ver-
stande des Interpreten entspringt. – Das Unzureichende in der
Textlage der philosophischen Hauptwerke wird nun aber dadurch ein wenig ausgeglichen, daß Schleiermacher fast zu allen

philosophischen Systemgliedern Akademie-Vorträge gehalten und zumeist auch zum Satz gegeben hat: zur Ethik, Ästhetik, Politik, Hermeneutik und Pädagogik (SW 3/II u. III, WA I). Zur Dialektik hat Schleiermacher wahrscheinlich kurz vor seinem Tod noch eine Einleitung druckfertig geschrieben (SW 3/IV-2, 568-604). Es sind dies die Texte, die als Zugang zur authentischen, systematischen Philosophie Schleiermachers sich am ehesten anbieten.

Eine weitere Erschwernis, die einer breiten Rezeption der Philosophie Schleiermachers sich in den Weg legt, ist ein *Vorurteil*, das die Rezeptionsgeschichte erzeugt hat. Da die größte Verbreitung seine Frühschriften fanden, haftet ihm das Odium des romantischen Religionsverkünders an, der Philosophie und Theologie vermische und dessen Denken die strenge Philosophie wenig angehe. Nun hat gerade Schleiermacher die Bereiche scheiden wollen; und außerdem mag man sich vergegenwärtigen, daß kaum ein Philosoph des Deutschen Idealismus die Theologie als fremdes, unzugängliches Gebiet von der Philosophie ausschloß. Zumindest die Verhältnisbestimmung von Philosophie und Theologie fällt ins philosophische Denken. Und so hat die Philosophie noch in der Abgrenzung von der Theologie es mit dieser inhaltlich zu tun.

3. Das Urteil der Philosophiegeschichte

Die Schwierigkeiten der Philosophie Schleiermachers spiegeln sich in der Literatur. Wer in den Philosophiegeschichten ersten Rat sucht, erhält die divergentesten Auskünfte. Schleiermachers Stellung in der Geschichte der Philosophie ist bis heute umstritten; ob er ein „großer" oder ein „kleiner" Philosoph, ein originärer Denker oder bloß Schüler oder Synkretist oder nur Theologe war, darüber gibt es keinen Common sense, schon gar nicht über die Zuordnung zu einer Schule oder Richtung. Einige der Philosophiegeschichten – wenn nicht die bedeutendsten – klammern Schleiermacher gänzlich aus (z. B. H. C. W. Sigwart 1844,

A. Schwegler ¹¹1862, C. Hermann 1867, W. Wundt 1909).[1]
In anderen erscheint er als Philosoph mit gleichsam eingeschränktem Kompetenzbereich, als Glaubens- und Religionsphilosoph
(H. J. Störig ⁸1961, J. Fischl 1964, V. Mathieu 1967).[2] Zuweilen wird er dem Kantianismus (K. Vorländer / L. Geldsetzer 1975), zuweilen den Anhängern Fichtes zugeordnet
(C. L. Michelet 1837/38, J. Erdmann 1866).[3] Eine Reihe anderer Werke stellen ihn in die Schelling-Schule oder zumindest
in deren Strahlungsbereich ein (E. Zeller 1873, R. Falckenberg ⁸1921, J. Hirschberger ⁶1963, J. Fischl 1964).[4] Aber
viele Philosophiehistoriker würdigen Schleiermacher auch als
eigenständige Figur, der neben den unumstritten führenden
Autoren der Epoche ein eigner Platz gebührt (z. B. F. Ueberweg / T. K. Oesterreich ¹³1951, A. Stöckl ³1888, F. Kirchner ³1896, A. Messer ²1917, R. Eucken ¹⁷/¹⁸ 1922, J. E. Erdmann / F. Clemens 1930, A. R. Caponigri 1963, G. de Rug-

1 Heinrich Christoph Wilhelm von Sigwart: Geschichte der Philosophie. 3 Bde. (Stuttgart 1844). – Albert Schwegler: Geschichte der
Philosophie im Umriß. 11. Aufl. (Stuttgart 1862). – Conrad Hermann:
Geschichte der Philosophie in pragmatischer Behandlung (Leipzig 1867).
– Wilhelm Wundt (u. a.): Allgemeine Geschichte der Philosophie (Breslau 1909).

2 Hans Joachim Störig: Kleine Weltgeschichte der Philosophie.
8. Aufl. (Stuttgart 1961) 503 f. – Joachim Fischl: Geschichte der Philosophie (Graz 1964) 361 f. – Vittorio Mathieu: Storia della Filosofia
(Brescia 1967) 695 f.

3 C. L. Michelet, siehe Lit.-Verz. – Johann Eduard Erdmann: Grundriss der Geschichte der Philosophie. II (Berlin 1866) 464–478. – Karl
Vorländer: Geschichte der Philosophie III/1 (Die Philosophie in der
ersten Hälfte des 19. Jahrhunderts). 9. Aufl., neu bearb. v. Lutz Geldsetzer (Hamburg 1975) 52–61.

4 Eduard Zeller: Geschichte der deutschen Philosophie seit Leibniz
(München 1873) 753–774. – Richard Falckenberg: Geschichte der neueren Philosophie. 8. Aufl. (Berlin 1921) 438–449. – Johannes Hirschberger: Geschichte der Philosophie. 6. Aufl. (Freiburg i. Br. 1963) II, 398
bis 400. – J. Fischl, s. o. Anm. 2.

GIERO 1974).[5] So zu verfahren erscheint am sinnvollsten, da eine eindeutige und ausschließliche Schulzugehörigkeit strittig ist: Schleiermacher wurde als Schüler Platons, Spinozas, Jacobis, Kants, Fichtes und Schellings interpretiert.

Umstritten ist auch Schleiermachers Zugehörigkeit zu den Grundrichtungen der Philosophie: C. L. MICHELET zählt ihn zum subjektiven Idealismus, J. HIRSCHBERGER zum objektiven Idealismus. F. UEBERWEG nennt – mit dem meisten Recht – seinen Standpunkt Idealrealismus. Die ihn in die Nähe Schellings rücken, sind sich mit anderen einig, daß Schleiermacher wesentlich der Romantik zugehört (E. ZELLER, R. FALCKENBERG, H. KNITTERMEYER u. a.).[6] Aber was besagt das schon, da ja die ganze Epoche des Deutschen Idealismus mit Hegel als ihrem Höhepunkt zuweilen Romantik genannt wird (A. R. CAPONIGRI). Aufschlußreicher für die Stellung Schleiermachers ist etwas anderes, das in der Tat auf den Kern seines Denkens deutet, wie wir sehen werden: Schleiermacher wurde einerseits – etwa unter dem Titel „Deutscher Idealismus" – Fichte, Schelling und Hegel zur Seite gestellt (z. B. J. E. ERDMANN / F. CLEMENS 1930, F. UEBERWEG [13]1951); er wurde aber auch andererseits diesen Autoren und ihren spekulativen Systemen als Kritiker gegenübergestellt: A. H. RITTER (1859) interpretiert Schleiermacher zusammen mit der romantischen Schule und mit

[5] Friedrich Ueberweg: Grundriss der Geschichte der Philosophie. III, 7. Aufl. hrsg. v. M. Heinze (Berlin 1888) 357–369. – 13. Aufl. hrsg. v. T. K. Oesterreich (Tübingen 1951) 112–128. – Albert Stöckl: Lehrbuch der Geschichte der Philosophie. 3. Aufl. (Mainz 1888) 303–309. – Friedrich Kirchner: Geschichte der Philosophie. 3. Aufl. (Leipzig 1896) 397–400. – August Messer: Geschichte der Philosophie im 19. Jahrhundert. 2. Aufl. (Leipzig 1917). – Rudolf Eucken: Die Lebensanschauungen der grossen Denker. 17./18. Aufl. (Berlin, Leipzig 1922) 490–493. – J. E. Erdmann: Grundriss (s. o. Anm. 3), neu bearb. v. F. Clemens (Berlin, Zürich 1930) 620–624. – A. Robert Caponigri: A History of Western Philosophy. III (Notre Dame, Indiana 1963) 514–517. – Guido de Ruggiero: Storia della filosofia. VII, 2 (Roma, Bari 1974) 321–344.

[6] S. o. Anm. 4; H. Knittermeyer (1929).

Herbart als „Widerstand gegen die absolute Philosophie" (Fichtes, Schellings, Hegels). Gemäß dieser Auffassung hat Schleiermacher in einer Zeit, als die Philosophie bei den Schulhäuptern über Kant hinaus zum absoluten Wissen fortging, den Kantischen Kritizismus geltend gemacht (W. WINDELBAND [9/10]1921, K. VORIÄNDER [3]1911).[7] Ist die Subsumtion eines Philosophen unter einen auf -ismus endenden Richtungstitel immer nur so aufschlußreich, wie dieser Begriff wohl definiert ist, so kann es doch einer vorläufigen Orientierung dienen, wenn man so formuliert: Schleiermachers Realidealismus steht – aufgrund der Aussagen kompetenter Philosophiegeschichtsschreibung – im Spannungsfeld zwischen Kritizismus und spekulativem Idealismus, zwischen Kant auf der einen und Schelling/Hegel auf der anderen Seite.

Von der genannten Literatur eignen sich für einen Überblick über Schleiermachers systematische Philosophie besonders die knappe unparteiliche Darstellung J. E. ERDMANNS (1866), die ausführlicheren z. T. kritischen Darstellungen A. H. RITTERS (1859) und E. ZELLERS (1873) sowie die neueren Artikel in den Handbüchern von F. UEBERWEG / T. K. OESTERREICH ([13]1951) und K. VORLÄNDER / L. GELDSETZER (1975).

---

[7] Karl Vorländer: Geschichte der Philosophie, 3. Aufl. (Leipzig 1911) II, 321 ff. – Wilhelm Windelband: Lehrbuch der Geschichte der Philosophie. 9./10. Aufl. v. E. Rothacker (Tübingen 1921).

B. DIE REZEPTIONSGESCHICHTE

J. K. Graby (1968) hat die Rezeptions- und Interpretationsgeschichte des Schleiermacherschen Denkens in vier Perioden eingeteilt: 1. die Zeit der Rezeption Schleiermachers im Zeichen der Auseinandersetzung mit der Schule Hegels, 2. die mit W. Dilthey (1870) einsetzende Schleiermacher-Renaissance, 3. die durch die dialektische Theologie betriebene Abwendung von Schleiermacher nach dem Ersten Weltkrieg, 4. die besonders mit R. Odebrecht wieder beginnende historische Erforschung und Aufnahme Schleiermacherschen Denkens (ähnlich E. Schrofner 1980: 15–58). Solche Grobgliederung ist von einigem Nutzen, besonders für die Wirkung Schleiermachers in der Theologie, wenn natürlich hier auch Kritik und Affirmation zuweilen parallel gehen (s. u.). Hinsichtlich der Philosophie wäre das Schema aber zu modifizieren, da sich hier z. B. der Einbruch durch die dialektische Theologie weniger bemerkbar macht. Allenfalls zwei Hauptepochen ließen sich m. E. unterscheiden: 1. die Rezeption und Kritik Schleiermachers im sog. Spätidealismus und in der Hegelschule, also in der selbst noch spekulativen Philosophie, die in ihm – wie in Hegel – einen unmittelbaren Gesprächspartner sieht: Schleiermacher als Metaphysiker, Religionsphilosoph, spekulativer Ethiker; 2. die aus der historischen Distanz zur idealistischen Philosophie geführte, immer auch historische Schleiermacher-Forschung und -Repristination, die verschiedene Motive haben und verschiedene Deutungsintentionen verfolgen kann: Schleiermacher als kritischer Theoretiker der Geisteswissenschaften, als Repräsentant deutscher tiefer Mystik, als Kant-Schüler, als Religionsphänomenologe, als Dialogiker, als Hermeneutiker usf.

Als zeitliche Trennungslinie der beiden Epochen, die sich freilich weit überschneiden, darf das erste Säkularjahr, Schleiermachers hundertjähriger Geburtstag (1868), gelten, zu dem in erster Lieferung DILTHEYS Arbeit vorlag.

1. Kritik und Affirmation bis 1868

Die Geschichte der philosophischen Schleiermacher-Rezeption ist zu einem großen Teil die Geschichte der Tatsache, daß Schleiermacher der Philosophie immer wieder abhanden kam. Schon in seinen philosophischen Kollegs – so bedauert H.-J. ROTHERT (1970: 184) – saßen nur die Studenten der Theologie, nicht aber die Studenten der Philosophie, für die insonderheit diese Vorlesungen bestimmt waren. Man hat im Verhältnis von Philosophie und Theologie Schleiermachers Zentralproblem gesehen (z. B. G. EBELING 1962 [1]). Aber gerade dies Problem erschwerte seine Wirkung besonders innerhalb der Philosophie. Denn Schleiermacher wollte beide Disziplinen unabhängig voneinander betreiben und doch ihre Vereinbarkeit erreichen. Aber diese Intention setzte sich im 19. Jahrhundert nicht durch, geriet in den Verdacht, bloße Illusion, ja Betrug zu sein. Die großen idealistischen Philosophen (HEGEL, SCHELLING) und die späteren Kritiker der Schleiermacherschen Theologie (Ch. J. BRANISS, K. ROSENKRANZ, F. CH. BAUR, D. F. STRAUSS) kamen darin überein, daß Schleiermachers Denken insgesamt in Widersprüche führe. Den nachhaltigsten Einfluß übte das harte Urteil D. F. STRAUSS' (1839), Schleiermacher habe die Theologie an die Philosophie und diese an jene verraten. Während die philosophische Kritik im 19. Jahrhundert nun fortfuhr, die Mängel dieses Standpunktes aufzuzeigen oder auszubessern, distanzierten sich die theologischen Schüler Schleiermachers weitgehend von der Philosophie, isolierten aber eben damit tendenziell die Theologie gegenüber der Philosophie. In der Rezeptionsgeschichte zeigt sich damit das, was Schleiermacher befürchtet hatte und mit

---

[1] RGG (Die Religion in Geschichte und Gegenwart) 3. Aufl., VI, 813 f.

aller Anstrengung verhindern wollte: die völlige Einschmelzung der Theologie in die Philosophie einerseits, die Entfremdung zwischen Theologie und Philosophie andererseits. In diesem Vorgang geriet gerade Schleiermachers Philosophie ins Hintertreffen; sie war für die Philosophen unzureichend, für die Theologen bedenklich.

Die Rezeption der Philosophie Schleiermachers stand von vornherein im Zeichen der Rezeption der Philosophie des Deutschen Idealismus, besonders HEGELS. Durch den Anspruch, die Totalität dessen, was ist, zu begreifen, fiel für HEGEL und die Hegelianer Schleiermachers Denken (seine Philosophie wie seine Theologie) in den Kompetenzbereich der philosophischen Kritik; sein *Standpunkt* mußte begriffen werden. Bereits 1802 hatte HEGEL in Schleiermachers ›Reden‹ den an Jacobi sich anschließenden Standpunkt der romantischen Subjektivität gesehen, für die die Versöhnung mit dem Absoluten immer nur zufällig und bloß subjektiv bleibe.[2] Die spätere Religionsauffassung seines Berliner Kollegen beurteilte HEGEL (1822) nicht anders: Im subjektiven Gefühl werde bei Schleiermacher jeder substantielle Inhalt der Religion aufgelöst; das Gefühl der Abhängigkeit eigne auch dem Tier.[3] SCHELLINGS Kritik von 1803 lautete ähnlich, subjektives Religionsgefühl verdränge den Gedanken.[4]

Der Hegel-Schüler C. L. MICHELET, der auch Vorlesungen Schleiermachers besucht hatte, hat diese Kritik fortgeführt. Schleiermacher gehöre – wie Kant und Fichte – zum „subjektiven Idealismus", der das objektive Sein in der Subjektivität des Gedankens untergehen lasse (1837/1838: I, 34). Die Dialek-

---

[2] G. W. F. Hegel: Glauben und Wissen (1802). Sämtl. Werke, hrsg. v. H. Glockner I, 389–391, vgl. 37.

[3] Hegel: Vorrede zu H. F. W. Hinrichs: Die Religion im inneren Verhältnis zur Wissenschaft (1822). SW XX, 17–23; vgl. XIX, 643 f. Zu Hegel und Schleiermacher s. u., bes. S. 42 f.

[4] F. W. J. Schelling: Vorlesungen über die Methode des akademischen Studiums (1803). Sämtl. Werke, hrsg. v. K. F. A. Schelling, 1. Abt. V, 278 ff.

tik des religiösen Standpunktes der Subjektivität weist er in Schleiermachers drei berühmten Frühwerken auf: Am Wissen verzweifelnd, werde Religion zu Gefühl und Anschauung des Universums (›Reden‹); da nur als individuelles das Gefühl auch religiös sei, werde es aber zur egoistischen Liebe zu sich selbst (›Monologen‹); schließlich führe diese „Atomistik der Idee" gerade zur Herabsetzung des individuellen Wertes der Eigentümlichkeit, und die Individuen würden in dem allgemeinen Ich der Wissenschaft und der Gemeinde ihr wahres Wesen erkennen (›Weihnachtsfeier‹) (II, 58 ff.). MICHELET sieht in der ›Weihnachtsfeier‹ den romantischen Standpunkt verlassen und zählt die Dogmatik (1821/22) zu Schleiermachers „wissenschaftlicher Bildungsepoche" (II, 89) – erkennt aber dann letztlich in der Dogmatik wieder nur die Ansicht der ›Reden‹ (II, 113). Seine Kritik an Schleiermachers Philosophie und Wissenschaftsbegriff deckt sich mit der Hegelschen Kritik am Subjektivitätsstandpunkt Kants und Fichtes: Zwar sei das absolute Sein im Gefühl gegenwärtig, von der Wissenschaft aber werde es nicht erreicht. So blieben Philosophie und Wissenschaft in einem ewigen Prozeß der Annäherung an die Wahrheit stecken, der zu Widersprüchen und Verzweiflung führe. Die Dialektik Schleiermachers versuche das höchste Wissen (von Gott) aufzustellen und nehme den Versuch sogleich als mißlungen zurück; so sei sie ein bloßes Spiel mit Begriffen und letztlich der Selbstmord der Philosophie (95 f., 101). Anläßlich der Säkularfeier hat MICHELET (1869) später diese Ansicht bekräftigt.

Für Schleiermacher war – wie für Kant – Gott kein möglicher Gegenstand der Vernunfterkenntnis, dafür aber sehr wohl Gegenstand lebendiger Erfahrung des Gefühls. HEGEL indes hatte den Anspruch gestellt, die Philosophie als Liebe zum Wissen endlich durch die Philosophie als Wissenschaft zu ersetzen, und er hatte die Erkenntnis Gottes zur eigentlichen Aufgabe der Philosophie erklärt. Für die Hegelianer war deshalb Schleiermachers Kantische Vorsicht und Platonische Weisheitsliebe eine Herausforderung, an der sich die Wahrheit Hegels bewähren mußte. Sorgfältiger als Michelet hat J. SCHALLER

(1844) zu erweisen gesucht, daß nicht die Kühnheit Hegels, sondern Schleiermachers Skepsis in Widersprüche führe. Wenn dieser die Vernunfterkenntnis auf den Bereich der endlichen Welt einschränke – so argumentiert SCHALLER gut hegelisch –, zeige allein das Setzen der Grenze, daß die Reflexion schon über sie hinaus sei (1844: 177). Schleiermacher halte de facto Gottes Unerkennbarkeit nicht durch, denn er treffe schließlich Aussagen über ihn (1839: 1470). Wenn er ihn das gegensatzlose Sein nenne und alle weiteren Prädikate ausschließe, folge dies nicht aus der Unkenntnis, sondern aus dem Wissen des Dialektikers (1844: 165 f.). Sei so die Vernunft reicher als vorgegeben, so das Gefühl ärmer; denn nicht das Absolute, sondern nur die Individualität an ihr selbst sei im Gefühl gegeben, Religionsgefühl sei Selbstgefühl (1839: 1472; 1844: 180). Indem für die Hegelianer sich zeigte, daß auf Schleiermachers Standpunkt der unendliche Gott in subjektives Gefühl und die bloß endliche Vernunft in die letzte Wissensinstanz umschlagen, war ihnen der „absolute Idealismus" Hegels gerechtfertigt und befestigt: Das philosophische Begreifen Gottes war ihnen die Selbstvermittlung des Absoluten.

Doch gegen den Hegelianismus in dieser Form erhob im 19. Jahrhundert eine einflußreich werdende Richtung, der „spekulative Theismus", prinzipiell Widerspruch, und von ihm aus ergab sich nun auch eine andere Einschätzung Schleiermachers. I. H. FICHTE erkannte 1846 in Schleiermachers Frontstellung gegen Hegel und in seiner geistigen Verwandtschaft mit J. G. Fichte die Zeichen der Wahrheit seines Denkens. Mit Recht habe Schleiermacher Gott und Welt scharf getrennt und damit den Pantheismus überwunden, mit Recht den absoluten Standpunkt gemieden, mit Recht die Religion nicht bloß zur Vorstellung (wie Hegel), sondern zu etwas Ursprünglichem und Eigenständigem gemacht (1846: 355, 365, 368 ff.). Auch das Insistieren auf dem Individualitätsprinzip zeichne Schleiermacher vor Hegel aus; allerdings möchte I. H. FICHTE dies als Merkmal für die eigne neue Richtung reklamieren (376 ff.). I. H. FICHTE spart nicht mit Kritik – gegen Schleiermachers Entmachtung der

Vernunft (375), das Schwanken zwischen Gefühlsgewißheit und Denken (372), das undenkbare Verhältnis von Gott und Welt (371), ja, er findet in ihm nur einen Epigonen J. G. FICHTES – aber er macht ihn zum Bundesgenossen im Kampf gegen den Hegelianismus, der die Transzendenz Gottes und die Unsterblichkeit der Seele nicht begreifen könne.

Die spätidealistischen Philosophen neigten zu Synthesen; die überkommenen Systeme der großen Lehrer mußten gegeneinander abgewogen, das Unvergängliche, Wahre in ihnen sollte miteinander vermittelt werden. So wie die theologischen Schleiermacher-Schüler „Vermittlungstheologen" waren, so suchten Schleiermachers philosophische Schüler einen Ausgleich zwischen der Philosophie ihres Lehrers und deren Kontrapositionen. Der Schleiermacher-Schüler L. GEORGE (1842) hat in diesem Sinne in der Vermittlung und Versöhnung der Standpunkte Schleiermachers und Hegels die philosophische Aufgabe seiner Gegenwart erblickt. Beider Dialektiken verhalten sich in GEORGES Darstellung vollkommen komplementär. Beide gehen vom leeren Sein aus; aber

„Hegel schreitet von diesem zu dem Absoluten fort, das bei Schleiermacher gänzlich außerhalb des Gebietes der Philosophie als ein rein transcendentes, nur vorauszusetzendes stehen bleibt; dagegen geht Schleiermacher in die besonderen Formen des Seins ein, die für Hegel ebenso außer dem Bereiche der Philosophie liegen. Hegel will die Prädicate des Absoluten erfassen, aus denen die Welt sich erklären lassen möchte, Schleiermacher in der Aufsuchung der Subjectsbegriffe die besonderen Formen der Welt nachbilden, in deren Reichthum sich das Absolute abspiegelt; Schleiermacher will erkennen, was ist und in welchem Zusammenhange es steht, Hegel, was wird und wie es wird. Deshalb ist Hegels System eine lange geradlinige Reihe von Entwicklungen des Absoluten, die an ihrem Anfangspunkt mit der realen Welt zusammenhängt, Schleiermachers Philosophie eine Organisation der Welt, die von dem unbekannten Absoluten getragen wird." (78)

Diese Parallelkonstruktionen durchziehen das ganze Buch, und es ergibt sich ein neuer philosophischer Standpunkt, der beide Philosophien und dabei auch Gottes Immanenz und Transzendenz zu vermitteln beansprucht, eine Aufgabe, die weder Schleiermacher noch Hegel gelöst habe.

Zu dem neuen Theismus bekannte sich auch G. WEISSENBORN, der ebenfalls zum weiteren Schülerkreis Schleiermachers zählt. Er gibt in seiner großen Arbeit von 1847 Schleiermacher zunächst durch eine geschichtsphilosophische Reflexion einen Standort in der neuzeitlichen Philosophie. Diese arbeite an dem metaphysischen Problem der Vermittlung des Dualismus von Geist und Natur, der bei Descartes sich manifestiert und bei Kant vertieft habe. Die nachkantische Philosophie gehe zu seiner Überwindung fort; noch Fichte sei Dualist, aber Schleiermacher restituiere neben dem Fichteschen Geist die Natur und mache Gott zum bindenden Element. Schleiermacher nähere sich dadurch wieder Descartes, Malebranche und Spinoza (in der Tat ist Schleiermachers Affinität zu diesen Autoren in seiner Philosophiegeschichte greifbar); aber er führe die Philosophie auch über Spinoza hinaus, indem er Gott und Welt deutlich trenne und den spinozistischen Pantheismus und Akosmismus meide (I–LXXII). Für Spinoza wurde Philosophie zur Theosophie, bei Schleiermacher sei sie Weltweisheit (251). WEISSENBORN möchte Schleiermachers Denken einen „skeptisch-dogmatischen Empirismus" nennen (253): die Erfahrung sei die Basis der Erkenntnis, Geist und Natur würden skeptisch unterschieden, aber ihre Einigung durch die Idee Gottes werde für möglich erklärt – eine philosophische Position, die eine „Integration von Kantianismus und Spinozismus" darstelle (254).

Schleiermacher hat für WEISSENBORN eine neue und wichtige Stufe des spekulativen Denkens erreicht; auch Schelling – mit Schleiermacher am ehesten vergleichbar (274 ff.) – ging nicht über sie hinaus, da er neben dem Absoluten keine Welt denken könne und so in Spinozas Akosmismus zurückzugleiten drohe (280). Aber auch Schleiermacher könne den neuzeitlichen Dualismus noch nicht gänzlich überwinden, es fehle der wirklich denkbare Zusammenhang von Gott und Welt und damit auch die denkbare Einheit zwischen Denken und Sein im Wissen (282 ff.). Erst Hegels dialektischer Entwicklungsbegriff bringe

15

hier die Problemlösung (295). Und damit ist WEISSENBORNS eigener systematischer Ansatz bezeichnet: die Verbindung von Schleiermacherschem Transzendenz-Gedanken und Hegelscher Methode zum spekulativen Theismus.

A. H. RITTER war Schleiermachers bedeutendster philosophischer Schüler, und die imponierende Masse seiner historischen wie systematischen Arbeiten zeigt, wieviel er seinem Lehrer verdankt. Dennoch überwiegt in seiner Schleiermacher-Darstellung von 1859 die Kritik. Schleiermacher habe in seinem berechtigten Kampf gegen die absolute Philosophie mit der Hegelei auch jede systematische Gedankenentwicklung verworfen, habe die Philosophie in Kritik aufgelöst und sei nahezu Skeptizist geworden (751, 765, 774). Das laut Schleiermacher dem Menschen vorgesetzte Ziel einer Einheit von Denken und Sein werde nur im Gefühl, aber nicht im Wissen und Tun des Menschen erreicht, und so bleibe der Mensch in Unruhe und Zwiespalt (763). RITTER vermutet im Platonismus Schleiermachers einen geheimen Herakliteismus (und zu Heraklit hatte Schleiermacher ja die erste große Forschungsarbeit beigetragen [s. u.]): Der Fluß einer allgemeinen Bewegung des Lebens zerstöre bei Schleiermacher jeden bestimmenden Gedanken; der Mensch habe kein allgemeingültiges Wissen und keine Erkenntnis von Gott und seiner Unsterblichkeit; Freiheit und Individualität gingen im deterministischen Lebensfluß unter. So lernten wir trotz Schleiermachers Rede von Wert und Würde der Individualität hier nur „die Gebrechlichkeit des Menschen" kennen (763–766). – RITTERS Anerkennung der Leistung Schleiermachers – die Verbindung von Realismus und Idealismus (753), von subjektiver und objektiver Seite im Denken (755) – tritt hinter dieser Kritik zurück. Schleiermachers Denken ist für RITTER weniger das Korrektiv zur Hegelschen Systematik als die Gefahrenzone, in der der Kampf gegen absolute Standpunkte, in der das philosophiehistorische Wissen (748) und das Individualitätsprinzip (754) zu Relativismus und Skeptizismus führen.

Aber die Systeme der deutschen Idealisten hatten nach der Jahrhundertmitte ohnehin ihre Autorität verloren. Der Ruf

„Zurück zu Kant" war das sinnfälligste Indiz. CH. SIGWARTS Schleiermacher-Kritik (1857) setzt diesen Bruch mit dem idealistischen Erbe voraus und vertieft ihn: „Man hat die Erfahrung gemacht, daß die Erbschaft der philosophischen Systeme nicht tauge, das wissenschaftliche Organ der Theologie zu seyn"; das „philosophische Interesse" sei „überhaupt zurückgetreten" (2). Aus SIGWARTS geschichtlicher Distanz nähern sich Schleiermacher und Hegel wieder einander an – aber nun als die, die als Kinder ihrer Zeit in die nämlichen Fehler verfielen und z. B. einem Geschichtsdeterminismus huldigten (49). SIGWARTS Kritik ist nicht eigentlich kantianisch; vielmehr erhebt sie, daß die Kantische und Fichtesche Philosophie einen „Constructionsfehler" in das Fundament des Schleiermacherschen Denkens brachte (5). Den „Schlüssel des Systems" Schleiermachers findet SIGWART in der Dialektik (5), und zwar in deren „Erkenntnistheorie", wie SIGWART mit diesem damals noch neueren Begriff sagt, in der Kantischen Konstruktion der Erkenntnis aus Wahrnehmung (Prinzip der Vielheit) und Denken (Prinzip der Einheit) (46). Die methodisch konsequente „Beschränkung auf den Kreis der Thatsachen des Selbstbewußtseyns" (57, 78) lasse nur scheinbar wissenschaftliche Aussagen über Theologie und Kosmologie zu. Das Absolute, Gott, repräsentiere nur unser Selbstbewußtsein (58, 89), nur das Ich sei die Einheit von Realem und Idealem (31 f., 81). Das Religionsgefühl, das der Abhängigkeit, könne in Schleiermachers System nur als das Gefühl der endlichen Individualität gedacht werden, in dem die reine Vernunfttätigkeit durch die Natur gehemmt sei (84 ff.). Während Schleiermacher bei A. H. RITTER zum Herakliteer wird, wird er bei SIGWART zum Eleaten: Die Kantische Zuordnung der Zeit ausschließlich zum Bereich des Realen führe dazu, daß das Ideale, der Geist, zur außerzeitlichen Vernunfteinheit zusammenschmelze, dem gegenüber sich Vielheit, Bewegung und Entwicklung in ein Nichts auflösten (36, 51 ff., 93). Auch die Individualitäten gehörten nur in die vergängliche äußere Erscheinungswelt, das Innere des Menschen sei die ewige, in allen identische Vernunft (93 ff.).

Da Schleiermachers Philosophie umstritten war und nach der

Jahrhundertmitte zusammen mit dem Abdanken des spekulativen Idealismus weiter an Ansehen einbüßte, nimmt es nicht wunder, daß die Theologen sie mieden und z. B. W. GASS sie 1860 an exponierter Stelle fast ganz aussparte. Aber schon im folgenden Jahr reklamierte A. BOBERTAG (1861: 1089 ff.), „Schleiermacher als Philosoph" sei den Gebildeten kein Begriff mehr, hier bestehe eine „Lücke in der Erinnerung". Aber gerade die Orientierung an Schleiermacher – dem besten weil vorsichtigsten Idealisten – sei der Gegenwart zu empfehlen, da sie sich in materialistische Philosophie und phantastische Theologie zu entzweien drohe.

Nun gab es ein Gebiet im Denken Schleiermachers, das Theologen und Philosophen gleichermaßen nicht umgehen konnten: die *philosophische Theologie.* Über ihr schwebte seit den ›Reden‹ der Verdacht des Pantheismus und Spinozismus. Wiederum D. F. STRAUSS (1839: 167 ff.) war es, der den älteren Spinozismus-Vorwurf am eindringlichsten auch gegen die Dogmatik erhoben hatte. CH. A. THILO (1851) nahm ihn popularisierend auf, nun auch als moralische Anklage, schien doch der Spinozismus der Wegbereiter des Materialismus zu sein (vgl. A. v. OETTINGEN 1865). Auch E. ZELLERS (1842) genauere Untersuchung kam zu dem Ergebnis, daß in Schleiermachers Denken der Begriff eines persönlichen Gottes keinen Platz mehr habe; aber ZELLER differenziert bereits: „Schleiermachers Ansicht vom Verhältniss Gottes zur Welt kann im Allgemeinen als ein durch Platonische und Schelling'sche Ideen belebter Spinozismus bezeichnet werden" (1842/1911: 54). Schleiermachers Schüler entdeckten bei ihrem Lehrer lediglich Elemente des Spinozismus, die mit anderem verschmolzen seien. Schleiermachers Theismus neige laut L. GEORGE (1842: 94 f.) in gleicher Weise zum Pantheismus, wie Hegels Pantheismus umgekehrt einen Zug zum Theismus habe. Nach G. WEISSENBORN (1847: 251 ff., 280) hat Schleiermacher Spinozismus und Kantianismus integriert und dabei Spinozas Akosmismus – im Gegensatz zu Schelling – überwunden. Dies differenzierte Urteil setzte sich in den eindringlicheren Untersuchungen durch. Es ist das bei Schleiermacher nicht zu leugnende Thema und Problem der Subjektivität, das seine Charakteristik als Spinozist schwer macht (vgl. neuerdings G. EBELING 1968: 480). Bereits F. CH. BAUR (1835: 632) hatte bei Schleiermacher die unbedingte Determiniertheit des Endlichen durch das Unendliche pantheistisch gefunden, zugleich dem aber den Ausgang von der Subjektivität, vom Gefühl, entgegengesetzt. D. F. STRAUSS' Spinozismusvorwurf wurde dann ebenfalls schwierig dadurch, daß er zugleich Schleiermachers Subjektivismus kritisierte. Die Hegelianer (C. L. MICHELET, J. SCHALLER), die in Schleiermacher den subjektiven Idealisten sahen, haben konsequenterweise keine Spinozismus-Anklage erhoben, war doch für sie bei Schleiermacher die göttliche Substanz im Ich zugrunde gegangen. Auch CH. SIGWART urteilte, bei Schleiermacher fehle für einen Streit um die Frage nach Theismus oder Pantheismus überhaupt der theoretische Boden, da ja nirgends über das Verhältnis von Gott und Welt mehr behauptet werde, als zur Erklärung des Wissens nötig sei (1857: 57).

Dies Schwanken der Kritik, die bei Schleiermacher einmal an die Stelle Gottes die spinozistische Substanz, ein andermal das Fichtesche Ich oder die bloße Subjektivität gebracht sieht, hat I. A. DORNER zum Ausgang seiner Darstellung gemacht (1839: 488; 2. Aufl. 1853: 1153). Schleiermacher suche sowohl die ursprüngliche Einheit von göttlicher Substanz und menschlicher Subjektivität wie ihre faktische Unterschiedenheit festzuhalten. Die Nähe zum Spinozismus ergäbe sich daraus, daß Schleiermacher Gott als bloße absolute Einheit festhalte, wodurch dann die Welt doch zur notwendigen Offenbarung seines Lebens werde (1853: 1194 f.). Das Schwanken zwischen Theismus und Pantheismus sei für ein Denken unvermeidlich, das auf eine Trinitätslehre verzichte (1197). Das bei Schleiermacher sich aufdrängende Problem, wie Gottes Aseität und seine Kausalität auf die Welt zusammengedacht werden könne, hat DORNER dann in die Geschichte der christlichen Theologie zurückverfolgt (1857/58). – Auch W. GASS fand bei Schleiermacher keinen systematischen Pantheismus; man dürfe allenfalls seine einseitige

Tendenz, das Ewige im Endlichen zu entdecken und die diesseitige Frömmigkeit zu betonen, pantheistisch nennen (1867: 580 ff.).

Nachdem im ersten Säkularjahr E. Schürer (1868) in gemäßigter Form noch einmal den Verdacht geltend machte, auch beim späten Schleiermacher sei Gott nur die Gesamtheit des gegensätzlichen, endlichen Seins, hat im selben Jahr P. Schmidt in der bis dahin besten und ausführlichsten Darstellung alle Unterschiede zwischen Schleiermacher und Spinoza hervorgehoben: Schleiermachers Trennung von Gott und Welt, seine Betonung der Individualität und (relativen) Freiheit des Menschen, seine Nähe zum kritischen Idealismus. Spinoza kenne nur eine Inhärenz der Welt in Gott, Schleiermacher dagegen eine Immanenz Gottes in der Welt (1868: 155). Ihre gemeinsame Abwehr eines persönlichen Gottes und ihre Lehre von der Determination des Endlichen erfolge aus verschiedenen Motiven. Mit Recht sagt Schmidt, daß Spinoza nicht bloß für Schleiermacher, sondern für die gesamte nachkantische Philosophie die Funktion eines „Ferments" hatte (197). Aber Schleiermacher sei weit über Spinoza hinausgelangt. Er habe früh eine grundlegende Schwierigkeit im System Spinozas erkannt: das Schwanken zwischen einem „pantheistischen Monismus", für den die Welt in der einen Substanz untergehe, und einem „naturalistischen Atomismus", der den Gedanken der einen göttlichen Substanz illusorisch mache (61). Dem gescheiterten Monismus Spinozas und Fichtes habe Schleiermacher in seiner ›Dialektik‹ einen „Dualismus der Immanenz" entgegengesetzt: Gott und Welt sollen unterschieden, aber nicht getrennt sein (134 ff.). Auch Schleiermacher sei dabei in Inkonsequenzen geraten: Gegen seine Absicht habe er Gottes Selbstbeschränkung und -entfaltung behaupten müssen. – Das Verdienst dieser Arbeit P. Schmidts ist nicht zuletzt, die Wirkungsgeschichte Spinozas und Schleiermachers mit einbezogen zu haben.

Einer der bedeutendsten Beiträge zu Schleiermachers 100. Geburtstag ist R. A. Lipsius' Aufsatz ›Studien über Schleiermachers Dialektik‹ (1869), deren wichtigste Ergebnisse ebenfalls auf dem

Gebiet der philosophischen Theologie und Religionsphilosophie liegen. LIPSIUS knüpft zunächst an SIGWART an und präzisiert dessen Kritik: Schleiermachers Schwanken zwischen Kantischem Kritizismus und Schellingscher Identitätsphilosophie, sein problematisches Festhalten am Empirismus. Aber er macht sodann auf bisher unbeachtete Momente aufmerksam, die Schleiermachers Subsumtion unter den subjektiven Idealismus in Frage stellen, voran Schleiermachers Anknüpfung an ältere Traditionen: Unter dem Realen denke Schleiermacher nicht die Materie, sondern die substantiellen Formen (25 ff.); Schleiermachers Gottesbegriff habe Analogien in Neuplatonismus und Patristik (37 ff.).

So kommt LIPSIUS zu dem Ergebnis, daß Schleiermacher allenfalls ein „objektiver Idealist" zu nennen sei (26) – wenn man überhaupt hier von reinem Idealismus sprechen könne, liege doch das Absolute *über* der menschlichen Gattung (129). Während SIGWART Schleiermacher in dem Widerspruch befangen sah, daß die höchste religiöse Wahrheit nur subjektiv, aber keine Wahrheit des Seins sei (1857: 5), findet LIPSIUS in Schleiermachers Aussagen über die Beziehung zwischen Religion und Philosophie die wichtigste Einsicht und den Fortschritt der neueren Religionsphilosophie. Für Schleiermacher sei mit Recht Religion das Bewußtsein von dem „Verhältnis" zwischen uns selbst und Gott, und deshalb liefere die Theologie auch nur „mittelbare" Aussagen über Gottes Wesen (141). Mit dieser Einsicht sei „aber geradezu eine völlig neue Epoche der religiösen und theologischen Erkenntniss angebrochen" (14 f.). Die Art, in der wir uns individuell in der Frömmigkeit auf Gott beziehen, könne durch Philosophie nicht ersetzt werden, da diese das „religiöse Objekt", Gott, in den Begriff aufhebe. Deshalb stelle ganz richtig Schleiermacher Religion und Philosophie ergänzend nebeneinander (142 ff.). Nach LIPSIUS steht Schleiermacher entgegen seiner eigenen Ansicht zuweilen in Spinozas Nähe: Aus Furcht vor Anthropomorphismus sei Gott mehr Substanz als Subjekt, sein Wirken mehr Naturdeterminismus als bewußte Handlung (50 ff.).

Die Arbeiten SCHMIDTS und LIPSIUS' bewegen sich bereits außerhalb des Streits um die Wahrheit von Schulen und Hegelianismus; aus historischer Distanz bemüht man sich um gerechte Einschätzung und entdeckt nun beides: unaufgelöste Probleme und fruchtbare Ansätze. Frei von Polemik und Parteinahme hatte bereits 1840 N. THOMSEN, ausgehend von der Dialektik, Schleiermachers „philosophische Grundansicht" dargelegt und war in diesem seinem soliden, m. W. nie beachteten Beitrag zum Ergebnis gekommen, Schleiermacher konstruiere Elemente von Leibnizianismus, Spinozismus, Kantianismus und Fichteanismus zu einer originalen Philosophie (106 f.). Das Urteil leistet dem häufig ausgesprochenen Verdacht Vorschub, Schleiermacher sei philosophisch Synkretist gewesen. Aber es macht mit Recht die später immer wieder bestätigte Auffassung deutlich, daß Schleiermacher nicht einseitig auf eine vorgegebene Position und Richtung festgelegt werden kann.

Mehr als Schleiermachers Dialektik, von der her zumeist nur die Schwierigkeiten seines philosophischen Fundamentes erörtert wurden, fand seine *Ethik* im 19. Jahrhundert Resonanz, und man erkannte in ihr eine große, wegweisende Leistung. Über sie fiel z. B. A. H. RITTERS Urteil sehr viel anerkennender aus (1859: 775 ff.). A. TWESTEN hatte schon 1841 eine Neuausgabe der reifsten Ethik-Fassung von 1816 veranstaltet und in einem ausführlichen Vorwort die Grundprinzipien der Schleiermacherschen Ethik verständlich und überzeugend dargelegt. Während die Rechtshegelianer zumeist bei Schleiermacher nur immer einen überwundenen spekulativen Standpunkt fanden, entdeckte z. B das Junge Deutschland Schleiermacher als einen Ethiker, der in seinen ›Lucinde-Briefen‹ die ersehnte Einheit von Sinnlichkeit und Geist verkündet habe; K. GUTZKOW gab diese Schrift 1835 mit einer programmatischen Vorrede neu heraus. Hier wurde nicht vergessen, daß Schleiermacher – viel eindeutiger liberal als Hegel – sich nie als Apologet des preußischen Staates verdächtig gemacht und daß er der kirchlichen Reaktion Widerstand geboten hatte. Der junge FRIEDRICH ENGELS bezeugte 1839 vor Schleiermacher eine „ungeheure Achtung".⁵ – Die reife Gestalt der Schleiermacherschen Ethik, wie sie schon in den Akademieabhandlungen authentisch vorlag, übte ihren Einfluß auf fast alle protestantischen Ethiken des 19. Jahrhunderts aus, aber auch auf die katholischen (z. B. KARL WERNER) und auf die philosophischen, bes. die des sog. Spätidealismus. I. H. FICHTE hat in seiner ›Ethik‹ (1850: I, 277 ff.) Schleiermacher geradezu als Begründer der wissenschaftlichen Ethik begrüßt; er habe die vorher zerspellten einseitigen Richtungen: Pflichtenlehre (Kant), Tugendlehre (Fichte) und Güterlehre (Hegel) zu einem Ganzen zusammengefügt (vgl. J. U. WIRTH, F. HARMS).

1851 erschien von dem Schleiermacher-Schüler F. VORLÄNDER die erste große Monographie, die Schleiermachers Ethik in ihrer Entwicklung und ihrer geschlossenen Systematik vor Augen stellte und gegen die zeitgenössischen Angriffe verteidigte: so gegen den Herbartianer G. HARTENSTEIN (1844), der in Schleiermachers „kosmischer Sittenlehre" das eigentlich Ethische, die Gesinnung, übergangen glaubte; und gegen den konservativen Rechtstheoretiker F. J. STAHL (1847), der die sittlichen Prinzipien des Staates (Gerechtigkeit, Strafe, Sühne) vermißte. Für VORLÄNDER bedeutet Schleiermachers Ethik ein originärer Neuansatz, der die sittliche Selbstbildung der Persönlichkeit zum Angelpunkt mache (1851: 75 f.). Auch er äußert Kritik, besonders am philosophischen Fundament, das die Dialektik entfalte (90–128). Aber er versucht, seinem Gegenstand in vollem Umfang gerecht zu werden und eignet sich die Schleiermachersche Ethik für seine eigene praktische Philosophie produktiv an. –

⁵ MEGA, 3. Abt. I, 150. – Man vergleiche das Urteil Ludwig Börnes von 1828 über Schleiermachers Tätigkeit in Halle: „Schleiermacher lehrte die Theologie, wie sie Sokrates gelehrt hätte, wäre er ein Christ gewesen." Sämtliche Schriften, hrsg. v. I. u. P. Rippmann (Dreieich 1977) I, 598; vgl. IV, 92, 100 f., 136. – Gustav Kühne nannte Schleiermacher den „Lessing der christlichen Theologie". Bei: Georg Runze: Eine Charakteristik Schleiermachers aus dem Kreise des „Jungen Deutschland". Monatshefte der Comenius-Gesellschaft für Kultur- und Geistesleben XVII (1908) 283–301. Zit. 289.

Die historische Bedeutung dieses Buches liegt u. a. darin, daß es auf die Arbeiten R. HAYMS, besonders aber W. DILTHEYS vorverweist: Schleiermachers Ethik sei nicht für die „idealen Metaphysiker", die sich mit eingebildeten Gedankendingen abgeben, sondern für Leser, denen es mit der Ethik als „Lebensphilosophie" ernst sei (VI). Für F. VORLÄNDER ist Schleiermachers Lehre nur von seinem Leben her (und vice versa) verständlich. Deshalb vermißt er eine Biographie (65 f.).

Vorstehendes läßt folgendes erkennen: Die spät- und nachidealistischen Philosophen, die Schüler-Generation der großen Idealisten, betrieben zumeist keine eigentlich methodisch geregelte Schleiermacher-Forschung. Hineingestellt in den Kampf der Schulen und die Spannung zwischen philosophischer Tradition und veränderter Wirklichkeit galt ihr Interesse mehr den philosophischen Sachfragen als einer genauen historischen Erhellung des Schleiermacherschen Denkens. Dies Denken wird deshalb als Irrweg kritisiert oder sogleich produktiv fortgebildet und mit anderen Elementen verschmolzen. Dabei kommt es zu schematischen und polemischen Subsumtionen unter Richtungen und Strömungen (Schleiermacher als Spinozist, subjektiver Idealist, Empirist usw.). Aber die Kühnheit des Zugriffs, die Konzentration auf die Fundamente und die Unmittelbarkeit der Wahrheitsfrage lassen die Aussagen dieser Autoren nicht eigentlich veralten. Es tauchen hier schon die Fragen und Probleme auf, denen auch die Schleiermacher-Forschung des 20. Jahrhunderts sich gegenübersah. Eigentlich erst, nachdem Schleiermacher in der zweiten Hälfte des 19. Jahrhunderts als spekulativer Gesprächspartner nicht mehr zu taugen schien, setzte aus der Distanz heraus so etwas wie Forschung ein, die dann gleichwohl lebendige Gedankenkeime im nunmehr historisch gewordenen Werk Schleiermachers entdeckte und die Auseinandersetzung mit ihm kontinuierlich fortführte.

So setzte E. BRATUSCHECK im Gedenkjahr 1868 einen schärferen Akzent auf ein bis dahin wenig beachtetes Moment, das seit DILTHEY nichts an Aktualität einbüßen wird: Schleiermacher habe sich die wichtige Aufgabe gestellt, die Philosophie

mit den Einzelwissenschaften zu verbinden, eine Aufgabe, deren
Lösung gerade jetzt dringlich sei, wo die spezialisierten Wissen-
schaftler philosophische Dilettanten seien (1868/69: 2 f.). Als
Philosoph war Schleiermacher für BRATUSCHECK, den Kenner
der Geschichte der Altphilologie im 19. Jahrhundert, weder
Spinozist, noch Fichte- oder Schellingianer, schon gar nicht Empirist, sondern Platoniker. War – nach Trendelenburgs Wort –
Kant der unbewußte Fortsetzer Platons, so sei Schleiermacher
der bewußte Fortsetzer Platons gewesen: „An ihn wird sich
die jetzt vor allem zu erstrebende geschichtliche Continuität der
Speculation anschließen." (23) Die Voraussage hat sich so nicht
erfüllt – der Neukantianismus fand zwar bald Anschluß an
Platon (P. Natorp), aber weniger an Schleiermacher; DILTHEYS
Schleiermacher-Rezeption hatte andererseits für den Platonismus keine Verwendung – aber von BRATUSCHECK ist hier eine
Leistung Schleiermachers vollkommen richtig ausgesprochen: die
Vermittlung der spekulativen Philosophie platonischer Prägung
mit den modernen Erfahrungswissenschaften. Daß Schleiermacher nur als Platoniker verständlich sei, hat dann B. TODT
1882 bekräftigt.

Es sei an dieser Stelle angedeutet, daß Schleiermachers Wirkung auf
die Philosophie des 19. Jahrhunderts weiter reicht, als die Schleiermacher-Literatur vermuten läßt. Er, der keine philosophische Schule
bilden wollte und bildete, wirkte mehr durch seine Impulse und häufig mehr unterschwellig. Genannt sei die Wirkung seiner Hermeneutik
und seiner philosophiegeschichtlichen Forschung auf die Philosophiegeschichtsschreibung, besonders auf die Historiker der antiken Philosophie (A. BOECKH, A. BRANDIS, A. H. RITTER, E. ZELLER).[6] – Auch
und gerade von seinen Kritikern wurden seine Impulse aufgenommen.
So zehrte BRUNO BAUERS radikale Bibelkritik – trotz BAUERS Dementi
(1842: 95 ff.) – offensichtlich doch von Schleiermachers Gedankengut:

[6] Vgl. vom Verf.: Zur Darstellung der griechischen Philosophie bei
den Schülern Hegels und Schleiermachers. In: Philologie und Hermeneutik im 19. Jahrhundert, hrsg. v. H. Flashar, K. Gründer, A. Horstmann (Göttingen 1979) 289–311.

Wie dieser die platonischen Dialoge, so interpretierte jener die Evangelien als „Kunstwerke"; und die von Schleiermacher Jesu zugeschriebene Kraft, ein schlechthin Neues in die Geschichte zu bringen, wurde bei BAUER zur Produktivität der biblischen Autoren. Auch L. FEUERBACH destruierte die Theologie Schleiermachers mit deren eignen Begriffen, indem er die Religion zum Gefühl der Abhängigkeit von der Natur erklärte.[7] FEUERBACH nahm aber Schleiermachers Philosophie auch affirmativ auf, nämlich als er forderte, wahre Dialektik könne und solle nur der Dialog zwischen endlichen Individuen sein.[8] – Schließlich wäre zu fragen, ob nicht das Denken des Dilthey-Freundes PAUL YORCK VON WARTENBURG mehr Kontakte zu Schleiermacher unterhält, als YORCKS Kritik an diesem vermuten läßt. Denn YORCKS programmatische Formel: „Transzendenz gegen Metaphysik" deutet sich gerade auch bei Schleiermacher an, indem dieser die Relativität alles metaphysischen Wissens und die Unmöglichkeit einer spekulativen Gotteserkenntnis behauptete und nur die Gefühlsbeziehung auf den transzendenten Grund zur Gewißheit machte. YORCK interpretiert mit Schleiermacher die Religion als „Abhängigkeitsverhältnis"; und beide kennzeichnen den Grundzug des natürlichen und bewußten Lebens ganz vergleichbar als Bewegung zwischen Freiheit und Abhängigkeit und als Assimilation des Fremden.[9] Beide schrieben bedeutsame Abhandlungen zu Heraklit, und YORCK schloß sich in seiner Heraklit-Auffassung mehr an Schleiermacher als an Hegel an.[10]

[7] L. Feuerbach: Das Wesen der Religion (1845) § 2 f. Sämtl. Werke, hrsg. v. W. Bolin, F. Jodl, 2. Aufl. (Stuttgart-Bad Cannstadt 1967) VII, 434 f.

[8] L. Feuerbach: Grundsätze der Philosophie der Zukunft (1843) § 62. Sämtl. Werke II, 318.

[9] Graf Paul Yorck von Wartenburg: Bewußtseinsstellung und Geschichte, hrsg. v. I. Fetscher (Tübingen 1956) 39.

[10] Graf Paul Yorck von Wartenburg: Heraklit, hrsg. v. I. Fetscher. In: Archiv für Philosophie IX (1959) 214–284.

2. Die Forschung seit Dilthey

„Die Geschichte ... drängt sich mit vorher nicht gekannter Bedeutung in unser theoretisches Streben." „Die Historie ist das Korrektiv der Philosophie." [11]

R. HAYM hätte sich mit diesen Sätzen von 1847 auf Schleiermacher berufen können (s. u.); sie bezeichnen zugleich die neue Stellung, die man geschichtlichen Autoren gegenüber einnimmt: Man schreibt als Historiker, nicht als spekulativer Philosoph. In R. HAYMS großem Buch über die romantische Schule (1870) ist vorausgesetzt, daß die Romantik durch eine Epochenschwelle von der Gegenwart getrennt ist, und so stellt sich HAYM die Aufgabe, „dem romantischen Wesen in rein historischer Haltung nachzugehen" und „das Bleibende und Vergängliche [der romantischen Schule] unbefangen zu würdigen" (4). Es ist der *junge* Schleiermacher, der hier seine Würdigung erfährt, und zwar als ein den Zeitgenossen überlegener Ethiker, der mit Recht in seiner historischen Situation die innere Bildung zum ethischen Ideal erklärte, aber den Subjektivismus nicht mit der realen Welt vermitteln konnte (bes. 545 ff.).

Aber HAYMS Darstellung stand sogleich im Schatten der Arbeit W. DILTHEYS, der ihm mit seinem ›Leben Schleiermachers‹ (erster Band) 1867/70 zuvorkam und mit dem eine Schleiermacher-Forschung im engeren Sinne erst begann. Auch DILTHEY verhält sich zu Schleiermacher nun wie zu einem historischen Gegenstand; denn wenn auch dessen Wirkung andauere, so sei er und seine Zeit doch „etwas dem gegenwärtigen Geschlecht völlig Fremdartiges" (XIII/1, S. XXXV). Gleichwohl hat die historische Erforschung Schleiermachers auch philosophische Motive. Sie steht bei DILTHEY im übergreifenden Zusammenhang der Konzeption einer Biographik, die die metaphysischen Geschichtskonstruktionen Hegelscher Provenienz ersetzen soll. Die Biographie, „die am meisten philosophische Form der

[11] Rudolf Haym: Die Krisis unserer religiösen Bewegung (Halle 1847) 18–21.

27

Historie", zeige im Menschen die Urtatsache aller Geschichte und im Spiegel des Individuums ihr allgemeines Gesetz (V, 225; vgl. die Einleitungen von U. HERRMANN, DILTHEY XV, S. XXV ff., und M. REDEKER ebd. XIII/1, S. IX ff.). DILTHEYS erste Publikation zu Schleiermacher war denn auch eine kurze Biographie (1859). Für die biographische Geschichtsschreibung ist Schleiermacher zunächst wiederum nur ein Beispiel, allerdings ein hervorragendes. Denn hier zeigte sich die Biographie als unabdingbar für das Verständnis des Werkes (XIII/1, S. XXXIII). Sodann stand für DILTHEY Schleiermacher in der „Mitte aller Bestrebungen seiner Generation", und er bezeichnete zugleich „den Wendepunkt zu großen Aufgaben der Gegenwart hin." (XIII/1, S. XLI f.) So kann an Schleiermacher, wenn er „im Zusammenhang der weltgeschichtlichen geistigen Bewegung" und der Äußerungen des „Volksgeistes" interpretiert wird, dieser größere Zusammenhang erst recht klar werden, und es kann hier in besonderer Weise die Biographik die Funktion der älteren Geschichtsphilosophie übernehmen.

Aber DILTHEY will nun nicht nur „das Bild dieses großen Daseins" und in ihm widerscheinend die Geschichte vor Augen stellen, sondern zugleich einen „Zusammenhang bleibender Ideen" herausheben, der die wissenschaftliche Arbeit der Gegenwart befruchten kann (XIII/1, S. XXXVI). Das heißt, daß Schleiermacher nun auch als ein Philosoph rezipiert wird, der für die Theorie der Geschichte und der Geisteswissenschaften Gültiges zu sagen hat. Schleiermacher, der Gegenstand der Biographik, ist zugleich erster Kronzeuge für diese Methode. Damit rücken für DILTHEY in das Interessenzentrum besonders Schleiermachers Hermeneutik als Theorie des Verstehens, der schon seine Preisschrift (1860) galt (XIV/2, 595–787), und zum anderen die Ethik als Theorie der Kultur, die er schon in der Dissertation (1863/64) zum Gegenstand machte (XIV/1, 339–357). Die Dialektik hingegen erhält erst später im Gesamtrahmen der Darstellung einen ausführlichen Kommentar (XIV/2, 65–227).

Es war für die Schleiermacher-Forschung von weitreichender Konsequenz, daß DILTHEY nur den ersten Band seines großangelegten Werkes und daneben nur einige Artikel selbst zum Druck brachte. Erst seit 1966 sind in der Ausgabe M. REDEKERS weitere umfängliche Ausarbeitungen zu Schleiermachers philosophischem und theologischem System sowie die genannten frühen Arbeiten zu Hermeneutik und Ethik zugänglich.[12] Es ist fast ein Kuriosum, daß der Biograph – bemüht um die Geltung des Werkes Schleiermachers – die Rezeption wiederum erschwerte und verzögerte, indem er ebenfalls – wie sein Autor – seine Arbeit nicht fertig in die Öffentlichkeit brachte. – Hier kann nicht annähernd der Ertrag des voluminösen Diltheyschen Werkes vorgestellt werden, und deshalb seien nur einige Grundzüge und Tendenzen seiner Deutung genannt, wie sie zum großen Teil auch schon für die Zeitgenossen – besonders durch den großen Schleiermacher-Artikel in der ›Allgemeinen deutschen Biographie‹ (1890) – erkennbar waren. (Siehe zum folgenden auch M. REDEKERS Einleitung, DILTHEY XIV/1, S. XXV–LIX, und W. SCHMIED-KOWARZIK 1970: 99–108.)

DILTHEYS 1866 geäußerte Absicht ging dahin, erstmals eine systematische Darstellung von Schleiermachers „Weltansicht" so zu geben, daß sie die Schleiermachersche Systematik sichtbar machte.[13] REDEKERS Ausgabe läßt diese Absicht deutlich erkennen. Diese Systematik sieht DILTHEY verankert in der platonischen Voraussetzung einer als Kunstwerk gebildeten Welt, deren Teile immer wieder Ganzheiten von Teilen sind. Das architektonische Gefüge des Systems folge nicht aus der Logik, sondern aus dem Ganzheiten erfassenden ästhetischen Blick (XIV/1, 19, 63, 103, 250). So sehr DILTHEY Schleiermachers Platonismus herausarbeitet, so wenig ist für ihn die Schleiermachersche Metaphysik noch affirmierbar. Dieser Streitpunkt sinkt bei DILTHEY

---

[12] Es sei hier angedeutet, daß der von M. Redeker besorgte Text nicht immer ganz klar und leicht verständlich ist. Ob dies an Diltheys unvollkommenem Manuskript oder Redekers Ausgabe liegt, wage ich nicht zu entscheiden.

[13] Vgl. Clara Misch (Hrsg.): Der junge Dilthey, 2. Aufl. (Göttingen 1960) 208.

zu einem Rest veralteter Denkweise herab, der leere Schematik und Abstraktionen zeitigte.

Wenngleich DILTHEY im ersten Band seines Werkes gerade den jungen, heterodoxen Schleiermacher neu zur Geltung bringen wollte – in Absetzung von der Schleiermacher-Schule –, so kommt er doch zum Ergebnis, daß der Autor insgesamt nicht der Romantik zugerechnet werden dürfe. Er gehöre dem Deutschen Idealismus zu, und seine Stellung in ihm ist für DILTHEY geradezu einzigartig, indem er die Methode des subjektiven Idealismus (Kant, Fichte) mit der des objektiven Idealismus (Schelling, Hegel) vereinige (IV, 393). Zumeist aber zählt er ihn zum „objektiven Idealismus" (XIV/1, 47, 238, 250 u. ö.), für den die Wirklichkeit an ihr selbst einen vernünftigen Zusammenhang hat. Im Kontext des objektiven Idealismus bezeichne Schleiermacher die originäre (nicht bloß eklektische) Position, die zugleich Kant verpflichtet bleibe: eine kritische Identitätsphilosophie. Dies ist für DILTHEY namentlich in der Dialektik deutlich, dergemäß die Voraussetzungen des Wissens jenseits des Wissens liegen und die deshalb den Standpunkt der Immanenz verlasse. In diesem Werk berührten sich antike Philosophie und modernste Bestrebungen, es weise zurück zum Platonismus und zugleich vorwärts zur modernen Erkenntnistheorie und Methodenlehre (XIV/1, 73).

DILTHEYS Stellung zur Schleiermacherschen Ethik spiegelt sein eigenes Ringen mit der Sache. Zum einen sieht er Schleiermacher zu weit sich von Kant und den Forderungen des moralischen Bewußtseins entfernen (XIV/1, 356, 236, 241 ff.); zum anderen akzentuiert er, daß Schleiermacher sich mit seiner Ethik und Kulturphilosophie der modernen Entwicklungslehre genähert (Herbert Spencer), dann aber doch die Kausalbetrachtung zugunsten teleologischer und metaphysischer Setzungen verlassen habe (IV, 369). Das bleibende Verdienst der Ethik liege darin, die geschichtlich-menschliche Welt ausgehend vom Begriff der Individualität verstanden zu haben. Nur trenne seine „ästhetische" Architektonik abstrakt die einzelnen Kultursphären voneinander ab (IV, 396).

Auch DILTHEYS Einschätzung von Schleiermachers Religionsphilosophie und Theologie unterlag Schwankungen. Zunächst
galt ihm Schleiermachers so oft bekämpfter Zug zum Pantheismus eher als ein Fortschritt; die europäische Religiosität dränge
– im Sinne einer Perfektibilität des Christentums – bei ihm
über das kirchliche traditionelle Christentum hinaus. Schleiermacher sei der „Kant der Theologie" gewesen (IV, 397), der die
kritische Methode in die Dogmatik einführte. Später hat dann
DILTHEY in der von Schleiermacher vorangetriebenen Entwicklung „ein furchtbares Defizit an existierender christlicher Religiosität" erblickt (XIV/2, 589), das nicht mehr ausgeglichen
werden könne. – DILTHEYS bedeutendste Leistung innerhalb
der Gesamtdarstellung dürfte aber die Erforschung von Schleiermachers Hermeneutik sein, die zuvor von der Philosophie nicht
beachtet worden war (vielleicht schon deshalb nicht, da sie in
der Abteilung der theologischen Werke publiziert war [SW 1/
VII]). Seit DILTHEY gilt Schleiermacher als Hermeneutiker und
Theoretiker der Geisteswissenschaften. DILTHEYS Arbeit ist für
uns ihrerseits in historische Distanz gerückt; schon ihr z. T.
feiernder Stil ist uns fremd. Die neuere Forschung schreibt
gleichsam gegen DILTHEYS Autorität und Wirkung an. Aber es
rächt sich, seine Erkenntnisse außer acht zu lassen.

Während DILTHEYS Arbeit sogleich geistesgeschichtlich angelegt ist, verfolgt die umfänglichste und geschlossenste Darstellung des 19. Jahrhunderts, die des Ritschlianers W. BENDER
(1876/1878), das systematische Interesse der Theologie. Die
schon bei CH. SIGWART sich abzeichnende Methode, das Denken
Schleiermachers von seiner Psychologie her und als wesentlich
„psychologisch" zu erfassen, ist bei BENDER, dem inzwischen die
Psychologie-Vorlesungen (1862) vorlagen, Prinzip geworden.
Darin zeigt sich das allgemeine psychologische Interesse am
Ausgang des 19. Jahrhunderts. Der Idealismus eines philosophischen Systems hat sich nun an seiner Anthropologie und Psychologie zu erproben (BENDER 1876: I, 6 f.), und der Interpret muß
sich „in die Stimmung einleben", der die leitenden Gedanken
entsprangen (3). BENDER hat Schwierigkeiten, mit dem älteren

spekulativen Autor in ein produktives Gespräch zu kommen. Während bei Schleiermacher für die Psychologie schon die Dialektik vorausgesetzt war, wird nun umgekehrt die dialektische Begrifflichkeit von der Psychologie her verstanden und an dieser sogleich die wissenschaftliche Form wie der Mangel an empirischem Gehalt kritisiert.

Auch BENDER sieht – ähnlich wie DILTHEY – in Schleiermachers Wissenschaftssystematik und -architektonik nur ein „ästhetisches" Interesse wirksam, das sich von den Sachfragen gelöst habe (71, 99). Die philosophischen Ergebnisse BENDERS resümieren zumeist die Arbeit seiner Vorgänger. Die Schleiermachersche Trennung von Gottes- und Weltbegriff führe nicht über den Standpunkt des Pantheismus hinaus (65 ff.). Erst wenn man Schleiermachers Philosophie als „falsch in ihrer Methode" und „untauglich zur Lösung des Welträthsels" (71) und seine Auffassung des Christentums als verfehlt erkannt habe, könne man seine eigentliche Bedeutung für die Theologie und Religionsphilosophie, seine methodologischen Anregungen, würdigen. – BENDERS Kritik an Schleiermachers Philosophie und Theologie besiegelt eigentlich nur die längst vollzogene Distanzierung vom spekulativen Idealismus. Dies tut in ähnlicher Weise auch noch einmal die pointierte Kritik R. QUÄBICKERS (1871), der – geschult an Trendelenburg und Lotze – geltend macht, daß Schleiermacher wie alle Identitätsphilosophen nicht über Kant hinausgegangen, sondern hinter ihn zurückgefallen sei.

Trotz dieser Kritik gewann Schleiermacher seit dem Ende des 19. Jahrhunderts in einer Art Renaissance eine große Präsenz im allgemeinen wissenschaftlichen Bewußtsein, sowohl als Theologe wie als Philosoph. Die Wirkung der Forschungen W. DILTHEYS traf zusammen mit einer breiteren Rückwendung zum Deutschen Idealismus, sodann mit den vielfältigen wissenschaftstheoretischen Bemühungen um die Grundlegung der Geistes- und Kulturwissenschaften. Deren Kennzeichen sah man darin, daß sie sich im Unterschied zu den Naturwissenschaften den individuellen Gestalten des geistigen und geschichtlichen Seins zuwenden, und deshalb wurde Schleiermacher nun als Theoretiker des historisch Individuellen zum wichtigen Gesprächspartner. Es entstanden in diesem Zusammenhang zahlreiche Arbeiten zu Schleiermachers Begriff der Individualität und zum Verhältnis von Individualität und Gemeinschaft (S. ECK 1908, N. NEUBAUER 1923, W. SCHULTZ 1924, F. MEINECKE 1939). Aber die eindringlichsten Analysen führten zumeist auch zur Kritik (W. SCHULTZ), und es bestätigte sich, daß diese Zentralkategorie des Schleiermacherschen Denkens ein Problem darstellt.

Das kulturtheoretische Interesse lenkte die Aufmerksamkeit insonderheit auf Schleiermachers *Ethik*. 1910 erschien der erste Band der Auswahl-Ausgabe von O. BRAUN und J. BAUER (WA) mit dem lesenswerten Vorwort A. DORNERS. Reine historische Repristination der idealistischen Tradition sei nicht möglich, warnt DORNER; und er nennt dann die wichtigsten Momente in Schleiermachers Denken, an welche die Gegenwart anknüpfen könne: wichtig sei vor allem die Tendenz, Enge und Einseitigkeit zu meiden (WA I, S. XXVI). Bezeichnenderweise gibt diese gerade für die Philosophie so wichtige Werkausgabe nur Teile aus I. HALPERNS (nicht unbedenklicher) Dialektik-Edition wieder (WA III, 1–117) und stellt die seither maßgebende kritische Edition der Ethik ins Zentrum (WA II). DORNER hatte deren Leistung so bestimmt, daß sie über Kants leeren reinen Willen und überhaupt über den Kantischen Subjektivismus mit Recht hinausgehe (WA I, S. III, X f., XV f.). Aber diese Leistung blieb freilich im Zeichen des Neukantianismus nicht unangefochten (W. LOEW 1914). Schleiermachers Ethik traf ein ähnliches Schicksal wie schon vorher sein religionsphilosophisches Denken: Sein Vermittlungsversuch wurde nicht akzeptiert. Er wollte die Kantische Postulaten-Ethik überwinden und den Zwiespalt von Sein und Sollen vermitteln. Aber gegen diese Tendenz sträubte sich die Mehrheit der Ethiker seit dem späten 19. Jahrhundert; und so wurde das Werk nicht als Ethik, sondern allenfalls als „Kulturphilosophie" anerkannt (A. REBLE 1935). Zeitweilig entdeckte die Wertphilosophie Affinitäten ihres Bemühens zu Schleiermachers Güterlehre (N. HARTMANN

1923: 266, G. v. Bredow 1941, J. U. Hauswaldt 1953). Aber obwohl von gleichem Rang wie Fichtes Sittenlehre und Hegels Rechtsphilosophie, spielt Schleiermachers Ethik in der praktischen Philosophie der Gegenwart so gut wie keine Rolle. Die bei A. Dempf entstandene Dissertation G. Garczyks (1963) thematisiert – mit einigem Recht – das Werk als „philosophische Soziologie" und macht es zum Angelpunkt einer Auseinandersetzung zwischen praktischer Philosophie und philosophielosem Soziologismus. G. Morettos große Arbeit (1979) gilt der Ethik als Theorie der Geschichte. Was die Philosophen an der Ethik an Rezeption versäumten, haben jedoch die Theologen, besonders aber die Pädagogen ein wenig ausgeglichen, da Schleiermachers pädagogische Prinzipien nur von der Ethik her verständlich waren (A. Reble 1935, W. Sünkel 1964, J. Schurr 1975). Insonderheit Schurrs Arbeit leistet viel mehr, als ihr Titel vermuten läßt, indem sie die ganze Breite von Schleiermachers philosophisch-wissenschaftlichem Denken mit in die Darstellung der Pädagogik einbezieht.

Da die philosophische Reflexion der Geisteswissenschaften seit Heidegger unter dem Titel *Hermeneutik* geführt wird und da W. Dilthey in seinem berühmten Aufsatz von 1900 (V, 317 bis 331) Schleiermacher zum eigentlichen Begründer der philosophischen Hermeneutik erklärt hatte, fand Schleiermacher in der gegenwärtigen Philosophie seinen unbestrittenen Ort und seine eher wachsende Autorität als „Hermeneutiker". Fast alle Theoretiker der Geisteswissenschaften sehen in Schleiermachers Hermeneutik das Zentrum seiner philosophischen Leistung; und so wird dies Werk ediert, erforscht und in die aktuelle Diskussion einbezogen (u. a. H. Kimmerle 1957, 1962; H.-G. Gadamer 1960, [4]1975; 1968; 1979; G. Vattimo 1967, 1968; P. Szondi 1975, 1976; K. Weimar 1975; M. Frank 1977; P. Ricœur 1977). Allerdings zeigte sich bald, wie wenig man die Arbeit aus ihrem Systemzusammenhang herauslösen kann, und so kamen und kommen von der Hermeneutik aus auch wieder Ethik und Dialektik in den Blick (z. B. H. Kimmerle 1957, M. Frank 1977). Gemessen an Schleiermachers eigenem Anspruch und seinem philosophischen Gesamtkonzept ist diese vorrangige Titulierung Schleiermachers als „Hermeneutiker" einseitig und schief, war doch die Hermeneutik nur eine von mehreren Disziplinen, die ihre Basis in der Ethik hatten (s. u.). Seinem Selbstverständnis käme näher, wenn im Kontext der Theorie der Geisteswissenschaften Schleiermacher als Ethiker ins Bewußtsein rückte.

DILTHEY hatte in Schleiermachers platonistischer Ontologie ein mehr antiquiertes Relikt gesehen, das man erforschen, aber nicht affirmieren kann; auch hier reichen seine Spuren bis in die Gegenwart. Die *Dialektik* Schleiermachers trat trotz Schleiermacher-Renaissance und -Romantik in den Hintergrund der Aufmerksamkeit, zumal ja DILTHEYS Ausführungen zu ihr erst seit 1966 vorliegen. B. WEISS (1878–1880) hatte dieses Werk erstmals mit philologisch-historischer Methode interpretiert, hatte neues Handschriftenmaterial zugänglich gemacht und war zu dem Ergebnis gekommen, die Dialektik wolle das Einmünden aller Philosophie in Mystik zeigen. DILTHEYS Schüler I. HALPERN hatte 1901 dann eine Entwicklungsgeschichte der Dialektik geschrieben und die s. E. reifste Gestalt, die von 1831, neu ediert (1903). Da HALPERN in den einzelnen Entwürfen häufig nur jeweils ein Knäuel von Inkonsequenzen und Widersprüchen sah, war seine These von der lebendigen Gedankenbewegung Schleiermachers nicht recht glaubhaft (1901: 271 f.), und es fehlte seiner Edition eigentlich das philosophische Motiv. Auch G. WEHRUNGS entwicklungsgeschichtliche Monographie (1920) leistete dem Ansehen Schleiermachers als Philosophen keinen guten Dienst. Denn WEHRUNG erreichte in seiner Arbeit nun doch nicht recht sein Ziel, das „Ganze" des Werkes begreifbar zu machen, und es zersplitterte ihm in immer neue Problemdominanzen und Konstellationen von Einflüssen und Motiven. Hier konnte in der Tat der Eindruck entstehen, Schleiermachers spekulatives Denken sei nur der Ausdruck des in unendlicher Bewegung sich immer wieder selbst vernichtenden romantischen Geistes (H.-G. GADAMER). Die wenigen besonnenen Bemerkungen von J. COHN (1923), der Hinweis N. HARTMANNS auf Parallelen zwischen Schleiermachers Ansatz und der Phäno-

menologie (1923: 250; vgl. G. WOBBERMIN [14] 1931) und F. J. VON
RINTELENS Aufsatz zu Schleiermachers metaphysischer Position
(1936) machten das Werk nicht populär.

Daran änderten grundsätzlich auch nichts die Forschungen
R. ODEBRECHTS, die aber doch einen Neuansatz darstellen,
Schleiermacher als Philosophen ernst zu nehmen und in die Diskussion zu bringen. ODEBRECHT zeigte – ähnlich wie DILTHEY –
die Rückverbundenheit Schleiermachers zum Platonismus (1942)
und seine gleichzeitige Antizipation lebensphilosophischer und
neukantischer Sichtweisen (1932). ODEBRECHTS verdienstliche
Neueditionen der Ästhetik (1931) und Dialektik (1942) brach-
ten diesen Werken keine irgend spektakuläre neue Beachtung.
Die Philosophie des Dialogs gab zwar einen neuen Impuls zur
Beschäftigung mit der Dialektik (F. KAULBACH 1959, 1968),
aber eine größere Wirkung blieb aus. So konnte trotz L. ORAN-
JES Arbeit (1968), die die Struktur des metaphysischen Fundamentes der Dialektik nachzeichnete, H.-J. ROTHERT 1970 das
Werk „ein noch immer wartendes Buch" nennen. Inzwischen
liegen aber größere Untersuchungen vor, die den Gehalt des
schwierigen Werkes weiter aufschließen, kritisch würdigen und
auch aktualisieren (F. WAGNER 1974, H.-R. REUTER 1979,
U. KLIEBISCH 1981) (s. u.).

Schleiermachers *Religionsphilosophie* und *philosophische Theologie* sind hingegen nie aus dem Bewußtsein gewichen, nur waren
sie zeitweilig fast ausschließlich Gegenstand der Polemik.
„Schleiermacher als Philosoph des Glaubens", dieser Titel eines
von F. NAUMANN 1910 herausgegebenen, bekannten Sammel-
bandes bezeichnet die Perspektive, unter der seine Leistung jetzt
häufig auch in den Philosophiegeschichten beachtet und beurteilt
wurde (s. o.). Gleich zu Beginn des 20. Jahrhunderts entstanden
wichtige Werke zu Schleiermachers Religionsbegriff und zum
Verhältnis von Wissenschaft und Religion, die auch heute noch
in die Diskussion einbezogen werden müssen (E. HUBER 1901/
1972, G. THIMME 1901, E. CRAMAUSSEL 1909, H. SCHOLZ [2]1911,

[14] G. Wobbermin, RGG, 2. Aufl. V, 176 f.

G. Wehrung 1911, K. Dunkmann 1916). Herausgehoben sei die Arbeit von H. Scholz, die sich der seit dem 19. Jahrhundert (bis heute) fortwirkenden Kritik F. Ch. Baurs und D. F. Strauss' offen stellt. Scholz zeigt, daß Schleiermacher nicht die dogmatischen Sätze verdünnte oder durch philosophische ersetzte, sondern im Dienst der Apologie Ballast abwarf, um seinen Zeitgenossen und der Moderne überhaupt das Christentum so vor Augen zu stellen, daß seine Annahme nahezu zur Verpflichtung wird. Die ältere Streitfrage, ob Schleiermachers Dogmatik als Theologie oder als Philosophie verstanden werden müsse, wird nun präzisiert zur Frage, wie sich Schleiermachers Wesensbestimmung der Religion zu den geschichtlichen Religionen, wie das „religiöse Apriori", das menschliche Religionsgefühl, sich zum Christentum verhält (K. Dunkmann, G. Wehrung). E. Troeltsch gibt in diesem Zusammenhang den Impuls zu verschiedenen Untersuchungen zu Schleiermachers Geschichtsphilosophie, ein schwieriges Problem schon deshalb, da Schleiermacher Begriff und Disziplin der Geschichtsphilosophie gemieden hatte (s. u.) (G. Wehrung 1907, H. Mulert 1907, H. Süskind 1911). Die Darstellungen gelten u. a. der Frage, ob Schleiermacher bei aller Anerkennung der Vielzahl von Religionen die christliche als die wahre Religion ausgezeichnet, ob er die „Absolutheit des Christentums" behauptet habe. Nach H. Scholz (²1911: 186 ff.) hat Schleiermacher diese Absolutheit in seiner Christologie dargelegt; nach H. Süskind (1911) hat er sie nur faktisch vorausgesetzt, hätte sie aber wissenschaftlich dartun können und müssen.

Auch im Gebiet der Religionsphilosophie reicht die Wirkung Diltheys und seiner Zeit bis auf den heutigen Tag. Dilthey hatte nur seine Forschungen zum *jungen Schleiermacher* publiziert und diesen auch zunächst – in Absetzung von Schleiermachers Schülern – doxographisch favorisiert. Nun erschienen nach Dilthey nicht etwa ergänzend Werke zum späten, sondern wiederum gerade zum frühen Schleiermacher: E. Fuchs (1904), E. R. Meyer (1905), G. Wehrung (1927), A. v. Ungern-Sternberg (1931). Dem liegt einmal die (Diltheysche) Überzeugung zugrunde, nur über die prägende Entwicklung des Autors Zugang zum Werk erhalten zu können. Sodann fand man an der Jahrhundertschwelle in Schleiermachers herrnhuter oder romantischer Religiosität eine Frische des lebendigen Aufbruchs aus erstarrter Aufklärung, die in Anbetracht der materialistisch und kommerzialistisch bedrohten Kultur der Wilhelminischen Ära als vorbildlich und befreiend empfunden wurde. 1899 brachte R. OTTO die vergessene Erstauflage der ›Reden über die Religion‹ wieder ans Licht, und bis heute wird diese erste Ausgabe studiert und zitiert, während die überarbeitete Zweitauflage (1806) nicht mehr abgedruckt wurde (vgl. H.-J. BIRKNER 1960/62: 151). Schleiermacher als Religionsphilosoph – das ist für die Gebildeten der Autor der berühmtberüchtigten ›Reden‹. Auch F. W. KANTZENBACHS informative biographische Monographie (1967) geht wesentlich vom jungen romantischen Schleiermacher aus.

Die Zentrierung der Forschung aufs Biographische und die Hochschätzung des romantisch-idealistischen Schwungs ganz allgemein bei gleichzeitiger Kritik an Schleiermachers systematisch-philosophischem Denken begünstigten die Auffassung, der Mann sei bedeutender als sein Werk (H. MULERT 1918: 50). Für das öffentliche Bewußtsein in der Zeit zwischen den Weltkriegen wurde Schleiermachers Person zum Nationalheros, zum Vorkämpfer idealistischer Vaterlandsliebe, nationaler Selbstbehauptung und freier Volkskirche stilisiert (H. VÖLTER 1919, H. MULERT 1934). In diesem Kontext entstanden die größeren Darstellungen von Schleiermachers *Staatsphilosophie* (G. HOLSTEIN 1923, E. MÜSEBECK 1927), Deutungen, die revisionsbedürftig sind. Aber auch dort, wo Schleiermacher – wie andere Repräsentanten des Deutschen Idealismus – „völkische Botschaften" verkündigen mußte, wurde seine Liberalität und seine Eingrenzung der Machtkompetenz des Staates nicht bestritten (A. v. UNGERN-STERNBERG 1933: 158). Übrigens war ja auch der Übergang „von Schleiermacher zu Marx" möglich (E. FUCHS 1929). Die von der Idealismus-Schwärmerei begünstigte nationalpolitische und volkskirchliche Adaption Schleiermachers hat freilich seinem Ansehen als Theologe und Philosoph auf Dauer ebenfalls geschadet.

Schleiermacher als Romantiker und Nationalheros – diese Auffassungen mußten auch die *Schleiermacher-Kritik* der dialektischen Theologie verschärfen. Es ist wiederum ein Kuriosum der Rezeptionsgeschichte, daß Schleiermacher im 19. Jahrhundert von Hegel und der Hegel-Schule bekämpft wurde und daß er im 20. Jahrhundert ebenfalls von den theologischen Erben des Hegel-Kritikers Kierkegaard bekämpft wird. Die dialektische Theologie, die in Schleiermachers Brückenschlag zwischen Theologie und Philosophie eine Zweideutigkeit und die Identität der Theologie gefährdet sieht, findet in Schleiermacher ihren Hauptfeind und bedenkt ihn mit zahlreichen -ismen, die das Verderbliche seiner Grundposition treffen sollen: Subjektivismus, Psychologismus, Historismus, Mystizismus, Panästhetizismus (K. BARTH 1927, bes. E. BRUNNER 1924, sachlicher: F. FLÜCKIGER 1947). Da Schleiermacher gegen den Hegelianismus die Individualität des Menschen, seine Endlichkeit, seine durch Philosophie unersetzbare Religionserfahrung geltend gemacht hatte, hätte sich angeboten, in Schleiermacher *den* idealistischen Denker zu sehen, der am meisten schon Kierkegaards Einspruch entgegenkam; war doch Kierkegaard ihm mit großem Respekt begegnet: Anders als Hegel sei „Schleiermacher in schönem griechischen Sinn ein Denker gewesen, der nur von dem redéte, was er wußte . . .“ [15] Aber nur zuweilen wurde Schleiermacher eine solche Zwischenstellung zwischen Hegel und Kierkegaard zugebilligt (H. REUTER 1914: 6). Erst später hat man den Bezug Schleiermachers zum existentiellen Denken Kierkegaards herausgearbeitet und dabei freilich auch die Unterschiede betont (H. GERDES 1960, H. FISCHER 1963, auch G. J. HOENDERDAAL 1948, 1968: 73).

Die dialektische Theologie hatte nicht verhindern können, daß andere Autoren sich auch weiterhin *affirmativ* zu Schleiermachers Religionsdenken verhielten. G. WOBBERMINS religions-

---

[15] S. Kierkegaard: Der Begriff Angst (Düsseldorf 1958) 17.

39

psychologische Methode knüpfte an Schleiermacher an, und auch R. OTTO stützte sich in seiner Religionsphilosophie auf ihn. Nach dem Zweiten Weltkrieg hat die protestantische Theologie sich Schleiermacher wieder in größerem Maße zugewandt, nicht nur, weil die dialektische Theologie ihm sachlich nicht gerecht geworden war, sondern auch deshalb, weil die von ihm in Angriff genommenen Probleme nicht gelöst waren: Er hatte die religiöse Erfahrung betont, ohne Abstriche von Wissenschaft und Bildung zu machen; er hatte die moderne Kultur und Zivilisation nicht als bloße Säkularisation beklagt oder ganz ausgeklammert, sondern theologisch begreifen und zur Theologie in ein positives Verhältnis setzen können. Diese Aufgaben blieben bestehen, und deshalb fand und findet Schleiermacher weiterhin großes Interesse (u. a. G. EBELING, H.-J. BIRKNER). Im Gegenzug zur vormaligen Polemik arbeitet man das spezifisch Theologische heraus, sowohl im Denken des jungen Schleiermacher (z. B. P. SEIFERT 1960) wie des späteren, reifen (z. B. G. EBELING 1968). In der Methode der theologischen Untersuchungen dominiert die – schon von G. WOBBERMIN (1933) geforderte – immanente Interpretation, das Bemühen, der Position des Autors nun nicht mehr sogleich einen -ismus-Begriff überzustülpen, sondern die Sache in ihrer Kohärenz und Differenziertheit selbst sprechen zu lassen. Da die protestantische Theologie sich im 20. Jahrhundert gegenüber Heideggers Existentialanalyse öffnete, färbt deren Denkweise und Sprache z. T. die Darstellungen, so in H. HERTELS (1965) Arbeit zum frühen, F. BEISSERS (1970) Arbeit zum späten Schleiermacher. Als Korrektiv dazu nehmen mehr geistesgeschichtlich orientierte Untersuchungen Schleiermachers aus einer allzu großen Nähe zur Gegenwart heraus und weisen die Bezüge zum historischen Kontext auf (z. B. E. H. U. QUAPP 1972, E. HERMS 1974). Dabei tritt wieder deutlicher ins Bewußtsein, daß Schleiermachers Philosophie nicht ausgeklammert werden darf. Da K. BARTH und E. BRUNNER überall nur Philosophie im theologischen Werke Schleiermachers entdeckten, war eine genauere Verhältnisbestimmung von Theologie und Philosophie auf dem Boden des

Schleiermacherschen Denkens nötig (H.-J. Birkner 1969/1974; vgl. u. a. auch V. Weymann 1977: 207–245). M. E. Miller (1970) und Th. H. Jørgensen (1977) interpretierten Schleiermachers Philosophie und Theologie in ihrem Zusammenhang. In größerer Distanz zur europäischen Schleiermacher-Polemik, besonders der 20er Jahre, hatte 1941 der amerikanische Theologe R. B. Brandt Schleiermachers Gesamtkonzeption von Theologie und Philosophie als „Schleiermachers Philosophie" dargestellt und in diesem Ansatz keineswegs den Verrat der Theologie erblickt. Von seiten der Philosophie hat in Frankreich M. Simon (1969, 1974) Schleiermacher gegen Brunners Mystizismus- und Ästhetizismusvorwurf verteidigt und Religion und Philosophie bei Schleiermacher als zwei autonome, aber nicht sich ausschließende Gebiete verdeutlicht (1974: 315 ff.).

Fruchtbare neuere Deutungen interpretieren Schleiermacher vor dem Hintergrund der älteren Tradition der Metaphysik und spekulativen Theologie. Der katholische Theologe R. Stalder (1969 a) hat zahlreiche Parallelen zwischen dem Denken Thomas' von Aquin und der Philosophie Schleiermachers aufgewiesen. Die Entsprechungen zeigen sich interessanterweise nur in der Ethik, nicht in der Dialektik, die in den Zusammenhang des Platonismus gehört. Bedenkt man, daß Schleiermacher sich in seiner Dogmatik auf Thomas nur zweimal, auf Augustin aber sehr oft bezieht, dürfte ein Vergleich mit der augustinischen Tradition insgesamt noch näher liegen. Auf die enge Beziehung Schleiermachers zu Augustin haben W. Schultz (1957, Anhang) und auch Stalder hingewiesen. Nachdem W. Sommer (1970) Schleiermacher als den Cusanus des 19. Jahrhunderts skizziert hatte, hat R. R. Williams (1978) – unabhängig von Sommer – den Vergleich Schleiermacher–Cusanus durchgeführt, unter Berücksichtigung des gemeinsamen Bezugspunktes Platon. Zugleich sieht Williams bei Schleiermacher eine moderne phänomenologische Methode verfolgt, und darin zeigt sich Schleiermachers historische Stellung: Er bezeichnet die Überschneidung von klassisch-metaphysischer Denkweise und modernem Subjektivitätsstandpunkt. Dies „nova et vetera" (R. Stalder 1969:

190) dürfte zum Interessantesten an Schleiermacher gehören, in seiner Theologie wie in seiner Philosophie.

Das breite Interesse an Schleiermachers Theologie besagt allerdings noch nicht, daß sie überall als applizierbar gilt; vielmehr trifft wohl immer noch zu, „daß die heutige evangelische Theologie und Kirche eben diesem Werke mit bewundernder Ratlosigkeit, mit beziehungsloser Fremdheit und doch auch zu einem großen Teil mit ... Überheblichkeit gegenübersteht" (W. TRILLHAAS 1968:289). Y. SPIEGELS Versuch (1968), Schleiermachers Theologie als liberale Ideologie in den Griff zu bekommen, hat dies Urteil eher bestätigt als widerlegt (siehe die Kritik H. PEITERS [1977]).

Mit der Schleiermacher-Renaissance zu Beginn dieses Jahrhunderts wurde nicht mehr bloß die Wirkung der großen Philosophen auf Schleiermacher untersucht (und dadurch immer nur sein Eklektizismus bestätigt), sondern auch stärker seine philosophische *Eigenständigkeit* und die von ihm ausgegangenen Impulse hervorgehoben. H. SÜSKIND (1909) wies nach, daß Schleiermacher und Schelling sich wechselseitig beeinflußten. Nach TH. CAMERER (1903) hat Schleiermacher – als der konsequenteste Identitätsphilosoph – die kritischen Implikationen von Spinozas Philosophie als einziger zu Ende gedacht (das Absolute muß als transzendent gesetzt werden, soll es die absolute Einheit sein). Die Einschätzung Schleiermachers als Pantheist blieb schon durch den Einfluß DILTHEYS bestehen (I. HALPERN 1901, S. GELLES 1908), aber der Spinozismusvorwurf begegnet nur noch in der theologischen Polemik. H. SCHOLZ (²1911: 145 f.) hat sehr gut gesagt, daß sich in diesem Vorwurf nicht bloß ein schiefes Schleiermacherbild, sondern auch ein etwas enges Spinozaverständnis ausdrückt; das Determinismus- und Pantheismusproblem Schleiermachers wird von SCHOLZ in die Theologiegeschichte zurückgespielt. Auch Schleiermachers Verhältnis zu Hegel – für die Rezeption Schleiermachers im 19. Jahrhundert ein entscheidender Faktor – erscheint in neuem Licht. Der Unterschied ihres Denkens wird nach wie vor scharf herausgearbeitet, als Rationalität und Irrationalität (H. GLOCK-

NER 1930), als logozentrisches und christozentrisches Denken, als Theorie des logisch begreifbaren Geschichtsprozesses und als Theorie der nur anschaulich erfaßbaren historischen Individualität (W. SCHULTZ 1937, H. KIMMERLE 1969). Aber auch dort, wo man Partei nimmt (z. B. SCHULTZ für Schleiermacher), wird der Gegner nicht diskreditiert. R. B. BRANDT (1941/1968: 321 bis 326), M. SIMON (1974: 336 ff.) und schon H. GLOCKNER (1930) haben angemerkt, daß die Kluft zwischen Schleiermacher und Hegel zuweilen geringer sei, als sie selbst meinten; habe doch Hegel keineswegs das Religionsgefühl und Schleiermacher nicht die Wissenschaft verachtet. Beide nahmen in ihrem Religionsdenken dem Schmerz des Kreuzes die Härte (W. SCHULTZ 1964). H. DEMBROWSKI (1973) hat auf die für beide bestimmenden Ausgangspunkte hingewiesen: die Französische Revolution und die Kantische Philosophie. Den Vergleich ihrer Religionsphilosophien haben A. GINZO FERNANDEZ (1981) und R. R. WILLIAMS (1981) fortgeführt. Inzwischen wurden auch die äußeren Ursachen ihrer theologischen Kontroverse genauer erforscht (R. CROUTER 1980) und ihre Positionen in der praktischen Philosophie im Ansatz verglichen (G. SCHOLTZ 1983).

1959/60 hatte H. KIMMERLE geschrieben: „Das uns überlieferte Erbe der Philosophie Schleiermachers ist für die gegenwärtige philosophische Arbeit fast völlig ungenutzt." Das stimmt – z. T. dank KIMMERLES eigenen Forschungen – inzwischen nicht mehr uneingeschränkt, gehört Schleiermachers Hermeneutik doch zum Repertoire der vielzitierten Werke. Anläßlich des 200. Geburtstages haben 1968 verschiedene theologische Zeitschriften durch eine Vielzahl von Schleiermacher-Beiträgen oder sogar durch Schleiermacher-Bände die Wichtigkeit des Autors dokumentiert: ›Neue Zeitschrift für systematische Theologie und Religionsphilosophie‹ (10, 1968), ›Zeitschrift für Theologie und Kirche‹ (65, 1968; 67, 1970), ›Scottish Journal of Theology‹ (21, 1968), ›Journal of Theology and the Church‹ (7, 1970): ›Schleiermacher as contemporary‹. Aber nur eine einzige philosophische Zeitschrift hat den „wahrhaft originalen nachkantischen Idealisten" (H. BOUILLARD) geehrt, und zwar keine deutsche: ›Archives de philosophie‹ (32, 1969).

So trifft für den Bereich der Philosophie in der Tat zu, daß sich Schleiermachers Geburtstag „in aller Stille" jährte, wenngleich W. SCHMIED-KOWARZIK (1970), der auf das Säkularjahr zurückblickt, insgesamt doch einige beträchtliche Forschungsleistungen vorstellen kann: so die Schleiermacher-Bibliographie von T. N. TICE (1966), die beiden kleineren, einmal mehr biographisch, einmal mehr doxographisch gearbeiteten Gesamtdarstellungen von F. W. KANTZENBACH (1967) und M. REDEKER (1968); und dann die von M. REDEKER besorgte Ausgabe von W. DILTHEYS ›Leben Schleiermachers‹ II, mit der nun DILTHEYS Werk, soweit es zustande kam, 100 Jahre nach dem Beginn seines Erscheinens der Öffentlichkeit vorliegt. In der Überzeugung, daß trotz langer Forschung in der Philosophie Schleiermachers etwas Unabgegoltenes liege, lenkt W. SCHMIED-KOWARZIK (1970: 91) nochmals den Blick der Philosophen auf einen Punkt, den 100 Jahre zuvor auch E. BRATUSCHECK hervorgehoben hatte (s. o.): die Besinnung auf Schleiermacher sei schon deshalb wichtig, da er „die philosophische Fragestellung auf die wissenschaftstheoretische Grundlegung der Einzelwissenschaften" richtete.

C. DAS PHILOSOPHISCHE SYSTEM

I. Grundzüge

1. Zur inneren Entwicklung

Seit DILTHEY dominieren in der Forschung die Versuche, den Gehalt und die Originalität des Schleiermacherschen Denkens von seiner Entwicklung her aufzuschließen. DILTHEY hat in Schleiermachers Lebensgeschichte fünf (bzw. sechs) Epochen unterschieden, die sein voluminös angelegtes biographisches Werk gliedern sollten: 1. Jugendjahre und erste Bildung (1768–1796), 2. die Berliner Epoche der anschaulichen Darstellung seiner Weltsicht (1796–1802), 3. die Zeit der kritischen Arbeiten und der Vorbereitung eines Systems in Stolpe (1802–1804), 4. die Zeit der beginnenden Ausbildung einer wissenschaftlichen Theologie und eines ethischen Systems in Halle (1804–1807), 5. Schleiermachers wissenschaftliches, kirchliches und politisches Wirken in Berlin (1808–1834) – eine Epoche, die DILTHEY noch einmal zu unterteilen gedachte: (5 a.) in die Zeit der Erfüllung des Lebensideals (1808–1819) und (5 b.) in die Zeit des Abschlusses der Hauptwerke und des Lebensendes (1819–1834) (DILTHEY IV, 354–402; XIII/2, S. XXI f., Vorwort H. MULERTS). Diese Einteilung, die die fortschreitenden Stufen der wissenschaftlichen Arbeit mit den biographischen Etappen verknüpft, bestimmt auch in ähnlicher Weise noch die Gesamtdarstellungen der Gegenwart (F. KANTZENBACH 1967, M. REDEKER 1968). Die Forschung hat inzwischen auf einige Schwierigkeiten dieser Gliederung hingewiesen (s. u.).

DILTHEY hat nur die ersten beiden Epochen abgeschlossen zur Darstellung gebracht (XIII/1), zur dritten und vierten sind uns Entwürfe zugänglich (XIII/2). Dennoch deckt seine Arbeit weitgehend die für eine entwicklungsgeschichtliche Betrachtung aufschlußreichste Zeit ab, nämlich die der ersten Erarbeitung einer eigenen „Lebens- und Weltsicht", wie DILTHEY sagt. Die ersten Arbeitsperioden Schleiermachers lassen sich laut DILTHEY wie folgt unterscheiden:

1. Die scharfsinnig und aus vielfältigen Interessen heraus verfaßten ersten Manuskripte bis 1796 gipfeln – angeregt durch den Spinozismusstreit – im Versuch, Kantianismus und Spinozismus zu kombinieren, und zwar mit gleichzeitigem Blick auch auf Platon, Aristoteles, Shaftesbury, Leibniz und Hemsterhuis. In diesem Versuch finden sich „unbehauene, ungeordnete Bausteine zum späteren Aufbau seiner Gedanken: der gleichmäßige Rückgang von dem Vorstellenden (dem Idealen) und der vorgestellten Sinnenwelt (dem Realen) zu dem gemeinsamen Grunde beider; die Fassung dieses Grundes als der unmittelbar nicht vorstellbaren, notwendigen Voraussetzung beider, mit Abweisung jedes Übergewichts einer dieser Seiten, jeder Zurückführung einer auf die andere, als ältester Ausdruck des Standpunktes der Identitätsphilosophie; die Beschäftigung mit dem Verhältnis der Inhärenz des Endlichen im Unendlichen; die Ergänzung des wissenschaftlichen Kritizismus durch das religiöse Gemütsleben; die Anschauung der Einzelvernunft als eines intellektuell und sittlich Inhaltvollen; in ihr die Harmonie lebendiger Kräfte als die Idee des Guten; von ihr aus als Totalität des innerhalb dieser sittlichen Idee Möglichen das höchste Gut" (XIII/1, 318 f.).

2. In der Berliner Zeit, im Kreis der Romantiker und im Einflußbereich besonders Goethes, gelingt es Schleiermacher dann, in den ›Reden‹ und ›Monologen‹ „mit der originalen Sicherheit der Lebensreife eine verhältnismäßig einfache Grundansicht in anschaulicher Form" hinzustellen (334, 319). Diese Ansicht ist der Gedanke der „Immanenz oder Gegenwart des Unendlichen, Ewigen im Endlichen" (322). An Schleiermacher zeigt sich der von der Renaissance ausgehende Pantheismus (337). Der Kantianismus tritt zurück, und mit ihm die bloße Subjektivität von Raum und Zeit sowie der vorherrschende Gedanke der allgemeinen einen Vernunft (318). Dafür lassen sich fast alle Gedanken der ›Reden‹ auf Spinoza zurückführen, aber eben nie auf Spinoza allein (337). Denn Schleiermacher kommt vor allem durch Platon und Leibniz zu einer neuen positiven Einschätzung des Individuellen und Endlichen und entgeht mit diesem seinem Rea-

lismus dem Akosmismus Spinozas (322 ff., 342). Auch die spinozistische Deduktion des Endlichen aus dem Unendlichen wird ersetzt, und zwar – orientiert am Vorbild Jacobis (348 ff.) – durch die mystische Anschauung des Unendlichen im Endlichen. Seit 1800 nimmt die Bedeutung Spinozas für Schleiermacher in gleichem Maße ab, wie die Bedeutung Platons wächst (335).

3. In Stolpe (1802) beginnt mit der ›Kritik der Sittenlehre‹ und der Platon-Übersetzung die eigentlich wissenschaftliche Arbeit.

Nach DILTHEY hat Schleiermacher um 1800 seine Grundposition gefunden. Zwar zeige sein Denken in dieser Zeit den „Charakter des Eklektizismus", indem er sich auf Platon, Aristoteles, Spinoza, Leibniz, Kant, Jacobi, Fichte, F. Schlegel und Schelling stütze. Aber er sei in diesem Eklektizismus zugleich originell und gehöre nicht in die Schülerschaft eines der genannten Philosophen (XIII/1, 313 f.). Sein Standpunkt sei bestimmt durch die Aufnahme und Überwindung des subjektiven Idealismus Fichtes. Während er dessen Ethik für die eigene Systembildung rezipiere, kämpfe er entschieden gegen Fichtes Steigerung des Ich zum Unbedingten und Absoluten und gegen die Herabwürdigung des Universums zur Allegorie unserer Beschränktheit (360 f.). Indem er Fichtes Prinzip der Selbstanschauung mit Spinozas Anschauung des Universums und Fichtes Transzendentalphilosophie mit seinem religiös bestimmten Realismus verknüpfe, sei er den Zeitgenossen voraus und habe ein Fundament gewonnen, dem sein künftiges System aufruhen wird (374, 333).

Gegen diese Auffassung wurde bald Einspruch erhoben, und das hatte seinen Grund in der Frage, ob Schleiermacher wirklich dem objektiven oder nicht doch dem subjektiven Idealismus zuzurechnen sei. E. FUCHS (1904) wollte im jungen Schleiermacher gegen DILTHEY überwiegend einen Kantianer, G. WEHRUNG (1907) einen Fichteaner sehen, denn sein Universum sei wesentlich Geist. Die für die philosophische Entwicklung Schleiermachers bedeutendste Arbeit zu Beginn des 20. Jahrhunderts, die H. SÜSKINDS (1909), hat aber diese Interpretationen zurückgewiesen (248–265) und wiederum die Auffassung DILTHEYS zugrunde gelegt und weiter ausgeführt. SÜSKIND nimmt ein Thema auf, das bei DILTHEY noch sehr knapp ausgefallen war: das Verhältnis Schleiermachers zu Schelling, und zwar wesentlich in der Zeit von 1802 bis 1809 (vgl. DILTHEY, XIII/1, 371–374, XIV/1, 28–32). Schon im 19. Jahrhundert hatte man Schleiermacher oft einen Schellingianer genannnt oder ihn zumindest in Schellings Nähe gerückt (J. SCHALLER, E. ZELLER, R. A. LIPSIUS [s. o.]). Nach SÜSKIND aber hat das Verhältnis Schleiermachers zu Schelling den Charakter der Auseinandersetzung, nicht der Schülerschaft; denn – wie SÜSKIND zeigt – entwickelten sich beide eigenständig und nahmen nur teils affirmativ, teils kritisch aufeinander Bezug: Nachdem Schelling in Schleiermachers ›Reden‹ zunächst nur romantische Frömmelei und Naturverachtung erblickt und mit dem ›Epikureischen Glaubensbekenntnis Heinz Widerporstens‹ geantwortet hatte, entdeckte er wenig später (1801) im Zuge der Ausbildung seines neuen Identitätssystems in demselben Werk tiefen spekulativen Geist, und er machte Schleiermachers Begriff der Anschauung des Universums zu einem Grundbegriff auch seines eigenen Denkens (SÜSKIND 1909: 60 ff., 109 ff.). Da bei Schelling das Religionsprinzip, die Anschauung des Universums, zur Sache der philosophischen Wissenschaft wurde, tilgte Schleiermacher diesen Begriff soweit wie möglich in der Zweitauflage der ›Reden‹ (1806) und gründete die Religion nur noch auf das Gefühl. Mit dieser Subjektivierung der Religion sicherte Schleiermacher ihr weiterhin einen eigenen Geltungsbereich gegenüber Schellings Philosophie (131 ff.). Hier liegt nach SÜSKIND auch der Keim für Schleiermachers späteren Religionsbegriff (Gefühl schlechthinniger Abhängigkeit), wie überhaupt in den ›Reden‹ von 1806 alles Spätere angelegt sei (291).

Schon in der Erstauflage dieses Buches (1799) hatte laut SÜSKIND Schleiermacher sich auf Schellings Naturphilosophie gestützt (116 ff.; vgl. DILTHEY XIII/1, 373), aber erst 1802 trat er in eine bewußte Auseinandersetzung mit Schelling ein. Dabei gewannen für ihn nur Schellings Schriften bis 1804 Bedeutung (18). Was ihn um 1802 an diesem Philosophen interessierte, war vor allem der Gedanke einer philosophischen Systematik auf der Basis des Identitätsprinzips. In Schellings ›Vorlesungen über die Methode des akademischen Studiums‹ von 1803 (vgl. Br. IV, 579–593) sah er ein System so ausgeführt, wie es ihm selbst ab 1802 vorschwebte; nur wollte er zwei Inkonsequenzen Schellings beseitigt wissen: a) Da es laut Schelling vom Absoluten, dem Indifferenzpunkt des Idealen und Realen, keine reale Wissenschaft geben könne, forderte er die Ausscheidung der Theologie aus dem Kreis philosophischer Wissenschaften. b) Da bei Schelling sowohl die Historie wie die Sittenlehre die Organisation der geistigen Welt zum Thema hatten, das Verhältnis von Historie und Ethik aber ganz unklar blieb, sollten beide zusammenfallen: die „Wissenschaft der Geschichte“ ist die „historische Konstruktion der Sittlichkeit“ (94 ff.). – Schleiermacher beginnt, die Ansätze Fichtes und Schellings zu einem ausgewogenen Systemkonzept auszuarbeiten. Fichte selbst fehlte dazu die Physik (Naturphilosophie), Schelling andererseits hatte für die Ethik (Geistphilosophie) nur die Prinzipien entworfen (90 f., 205 f.). Physik und Ethik sollen nun die zwei gleichberechtigten Hauptzweige der Realphilosophie sein, die in einer Elementarphilosophie (Dialektik) ihre Begründung und ihr Fundament finden.

SÜSKIND hat damit widerlegt, daß Schleiermachers Philosophie subjektiver Idealismus, Kantianismus oder Fichteanismus sei. Sein Standpunkt ist vielmehr nur durch Nähe und Distanz zu Schellings objektivem Idealismus richtig zu beschreiben. Beider Systemkonzeptionen sind 1804 im Grundzug gleich (98). Dennoch trennt beide Philosophien ein Unterschied, der schon ältere Wurzeln hat. Die ›Reden‹ (1799) wie Schellings neues System (1801) bekennen sich zum Prinzip der Anschauung des Universums im Endlichen. Aber Schellings „absolute Erkenntnis“ nimmt den Erscheinungen den Charakter endlicher begrenzter Realität, während Schleiermacher gerade dies Endliche als Offenbarung des Unendlichen in der Anschauung festhält (123). Schelling spricht den empirischen Wissenschaften, der Darstellung der Relationen der endlichen Dinge untereinander, den

Charakter wahrer Wissenschaft ab; denn wahre Wissenschaft beziehe das Endliche immer auf das Unendliche. Schleiermacher aber übergibt die Beziehung des Endlichen auf das Unendliche der Religion und verweist die Wissenschaft auf jenen Bereich der Verhältnisse der Dinge zueinander (174). Die sich hierin ausdrückende Aufwertung des empirischen Wissens wird in Schleiermachers Dialektik von 1811 zur erklärten Forderung: Spekulation und Empirie können nur gemeinsam den Fortschritt des Wissens voranbringen, während die (Schellingsche) isolierte Spekulation nur zu toten formelhaften Begriffssystemen führt (188–194). Süskind vermutet, daß schon 1804/05 Schleiermacher sein Wissenschaftssystem in Physik und Ethik gegliedert und für beide Disziplinen einen spekulativen und einen empirischen Zweig statuiert habe (175).

Für Süskind hat Schleiermacher also den das spätere System tragenden Identitätsstandpunkt 1804/05 ausgebildet und erstmals in der Zweitauflage der ›Reden‹ von 1806 deutlich ausgesprochen (226 ff.); aber die erste Fassung dieses Gedankens liege weit zurück. Süskind kommt zu folgendem Ergebnis: „Streng genommen kann man ... von einem Uebergang Schleiermachers zum Identitätssystem nicht reden. Vielmehr reicht die Grundanschauung der Identitätsphilosophie – das Absolute ist weder materiell noch geistig, sondern nur als der selbst unvorstellbare gemeinsame Grund des Körperlichen und Geistigen zu denken – bei Schleiermacher über jeden Einfluß Schellings, bis in die erste Hälfte der 90er Jahre, zurück; ebenso ist der Realismus Schleiermachers keine Folge seines Uebergangs zur Naturphilosophie, sondern ... hat in der religiösen Anschauung Schleiermachers seine eigene ... unabhängige Begründung" (291). Diese These vom älteren Keim des Schleiermacherschen Ansatzes hat E. Herms (1974) ausgearbeitet und präzisiert. Herms zeigt, daß Schleiermacher in der Zeit 1793–1796 die einzige wirklich grundlegende Wende in seinem Denken vollzog: Vorher durch seinen Lehrer J. A. Eberhard im Einflußbereich der Leibniz-Wolffschen Schulphilosophie, erarbeitete er sich in der Auseinandersetzung mit F. H. Jacobi und dessen Kampf mit dem Spinozismus die Basis seiner eigenen Philosophie. Schleiermacher, dem man später Spinozismus und Subjektivismus zugleich vorwarf (s. o.), fand seinen eigenen Denkweg durch die prägende Auseinandersetzung mit Spinoza einerseits und mit dem Gefühlsphilosophen Jacobi und mit Kant andererseits. Laut HERMS ist die Kontinuität von Schleiermachers Denken von 1796 bis 1804 so stark, daß DILTHEYS Einteilung in die ganz frühe, die romantisch-anschauliche und die wissenschaftlich-kritische Phase nicht sinnvoll sei. Die ›Reden‹ und ›Monologen‹ sind nach HERMS nicht die anschauliche Form eines erst später begrifflich artikulierten Gehalts, sondern ruhen auf seit längerem erarbeiteten spekulativen Fundamenten. Ihre Form verdanken sie Friedrich Schlegels Theorie der „poetischen", d. h. vorwissenschaftlichen Darstellung (171 f.). Ebenso leitet die ›Kritik der Sittenlehre‹ keine neue Phase ein, sondern ist bereits seit 1797 im Entstehen begriffen. ›Reden‹, ›Monologen‹ und ›Kritik der Sittenlehre‹, die HERMS als „berliner Schriften" zusammenfaßt, sind „Produkte eines und desselben wissenschaftlichen Arbeitszusammenhanges" (168), und die – zumeist wenig beachtete – ›Kritik der Sittenlehre‹ ist das „Schlüsselwerk der Arbeitsperiode bis 1804" (174).

Der philosophische Ansatzpunkt Schleiermachers liegt nach HERMS in Jacobis Theorie des „unmittelbaren Realitätsbewußtseins" (123 ff.). Im Kampf gegen den Rationalismus der Schulphilosophie und den subjektiven Idealismus Kants hat Jacobi die Wissenschaft auf Gefühl und Glauben gegründet: Nicht durch Vernunftschlüsse, sondern nur durch Gefühlsgewißheit ist die Realität der Außenwelt verbürgt, ohne die es kein Wissen geben kann. In diesem Gefühl der Wirklichkeit ist für Jacobi aber gleichursprünglich die Selbstgewißheit der Seele mitgesetzt, und beides ist ungeschieden (124 f.). Unmittelbares Bewußtsein der Realität des Selbst und unmittelbares Bewußtsein der Realität der Außenwelt sind ein und dasselbe. Deshalb sind „unmittelbares Realitätsbewußtsein" und „unmittelbares Selbstbewußtsein" ebenfalls dasselbe (125 f., Anm. 35). Das Selbst, wie es unmittelbar im Gefühl erschlossen ist, ist „das unmittelbare Bewußtsein seiner eigenen Existenz in Einheit mit der Existenz der von ihm unterschiedenen Dinge" (125). Zwei Ebenen können in ihm unterschieden werden: zum einen die Dualität von Gegenstandsbewußtsein und Selbstbewußtsein als Wechselwirkung, zum anderen das Realitätsbewußtsein als beide Pole umschließend (125).

Schleiermacher erhebt aus diesem Gedanken die Jacobi noch verborgenen Implikate und entwickelt sie fort. Seine Arbeit zum Spinozismus ist keine historische Rekonstruktion von Spinozas Philosophie (DILTHEY), sondern die erste Ausbildung seiner eigenen (144). Auch für ihn ist „das Wahre und Reelle in der Seele ... das Gefühl des Seins" (138). Aber er trägt nun in Jacobis Theorie noch die Einsicht Kants ein, die Unterscheidung von Phänomenon und Noumenon, von Erscheinungswelt und Ding an sich. Alle bestimmten Gehalte der Gegenstandserkenntnis fallen in den Bereich der Phänomenalität, die Gewißheit der transphänomenalen Existenz, des Absoluten, fällt in das Gefühl als unmittelbares Selbstbewußtsein. „Er unterscheidet den Gehalt des unmittelbar erschlossenen Realitätsbewußtseins auf der einen Seite, die Wirklichkeit des unmittelbaren Erschlossenwerdens dieses Bewußtseins auf der anderen" (140).

HERMS macht so mehr noch als DILTHEY und die bisherige Forschung plausibel, daß Schleiermacher sogleich als eigenständiger Kopf in die philosophische Diskussion des ausgehenden 18. Jahrhunderts eintrat. Dabei führt HERMS' These von der Homogenität des Schleiermacherschen Denkens zur Konsequenz, daß die aufweisbaren Differenzen nun keine Entwicklungsstufen, sondern Spannungen und Widersprüche im System sind. – Die neue Edition der ›Jugendschriften‹ (KGA I. 1) wird die Diskussion dieser Thesen voraussichtlich neu in Gang bringen. Hier sei nur darauf hingewiesen, daß der spätere Schleiermacher Kants Begriff der Phänomenalität, der Erscheinungswelt, nicht in dieser Weise aufgenommen hat. Denn „Erscheinung" ist nach den Bestimmungen der Dialektik nicht die durchs transzendentale Bewußtsein geformte empirische Realität, sondern die Äußerung von Kraft (DJ §§ 180 ff., DO 236 ff.). Auch diese

Kräfte, die substantielle Wirklichkeit, sind, anders als bei Kant, dem Wissen approximativ zugänglich. Im Begriff des Wissens liegt für Schleiermacher, daß das Denken nicht nur mit Erscheinungen, sondern mit dem Sein selbst übereinstimmt (s. u.). Er hat die Transzendentalphilosophie nicht als Auflösung des cartesischen Dualismus von Denken und äußerer Realität akzeptiert, da hier der Dualismus nur auf die Seite des Erkenntnisobjektes verlagert wurde: als Kluft zwischen Ding an sich und Erscheinungswelt. Aufzulösen ist das cartesische Problem des Übergangs von Denken und äußerer Wirklichkeit nur – wie bei Descartes – durch den Rückgang auf ihren gemeinsamen Grund. Aber dieser Grund, der das Wissen ermöglicht, ist für Schleiermacher – anders als bei Descartes – kein Gegenstand, sondern die Grenze des Denkens. Er ist jetzt das, was allein im Kantischen Sinne ein unerkennbares Ding an sich heißen kann.

2. Zur Methode und Ontologie

Da Schleiermacher besonders durch seine poetisierenden Frühschriften, die ›Reden‹, ›Monologen‹ und die ›Weihnachtsfeier‹, populär wurde, blieb sein Bemühen um ein methodisches und systematisches Philosophieren häufig unbemerkt oder wurde nicht recht ernst genommen. Die seit DILTHEY zumeist genetisch verfahrende, auf die Umwandlung der Gedanken achtende Schleiermacher-Forschung hat dann das Ihrige dazu beigetragen, daß es uns heute schwer wird, von *der* Philosophie Schleiermachers zu sprechen. Dennoch hat z. B. A. REBLE (1936) mit einigem Recht behauptet, die „Denkstruktur" sei bei Schleiermacher immer dieselbe geblieben (vgl. H. REUTER 1914: 31). Diese relativ konstante Struktur herauszuheben, greifen wir im folgenden auf ein Thema vor, das vor allem in Schleiermachers ›Dialektik‹ entfaltet ist, aber auch allen anderen Disziplinen zugrunde liegt.

Schleiermachers dialektisches Denken wird zumeist als polares oder bipolares Denken beschrieben, da es stets von einer

Duplizität ausgeht (z. B. J. COHN 1923: 48; G. J. HOENDER-
DAAL 1968: 67). W. DILTHEY nannte diese Methode mit Schleiermachers eigenen Worten „Bindung der Gegensätze" (XIV/1,
453), da Schleiermacher die Gegensätze, aus denen er das endliche Sein konstruiert, in den Dingen verbunden, in sie ein-
gebunden denkt. A. REBLE hat für diesen Sachverhalt den Terminus „Mischungsdialektik" geprägt (1936: 259); ihre Kennzeichen seien Polarität einerseits, Mischung andererseits. Anders
als in der „reinen Dialektik" (etwa Hegels) blieben hier die
Begriffe fest bestehen, gingen nicht ineinander über (vgl. 1935:
18 ff.). – Das älteste Vorbild solcher Dialektik – dies sei hinzugefügt – begegnet bei Platon; hier haben zwar die endlichen
Dinge an entgegengesetzten Ideen teil (z. B. an Größe und
Kleinheit), aber die Ideen bleiben sie selbst und schlagen nicht
in ihr Gegenteil um (vgl. Phaidon 102 b–e). Während in der
sinnlichen Welt alle Ideen und Gegensätze vermischt erscheinen,
geht Erkenntnis zu den unvermischten Ideen fort (Politeia
523 a ff.). Ein zweites Vorbild für diese Dialektik fand Schleiermacher bei Spinoza: Die Individua – so interpretiert Schleiermacher – sind bei Spinoza jeweils der „Vereinigungspunkt" der
Eigenschaften der göttlichen Substanz; sie verbinden Ausdehnung und Denken, Bewegung und Ruhe, Verstand und Wille
(KGA I, 1, 550 f.).

Der Gedanke erhält bei Schleiermacher seine Anschaulichkeit
und seine nähere Bestimmtheit, indem er an verschiedenen wissenschaftlichen Paradigmen konkretisiert und demonstriert wird.
Besonders A. REBLE hat ausführlich dargetan, wie Schleiermachers Konstruktionsmethode an der geometrischen Figur der
Ellipse orientiert ist (H. SCHOLZ sah hierin Schleiermachers Verwandtschaft mit Origines [²1911: 48]); das individuelle Dasein
ließe sich formelhaft durch sein doppeltes Verhältnis zu zwei
Brennpunkten ausdrücken, analog zu den Punkten der Ellipsen-
bahn (REBLE 1935: 41 f.; 1936: 266). Gestützt auf Schleiermachers eigne Aussagen hat REBLE als Grundfigur der Ethik
und des gesamten Wissenschaftssystems zwei sich kreuzende
Ellipsen nachgewiesen (1935: 93 ff., 98, 227; 1936: 269, 271).

Schleiermacher hatte in der Tat seiner ›Kritik der Sittenlehre‹ eine Vignette beifügen wollen, die diese Figur zeigte (Br. III, 333). Die Kreuzung von zwei Gegensatzpaaren, die ein viergliedriges Ganzes, eine Quadruplizität, entstehen läßt, übernimmt Schleiermacher aus der antiken Philosophie (K. POHL 1954: 107).

Diesem mathematisch-geometrischen Paradigma treten naturwissenschaftliche Paradigmen zur Seite. Schleiermacher konstruiert – so hat besonders B. WEISS (1879: 80) hervorgehoben – seine Philosophie zumeist in Analogie zum Magnetfeld; die das Ganze konstituierenden Pole kehrten in allen Teilen wieder. Wurde schon am Bild der Ellipse die Gleichursprünglichkeit der Pole deutlich, so erhellt am Magnetismus noch etwas anderes: Wie die Pole hier selbst keine Materieteilchen sind, so treten auch die polaren Konstruktionsprinzipien (z. B. real – ideal) in der Wirklichkeit nicht als sie selbst in Erscheinung. „Das Verfahren Schleiermachers läuft jedesmal darauf hinaus, die äußersten polaren Grenzen als reine Abstraktionen zu behandeln, während jeder konkrete geschichtliche Zustand ... als Vermischung der Pole ... besteht." (F. KAULBACH 1968: 239 f.) So ausgehend von zwei Polen, ist dialektisches Denken bei Schleiermacher ein Hin- und Hergehen zwischen Extremen (J. COHN 1923: 48), ein Schwingen zwischen Polen, eben die „Oszillation", wie Schleiermacher selbst sagt und wie sie von den Interpreten beschrieben wird (z. B. A. REBLE 1935: 178 ff.; 1936: 260 f.; W. SCHULTZ 1968 b: 26 ff.; M. E. MILLER 1970: 220).

Wie A. REBLE mit Recht betont, muß das, was Schleiermacher selbst zuweilen „Mischung" nennt, als chemische Bindung verstanden werden (1935: 39); denn es handelt sich „gerade *nicht* um die Vorstellung der summativ-mechanischen Mischung, sondern um die Auffassung, daß ein eigentümliches Bindungs- und Spannungsverhältnis lebendiger Kräfte in jedem Individuum walte" (1935: 93; 1936: 267). Die Individuen unterscheiden sich, indem die allgemeinen Kräfte jeweils in anderer Proportion auftreten. Durch das „Überwiegen" eines Poles gegenüber dem anderen stehen die Gegensätze in jedem Dasein in einem

jeweils anderen „quantitativen Verhältnis" zueinander. H. Süs-
KIND (1909: 118 f.) hat angenommen, Schleiermacher mache sich
hier Schellings Grundgedanken einer „dynamischen Chemie"
zu eigen. Aber es läßt sich ein älteres physikalisches Paradigma
aufweisen, das hier zugrundeliegend von Schleiermacher und
Schelling nur variiert wird und aus der Gravitationslehre
stammt: die Unterscheidung von Attraktion und Repulsion,
Anziehungs- und Zurückstoßungskraft (s. u.). Daran angelehnt
schreibt Schleiermachers Methode jedem Dasein gegensätzliche,
widerläufige Kräfte zu und erreicht, daß sich Individuen und
Seinsbereiche nur durch quantitative Differenzen voneinander
unterscheiden: Die gleichen Kräfte sind in allen, nur in anderen
Graden und Mischungsverhältnissen.

Die Autoren stimmen weitgehend überein, daß es Schleiermacher darum geht, mit seiner Methode sogleich das Ganze
und die Totalität der Teile eines Gegenstandsbereiches, virtuell
der Welt, in den Blick zu nehmen und auszumessen. So wie zu
einem magnetischen Pol nicht ein zweiter hinzugefügt wird,
sondern mit beiden Polen das ganze magnetische Feld zugleich
gesetzt ist, so fügt auch Schleiermacher nicht Element additiv
zu Element, sondern „schreitet gleichsam nur den Kreis aus",
der mit dem ersten grundlegenden Begriffspaar schon gegeben
ist. DILTHEY (XIV/1, 20), REBLE (1936: 257) und andere haben
betont, daß als leitendes Modell für das Ganze zumeist der
Organismus dient. Als solcher wird die Welt sowohl wie das
die Welt spiegelnde Wissen verstanden. Deshalb sei bei Schleiermacher „stets das Ganze den Teilgliedern vor- und übergeord-
net" (REBLE 1936: 262, DILTHEY, a. a. O.). Diese Interpretation
deckt sich allerdings nicht mit Schleiermachers propagierter
Methode. Wie nach Kants Bestimmung im Organismus sich Teile
und Ganzes wechselseitig voraussetzen, so muß laut Schleiermacher auch das Denken verfahren. In allen Wissensbereichen
vollzieht es eine Kreisbewegung, indem sich Teile und Ganzes
wechselseitig bestimmen (vgl. DILTHEY XIV/1, 122, 161, 165 f.,
175, 222).

Ausgang von konträren Gegensätzen, Kreuzung zweier Ge-

56

gensatzpaare, Bindung und Durchdringung von Gegensätzen im Bereich endlicher Wirklichkeit, quantitatives Überwiegen eines Poles gegenüber dem anderen, relative Gegensätze zwischen den Individuen und Seinsbereichen, Orientierung am Organismus und Ausgriff auf das Ganze – darin hat man mit Recht die Hauptkennzeichen von Schleiermachers dialektischer, konstruktiver Methode gesehen. Sie schließt eine bestimmte Ontologie ein: Alles Seiende erscheint als in sich gespannte, Gegensätze bindende Einheit; die Realität insgesamt als ein Kontinuum, in dem keine schroffen Gegensätze die Individuen trennen. In diesem Abheben auf Zusammenhalt und kontinuierlichen Übergang, erreicht durch die Orientierung an Modellen der Mathematik und des Organismus, zeigt Schleiermacher sich noch mit Leibniz verwandt, der, ebenfalls mathematisches und organisches Denken verknüpfend, im Kosmos nur unmerklich feine Übergänge und Stufungen erblickte. DILTHEY (XIV, 369) und S. GELLES (1908) haben – allerdings in kritischer Absicht – auf die Verwandtschaft aufmerksam gemacht.

Die dialektische Methode Schleiermachers war schon und gerade im 19. Jahrhundert Zielpunkt der Kritik. Man hat in ihr eine nur „subjektive Dialektik", die Konstruktion toter Formeln und leerer Schemata und das Steckenbleiben im Dualismus gesehen (D. F. STRAUSS, R. A. LIPSIUS, W. DILTHEY, W. BENDER u. a.). J. SCHALLER fand in diesem Verfahren geradezu den „Abgrund des Wissens" (1844: 176). Das Seiende habe jeweils keine Einheit mehr in sich und verliere seine spezifischen Unterschiede gegen anderes. Keine „chemische Durchdringung" der Gegensätze, sondern nur eine äußere „mechanische Composition" liege vor (174). Denn die Einheit, welche die Gegensätze in sich schließe und binde, sei entweder nur die Tat des subjektiven Erkennens oder eine als statisch vorausgesetzte Begriffseinheit, die zu den Polen kein einsehbares Verhältnis habe (230). Da die Gegensätze sich hier nicht aus der Einheit entwickelten, eigne dieser Dialektik eine „träge Prozeßlosigkeit" (168) (vgl. W. BENDER I, 1876: 60). Wenn Schleiermacher das Seiende dadurch unterscheide, daß er dieselben Qualitäten jeweils nur anders mische und in ein anderes quantitatives Verhältnis setze, gäbe es zwischen den Dingen eben auch nur quantitative Unterschiede. Mit dem Schwinden der qualitativen Differenzen gehe aber „die Erkenntniß ihrem sicheren Untergang entgegen" (229 f.). Formalismus und abstrakte Kategorien, nur äußerlich an die Dinge herangetragen, zerstörten den spezifischen Gehalt des Denkens (173, 226). Die Theorie von relativen Gegensätzen gründe in der von Schelling übernommenen Auffassung des Absoluten als „Indifferenz" der Gegensätze, die in der Wirklichkeit Differenzen und Unterschiede zu erkennen verhindere (232 f.).

Auch nach G. WEISSENBORN (1847: 285 f.) ist die Theorie der quantitativen Unterschiede – diese „verflachende und Leben aussaugende Bestimmung" – ein in Schleiermachers System sich nicht einfügender Schellingscher Fremdkörper (vgl. DILTHEY XIII/1, 313 f.; XIV/1, 288). H. SÜSKIND (1909: 208–210) hat das erläutert: Schelling wollte in seiner Naturphilosophie mit dieser Methode den Dingen ihre zeitlose ideale Stelle im Natursystem geben. Da nun Schleiermacher aber die Methode auf den sich entwickelnden geschichtlichen Geist übertrage, gerate er in Widersinnigkeiten. Allerdings hat B. WEISS Schleiermacher dadurch gegen SCHALLER verteidigt, daß er Schleiermachers skeptische Absicht akzentuierte: Wenn der Hegelianismus eine Dialektik fordere, die jede Dualität und Vielheit aus einer lebendigen Einheit hervorgehen lasse, so sei der darin postulierte Übergang zur Dualität für Schleiermacher ein Akt willkürlicher Setzung (1879: 67 f.). Der Ausgang von einer Dualität wäre demnach das Kennzeichen eines Denkens, das sich die Aufschließung der göttlichen Einheit zur Vielheit philosophisch zu begreifen nicht zutraut.

Schon D. F. STRAUSS und neuerdings F. WAGNER (1974: 270) nannten Schleiermachers Verfahren eine bloß subjektive Dialektik, eine an die Dinge nur äußerlich herangebrachte Konstruktion. Z. B. DILTHEY (XIV/1, 203) aber hat gegen diese Kritik Einspruch erhoben. Und in der Tat zeigen ja die naturphilosophischen Modelle den – zumindest prätendierten – Realitätsbezug dieser Methode. Daß Schleiermacher sein polares Denken an physikalischen und organischen Phänomenen erläutern kann, hat seinen Grund in der für ihn polar strukturierten Wirklichkeit. Die Dialektik als Methode spiegelt die Struktur des Kosmos. Erkenntnislehre und Ontologie sind verknüpft. Das berühmteste Beispiel für Schleiermachers kosmologisches Polaritätsdenken findet sich bereits in den ›Reden‹ (1799):

„Ihr wißt, daß die Gottheit durch ein unabänderliches Gesetz sich selbst genötiget hat, ihr großes Werk bis ins Unendliche hin zu entzweien, jedes bestimmte Dasein nur aus zwei entgegengesetzten Kräften zusammenzuschmelzen, und jeden ihrer ewigen Gedanken in zwei einander feindseligen und doch nur durch einander bestehenden und unzertrennlichen Zwillingsgestalten zur Wirklichkeit zu bringen. Diese ganze körperliche Welt, in deren Inneres einzudringen das höchste Ziel Eures Forschens ist, erscheint den Unterrichtetsten und Denkendsten unter Euch nur als ein ewig fortgesetztes Spiel entgegengesetzter Kräfte. Jedes Leben ist nur das Resultat eines beständigen Aneignens und Abstoßens, jedes Ding hat nur dadurch sein bestimmtes Dasein, daß es die beiden Urkräfte der Natur, das durstige an sich ziehen und rege und lebendige Selbst verbreiten, auf eine eigentümliche Art vereinigt und festhält. Es scheint mir als ob auch die Geister, sobald sie auf diese Welt verpflanzt werden, einem solchen Gesetze folgen müßten. Jede menschliche Seele – ihre vorübergehenden Handlungen sowohl als die innern Eigentümlichkeiten ihres Daseins führen uns darauf – ist nur ein Produkt zweier entgegengesetzter Triebe. Der eine ist das Bestreben alles was sie umgibt an sich zu ziehen, in ihr eignes Leben zu verstricken, und wo möglich in ihr innerstes Wesen ganz einzusaugen. Der andre ist die Sehnsucht ihr eigenes inneres Selbst von innen heraus immer weiter auszudehnen, alles damit zu durchdringen, allen davon mitzuteilen, und selbst nie erschöpft zu werden" (R 5–7).

Die Herkunft dieser Zwei-Tendenzen-Lehre, die auch noch Schleiermachers späteres Denken bestimmt, ist in der Literatur umstritten. Während DILTHEY (XIII/1, 373) und H. SÜSKIND (1909; 114 ff.) diese Grundfigur auf Schelling, E. HIRSCH (³1964: IV, 565) und H. BIRUS (1982: 32) sie auf Fichte zurückführen, möchten A. REBLE (1936: 257 f.) und P. SEIFERT (1960:

58 ff.) sie als Schleiermachers originären Gedanken behaupten. Eine eindeutige Antwort auf die Herkunftsfrage ist aber deshalb schwierig, da eine Konzeption gegenläufiger Kräfte nahezu Gemeingut der Epoche war. Auch Schellings Theorie der Zentrifugal- und Zentripetalkraft, Fichtes und Schellings Lehre von den zwei entgegengesetzten Tendenzen im Ich sowie Schillers Form- und Stofftrieb und Goethes Entgegensetzung von Diastole und Systole, sie alle sind nicht schlechthin originell. Antike Entgegensetzungen (z. B. Stoff–Materie) verbinden sich hier mit Begriffen und Denkweisen der neuzeitlichen Physik. Besonders Newtons Gravitationslehre, die eine Anziehungs- und Widerstandskraft in der Materie annahm, gab den Anstoß, das Widerspiel polarer Kräfte zum Deutungsschema für die gesamte Wirklichkeit zu machen (T. H. FOREMAN 1978). So hatte Kant aus Newtons Attraktions- und Repulsivkraft das materielle Universum konstruiert.[1] Herder behauptete dann in seiner Schrift ›Vom Erkennen und Empfinden der menschlichen Seele‹ (1778) das Widerspiel der Kräfte, das Anziehen und Abstoßen, das Zusammenziehen und Ausbreiten, diesen „Magnetismus in der Natur", als universales Gesetz der anorganischen und organischen, ja auch der geistigen Natur (L. GOEBEL 1904: 22). Die „Mischung" dieser Kräfte bestimmt schon bei Herder den Charakter des jeweiligen Daseins, wie Herder auch den Menschen schon als „Ellipse" von zwei Polen her begreift und – analog zu Schleiermachers ›Reden‹ – mit Bewunderung Spinozas Namen nennt. Herder hat seinerseits den Ursprung des Zwei-Kräfte-Theorems weit in die griechische Philosophie zurückverlegt: Als Empedokles von Liebe und Haß der Körper sprach, hatte er träumend die Theorie Newtons antizipiert.[2] Auch Schleiermacher fand in der Vorsokratik den Gedanken

---

[1] Kant: Allgemeine Naturgeschichte und Theorie des Himmels (1755). Ak.-Ausgabe I, 234 und passim. Ders.: Metaphysische Anfangsgründe der Naturwissenschaften (1786). Ak.-Ausgabe IV, 498 f.

[2] Herder: Sämtliche Werke, hrsg. von B. Suphan VIII, 169 f., 173, 209, 202, 169.

schon ausgesprochen, und zwar besonders bei Heraklit (SW 3/II, 63, 65, 67 ff. u. ö.).

Schleiermacher also teilt mit vielen Zeitgenossen eine dynamistische Weltauffassung, die widerläufige Kräfte in allen Naturgestalten und auch im geistigen Leben erkennt. Erste Kenntnis der Theorie zeigt Schleiermacher m. W. in einem Nachtrag zu seinen Spinozismus-Aufzeichnungen (ca. 1793/94): Hier heißt es, laut S. Maimon habe sogar Descartes die Ausdehnung der Körper nicht bloß geometrisch, sondern dynamisch verstanden, nämlich als „das gegenseitige ausdehnen und zurückstoßen der Theile" (KGA I, 1, 554). Das ist für Schleiermacher ein Beweis, daß erst recht Spinoza die Materie als Krafttätigkeit, als Handlung der absoluten Substanz faßte.[3] Es war von hier aus ganz naheliegend, die bei Spinoza aufweisbaren Entgegensetzungen als die widerläufigen Äußerungen und Tätigkeiten der einen Grundkraft zu begreifen (vgl. A. REBLE 1936: 256 f.).

Mindestens seit den ›Reden‹ begreift demnach Schleiermacher – durchaus in der Nähe zu Herders „Pandynamismus"[4] – das Leben des endlichen Seins als Produkt der Vereinigung entgegengesetzter Kräfte. Im Einklang mit den 'Reden', nach denen die Gottheit eine Welt der polaren Spannung schuf, heißt es noch 1831 in der Dialektik-Vorlesung: „Das absolute Sein ist aber immer Leben als die Gegensäzze aus sich entwickelnd, aber, weil zeitlos, nicht in sie übergehend" (DJ 531). Das zeitliche, endliche Sein ist durch diese Gegensätze konstituiert. Seine „Form" ist deshalb das „Ineinander und Auseinander von In-sich-Aufnehmen und Aus-sich-Hinstellen", wie z. B. die Ethik 1812/13 formuliert (E 259). Diese Krafttätigkeiten erscheinen in der an-

[3] Schon bei Salomon Maimon hieß es: Cartesius und Spinoza sahen das Wesen der Körper „in der Dynamischen Ausdehnung die in der Attraktion und Repulsion der Theile ihren Grund hat". Streifereien im Gebiete der Philosophie (1793). Gesammelte Werke, hrsg. von V. Verra, IV, 62. Maimon gab 1793 auch Pempertons Newton-Darstellung heraus. A. a. O. IV, 531 ff.

[4] Carl Siegel: Geschichte der deutschen Naturphilosophie (Leipzig 1913) 136 ff.

organischen Materie als Attraktion und Repulsion, in den Orga-
nismen als Aufnehmen und Ausscheiden von Stoffen, im spezifisch menschlichen Leben als Erkennen (Wissen) und Wollen
(Tun), in der Erkenntnissphäre nochmals als Sinnlichkeit und
Verstand (organische und intellektuelle Tätigkeit). Da ein und
dieselbe Struktur die Wirklichkeit durchherrscht, sind auch die
philosophischen Disziplinen eng miteinander verkettet.

Schleiermacher also denkt „organisch", da ihm der Kosmos
selbst ein Organismus ist (vgl. z. B. auch L. GEORGE 1842: 79;
DILTHEY XIV/1, 19 f.; A. REBLE 1936: 260), und die oszillie-
rende Bewegung des Denkens spiegelt ihm die „Oscillation des
Lebens" (E 89). Akzentuiert man so den Realitätsbezug des
Schleiermacherschen Denkens, stellt sich allerdings eine andere
Kritik ein: die Methode sei nur der Naturphilosophie entlehnt
und deshalb in ihrem Kern „naturalistisch" (W. BENDER I, 1876:
114; G. WEHRUNG 1920: 68 f.; F. FLÜCKIGER 1947: 180). Aber
der Kritiker hat hier zu bedenken, daß Schleiermachers Kraft-
begriff nicht durch die Naturwissenschaften seinen Bedeutungs-
gehalt empfängt, sondern die metaphysische Tradition der substantiellen Formen fortführt (R. A. LIPSIUS 1869: 25 ff.; H.-R.
REUTER 1979: 141 ff.). Deshalb ist Kraft konstitutiv für die
Wirklichkeit insgesamt, für die des Geistes wie die der Natur.
Die ›Dialektik‹ behauptet explizit die Duplizität des realen
Seins auch nicht im Sinne Newtons, sondern platonisch als Spannung zwischen Ruhe und Bewegung, Einheit und Vielheit, Ding
und Aktion, Kraft und Kausalität, Aus-sich-selbst-Entwicklung
und Bestimmtwerden-durch-anderes. Bezeichnend für sein Denken ist nämlich vor allem die Unterscheidung von Wesen und
Relation, auf die auch schon Platon abgehoben habe, wobei
Schleiermacher das Wesen als substantielle Kraft und die Relation als reale Einwirkung (Kausalität, Wechselwirkung) versteht. Jedes Seiende ist einerseits eine Wesenseinheit und andererseits Bestandteil eines Systems gegenseitiger Bestimmung;
eine Äußerung freier Kraft und zugleich Produkt der Einwirkung anderer Kräfte. Die Doppelseitigkeit der Perspektive, die
sich aus diesem Gedanken ergibt, ist ebenfalls in den ›Reden‹

schon vorgebildet, und zwar hier nicht im Gebiet der Naturphilosophie. Es heißt, jedes Werk des menschlichen Geistes könne sowohl von innen her in seinem Wesen wie von außen als Erzeugnis der Geschichte begriffen werden (R 22). Die Hermeneutik nimmt später diesen Gedanken auf (s. u.). Schleiermacher fügt hier im Ausgang von Platon die Bereiche der Freiheit und der Notwendigkeit, die Kant scharf trennte, wieder zusammen und macht sie zu zwei Seiten alles Seienden. Sein Denken ruht noch einmal auf den beiden Begriffen (Substanz, Kausalität), in deren Auflösung DILTHEY später die Auflösung der Metaphysik sah. Den Gedanken der substantiellen Formen rezipiert Schleiermacher besonders deshalb, um den cartesischen Dualismus von Geist und Materie zu meiden, ohne sich auf die Seite des Materialismus oder Idealismus schlagen zu müssen: Die Welt ist insgesamt ein System substantieller, lebendiger Wesensformen. Platon hatte im ›Sophistes‹ gezeigt, daß das Sein weder als Ideen- noch als Körperwelt zu denken sei (245 e bis 249 d). Darin erblickt Schleiermacher die Elemente einer Vereinigungsphilosophie, an deren Tradition er anknüpft. In seiner Phliosophiegeschichte bringt er denjenigen Autoren die meisten Sympathien entgegen, die einen Dualismus mieden, wie z. B. Giordano Bruno, den er gegen den Pantheismus-, Atheismus- und Materialismusvorwurf verteidigt (GPh 249 ff.; vgl. H. SCHOLZ ²1911: 100, 158 f.). Der Kantische Dualismus von Ding an sich und Erscheinung wird bei Schleiermacher zur Polarität von Gott und Welt, von unerkennbarem absoluten Sein und näherungsweise erkennbarem Reich der Gegensätze. Den Übergang zu dieser Position hat nicht zuletzt Kant selbst angebahnt: In der durch die ›Kritik der Urteilskraft‹ geschaffenen geistigen Situation war es nicht mehr obsolet, die Vernunft auf die lebendige Wirklichkeit der Welt hingeordnet zu denken und so auch den Begriff der substantiellen Kräfte wieder aufzunehmen; fand sich doch selbst in Kants Philosophie des organischen Lebens der Plotinische Begriff der inneren Form.[4a]

[4a] Kant: Kritik der Urteilskraft, § 67. Akad.-Ausg. V, 378.

3. System und Geschichte

Ob Schleiermacher ein „Systembildner" analog zu Schelling und Hegel gewesen sei, darüber gehen die Meinungen auseinander. Die Autoren des 19. Jahrhunderts stellen die Hauptdisziplinen zumeist in der Reihenfolge Dialektik, Ethik, Dogmatik vor (C. L. MICHELET, E. ZELLER), und sie berichten auch über das Systemkonzept (z. B. J. E. ERDMANN). Laut W. BENDER (1876: 43 f.) war Schleiermacher ein „Panlogist" wie Hegel; an seinem systematischen Zugriff bestehe kein Zweifel. Aber nach B. WEISS (1880: 81) ist Schleiermacher kein Systemphilosoph gewesen. Laut A. H. RITTER (1859) hat Schleiermacher aus „Scheu vor systematischer Construktion" es nur zu einer unzureichenden „vorläufigen Ordnung" der Gedanken und Disziplinen gebracht (751, 772). DILTHEY hingegen hat den Systemgedanken philosophisch ernst genommen, wenngleich er darin zeitweilig – wie u. a. auch W. BENDER (1876: 57) – nur ein ästhetisches Interesse wirksam sah (XIV/1, S. XXVII). Seit DILTHEY konnte unbefangen von Schleiermachers theologischem und philosophischem „System" gesprochen werden, zumal die Idee einer vernunftnotwendigen Wissenschaftssystematik ohnehin an Selbstverständlichkeit verloren hatte. Aber die Literatur ist auch im 20. Jahrhundert zu keinem einhelligen Urteil gelangt. So bewundert A. DORNER (1910, WA I S. II, XIX f.) Schleiermachers „spekulative und dialektische Kraft", mit der er die Gegensätze systematisch zusammenbringe. Aber nach J. COHN (1923: 44) hat hier eine auflösende Dialektik „den Begriff des Systems selbst ergriffen" und problematisch gemacht; es klinge das berühmte Diktum Friedrich Schlegels nach: „Es ist gleich tödlich für den Geist, ein System zu haben und keins zu haben." Daraus folge für Schleiermacher, ein System zu haben und sich zugleich seines Ungenügens bewußt zu bleiben. F. WEBER (1973: 57) hat dies als direkten Widerspruch formuliert: Schleiermacher verfolge im Anschluß an die rationalistische Schulphilosophie „den Gedanken eines allumfassenden Systems" und bezweifle zugleich seine Möglichkeit, vereine also „System und Skepsis".

Aber E. Herms (1974: 268) kommt zu einem anderen Ergebnis: Schleiermacher bleibe „anders als seine Zeitgenossen dem alten 'formalen' Schulbegriff eines wissenschaftlichen Systems als methodo scientifica aufgeführten Lehrgebäudes, als in sich konsistenten, exakt formulierten Zusammenhangs von Lehrsätzen treu".

Der Grund für den Dissens liegt darin, daß Schleiermacher in den ›Reden‹ gegen die „Systemsucht" polemisiert hatte (R 64), später gegen den Endgültigkeits- und Absolutheitsanspruch von Systemen kämpfte und ihre faktische Pluralität und Relativität zur Anerkenntnis gebracht wissen wollte (DJ §§ 21 ff., DO 81 f.), dennoch aber auf einen Systemrahmen selbst nicht verzichtete und alle seine philosophischen Disziplinen ihm integrierte. Das Ernstnehmen der Individualität (der Autoren und Epochen) und der geschichtlichen Entwicklung hat Schleiermacher bewogen, seinen eigenen Entwurf nicht zu dogmatisieren. Dennoch ist die Forschung mehr und mehr zu der Einsicht gelangt, daß dieser Entwurf überall im Auge behalten werden muß, wenn es Disziplinen oder einzelne Gedanken Schleiermachers zu verstehen gilt. Insgesamt hat sich darin doch Diltheys Auffassung wachsend bestätigt, der mit der Klage begann: „Die Teile des [Schleiermacherschen] Systems können nur nacheinander entwickelt werden. Es ist wie wenn Knochengerüst, Muskeln und sonstige Stücke eines Körpers nacheinander zergliedert werden; sie sind doch nur in ihrem Verhältnis zu dem lebendigen Ganzen und dessen Einheit verständlich" (XIV/1, 63).

Kaum gibt es einen Philosophen, zu dessen System und Systemgliedern so viele Übersichtstabellen erstellt wurden, die den architektonischen Grundriß und den organischen Zusammenhang der Teile auch bildlich vor Augen führen. Da sie in der Tat für die Orientierung und das Verständnis äußerst dienlich sind, seien hier einige Skizzen genannt. Man sehe zum Aufriß des *philosophischen Systems* die Tabellen bei A. Reble (1935: 227), E. Garczyk (1963: 65, 69), H. J. Birkner (1964: 36), L. Oranje (1968: 74), F. Wagner (1974: 260, 263); zur *Dialektik* W. Dilthey (XIV/1, 162 f.), L. Oranje (1968: 116,

134), F. WAGNER (1974: 70, 89, 103, 249); zur *Ethik* A. REBLE
(1935: 95, 97 f., 119 ff., 180; 1936: 271); zur *Pädagogik*
E. LICHTENSTEIN (1968: 350/1), J. SCHURR (1975: 446 f., 470);
zur *Psychologie* (ebd. 198, 406); zum *theologischen System*
H.-J. BIRKNER (1964: 54); zur *theologischen Ethik* (ebd. 108);
zur *Dogmatik* G. EBELING (1968: 482 f.).

Schleiermacher selbst hat eine Theorie des wissenschaftlichen
Systematisierens entworfen. Die ›Dialektik‹ zeigt, wie das
„architektonische Verfahren" das Wissensmaterial zu einem ein-
heitlichen Zusammenhang fügt (DJ 300 ff., DO 456 ff.; vgl.
DILTHEY XIV/1, 224 ff., F. WAGNER 1974: 259 f., J. SCHURR
1975: 128 f.). In diesem Verfahren wurzelt auch Schleiermachers
eignes System, und sein Aufbau ist ein vorzügliches Beispiel für
seine Methodik. Um die Einheit der philosophischen Wissensgebiete zu finden, gilt es, sie auf eine oberste Einheit zurück-
zubeziehen, die zugleich einen obersten Gegensatz enthält (Polarität). Diese findet sich im Ausgang vom Selbstbewußtsein als
Einheit und Entgegensetzung von Denken und Sein, Idealem
und Realem. Beide Gegensätze verbinden sich mit unterschied-
licher Gewichtsverteilung (Bindung der Gegensätze, quantitatives Überwiegen): Ihre Einheit mit dem Übergewicht des
Realen ist die Natur, ihre Einheit mit dem Übergewicht des
Idealen der Geist (die Vernunft, die Intelligenz) (relativer
Gegensatz). Natur und Intelligenz sind die beiden Gegen-
standsbereiche, durch die sich die Wissenschaften sondern. Der
Gegensatz des Idealen und Realen findet sich aber nicht nur
auf der Seite des Erkenntnisgegenstandes, sondern auch auf der
Seite der Erkenntnisweise und der Methode, nämlich als Gegensatz von Rezeptivität (organische Tätigkeit) und Spontaneität
(intellektuelle Tätigkeit), von Empirie und Spekulation. Gegenstand und Methode sind also dadurch miteinander vermittelt,
daß sie den nämlichen Gegensatz (real – ideal) in sich haben
und auch selbst als Ausprägung dieser Entgegensetzung verstanden werden können (Gegenstand: real, Methode: ideal). Die
Verschränkung beider Gegensatzpaare (von Gegenstand und
Methode) ergibt ein viergliedriges Wissenschaftssystem (Quadru-

plizität): spekulative Ethik, empirische Geschichtskunde (= Wissenschaften des Geistes), spekulative Physik, empirische Naturkunde (= Naturwissenschaften).[5] Dies Geflecht der Realwissenschaften, die die endliche Wirklichkeit zum Arbeitsfeld haben, wird getragen von einer Wissenschaft, die die Bedingung von Wissen und Wissenschaft und die Organisation des Wissens zum Thema hat: die Idealwissenschaft Dialektik.

Dieses Wissenschaftssystem hat Schleiermacher in seiner ›Dialektik‹ und in seiner ›Ethik‹ in verschiedener Begrifflichkeit und in anderem Vorgehen, doch im Ergebnis und in der Grundstruktur identisch dargestellt (DJ 311, DO 461 f.; E 245 ff., bes. 248; 487 ff., bes. 496 f.; 517 ff., bes. 535 f.). Die Interpreten haben es ähnlich wie vorstehend skizziert und beschrieben (s. o.). Indem es einen völlig kohärenten Wissenschaftsorganismus darlegt, in welchem jede Teildisziplin auf das Ganze verweist, prätendiert es doch mehr, als der ältere Systembegriff verlangte (E. HERMS, s. o.). Es hat teil an der idealistisch-romantischen Opposition gegen die enzyklopädischen Stoffsammlungen und die bloßen „Aggregate" von Kenntnissen, die man in der Aufklärung herrschend fand. „System" kann nur „Organismus" sein und muß mit jeder Vielheit auch Einheit setzen. Das philosophische System enthält hier die Grundlagen für alle Wissenschaften, und die Philosophie versteht sich als ihr organisierendes Prinzip. Schleiermachers Wissenschaftssystem gehört in den geistesgeschichtlichen Kontext, der die Neugrün-

---

[5] Die Gegenüberstellung Geisteswissenschaften–Naturwissenschaften findet sich bei Schleiermacher der Sache, noch nicht der Terminologie nach, wenngleich er gelegentlich von der „Wissenschaft des Geistes" spricht (SW 3/II, 468). Auf der Suche nach einer ausgewogenen Terminologie erwägt er gelegentlich, ob sich der Doppelung Naturwissenschaft/Naturkunde nicht die Teilung Vernunftwissenschaft/Vernunftkunde zur Seite stellen ließe (E 536). Aber diese Begriffe waren durch die Logik besetzt. August Twesten nennt Schleiermachers Ethik aber im Sinne der idealistischen Teilung Geistphilosophie/Naturphilosophie eine „Philosophie des Geistes". Vorrede zu Schleiermachers ›Grundriß der philosophischen Ethik‹ (Berlin 1841) XVIII.

dung der Berliner Universität bestimmte: Das Zentrum nehmen in ihr nicht mehr die „oberen" Fakultäten ein (Medizin, Theologie, Jurisprudenz), sondern die philosophische Fakultät, die alle um des Wissens willen betriebenen Disziplinen vereint und die Philosophie zu ihrem gemeinsamen Band hat.[6]

Was die Herkunft des Wissenschaftsgrundrisses anlangt, so hat die Forschung ihn als eine Leistung gekennzeichnet, die Schleiermacher in der Auseinandersetzung mit Zeitgenossen und Philosophiegeschichte selbst herausbildete (vgl. DILTHEY XIII/1, 370 f.). H. SÜSKIND (1909: 49 ff., 80) hat gezeigt, wie schon in den ›Reden‹ (1799) erste Ansätze zur Systembildung sich finden und wie 1801/02 in der Auseinandersetzung mit der Transzendentalphilosophie Fichtes und Schellings die Teilung in „Elementarphilosophie", „Physik" und „Ethik" erstmals Gestalt gewinnt. Die Begründung der Wissenschaften auf eine „Wissenschaftslehre" übernehme er von Fichte (vgl. G. WEHRUNG 1920: 12 ff.). Wahrscheinlich schon 1804/05 habe Schleiermacher die realwissenschaftlichen Disziplinen nochmals in spekulative und empirische geteilt (H. SÜSKIND 1909: 175 f.). Neuerdings hat E. HERMS diese Auffassungen weitgehend bestätigt (1974: 190 ff., 208 f., 229 ff.). Nur macht HERMS zusätzlich auf den Einfluß der hallischen Schulphilosophie und F. Schlegels aufmerksam und erkennt Verschiebungen im frühen Grundriß, die an der Einordnung von Anthropologie und Geschichte ablesbar seien (229 ff.).

Schleiermacher selbst hat seine Hauptgliederung in Dialektik, Physik und Ethik, die in dieser Form sich erstmals bei Xenokrates findet, auf Sokrates und Platon zurückgeführt; wenn auch nicht ausdrücklich genannt, liege sie der platonischen Philosophie bereits zugrunde (GPh 18 ff., 81 ff., 98; SW 3/II, 298 ff.; vgl. E. HERMS 1974: 260 f.). Für die Rezeption des antiken Schemas gab es ein berühmtes Vorbild. Schon CH. SIGWART (1857: 65) sagte, Schleiermachers mit „architektonischer Kunst

---

[6] Siehe Schleiermachers Universitätsschrift von 1808: Gelegentliche Gedanken über Universitäten in deutschem Sinn. SW 3/I, WA IV.

... bis ins Einzelne symmetrisch gegliedertes Gerüste" zeige deutliche Anklänge an Kant. Dieser hatte die alte Einteilung als gültig aufgenommen und in sie die Unterscheidung von apriorischem und empirischem Wissen eingetragen.[7] A. W. Schlegel hat 1803 in seinen Berliner Vorlesungen über Enzyklopädie schon eben die Methode verfolgt, mit der auch Schleiermacher sein Wissenschaftssystem aufbaut. Schlegel kombiniert die beiden Quellen der Wissenschaft, „Vernunft und Erfahrung", mit den beiden Gegenstandsbereichen „Natur und Menschheit" und erhält nun eine ganz ähnliche Quadruplizität wie Schleiermacher: Naturwissenschaft, Naturgeschichte, Philosophie und Geschichte.[8] Es fällt sogleich auf, daß A. W. Schlegel auf eine Dialektik verzichtet; wie überhaupt durch die Parallelen bei Kant und A. W. Schlegel noch nichts über Schleiermachers Abhängigkeit gesagt ist, denn alle Elemente waren in der Philosophiegeschichte vorgegeben.

Das unterscheidende Merkmal des Schleiermacherschen Systemkonzepts, durch das es sich von den Entwürfen Fichtes, Schellings und Hegels abhebt, liegt in der *Einbeziehung der Empirie*: Die Philosophie hat gleichberechtigt die Erfahrungswissenschaften zur Seite, beide sind aufeinander verwiesen. Ihr relativer Gegensatz soll sich im Geschichtsprozeß ausgleichen, die Spekulation sich mit Erfahrung sättigen und die Empirie mit Theorie durchdrungen werden, bis sie in einem virtuellen Geschichtsziel beide verschmelzen (DJ §§ 209, 342 f.). Schleiermacher hat das Entstehen der Erfahrungswissenschaften als eine große Leistung des modernen Denkens begriffen, zu der die Antike nicht fähig war (s. u.); und er erklärte es zur geschichtlich geforderten Aufgabe, spekulative Philosophie und Erfahrungswissenschaften nicht voneinander zu isolieren, sondern beide aufeinander zu beziehen und sie zu vermitteln. Deshalb schiebt er in seinem Wissenschaftssystem zwischen die spekulative Ethik und die empirische

---

[7] Kant, Ak.-Ausgabe IV, 387 f.

[8] Siehe Ulrich Dierse: Enzyklopädie. Zur Geschichte eines philosophischen und wissenschaftstheoretischen Begriffs (Bonn 1977) 141–146.

Geschichtskunde Brücken-Disziplinen ein: „Kritische" Disziplinen, welche die im Erfahrungswissen gegenwärtige Wirklichkeit auf ihren Vernunftgehalt hin untersuchen (z. B. Religionsphilosophie, Ästhetik), und „technische" Disziplinen, welche die gegebene Wirklichkeit in praktischer Absicht auf die Vernunftprinzipien der Ethik beziehen (z. B. Staatslehre, Pädagogik) (E 252, 356, 505 f.). Das System ist also im Hinblick auf einen unabgeschlossenen Geschichts- und Wissensprozeß konzipiert; und es ist deshalb selbst seiner Struktur und seinem Inhalt nach offen: Besonders der Fortschritt der Erfahrungswissenschaften soll seinen Inhalt erweitern, und der Fortschritt der Philosophie soll das Zusammenschließen der Wissensgebiete und Disziplinen bewirken.

Diese Intention Schleiermachers trat aber in den Interpretationen zumeist hinter dem zurück, was man jeweils als seine wirkliche Tat oder als Konsequenz seines Denkens zu erkennen glaubte. Das Verhältnis des Spekulativen und Empirischen bei Schleiermacher ist wiederum in der Deutungsgeschichte äußerst kontrovers. Man hat ihn sowohl einen Empiristen wie einen Aprioristen genannt. Schon die Einbeziehung der Erfahrungswissenschaften ins System hat zu Verständnisschwierigkeiten geführt. Sogar A. H. Ritter (1859: 751) hat sie mißverstanden: Nach Schleiermacher müsse die systematische Philosophie „alles Empirische aus ihrem Prinzipe in philosophischer Construction ableiten", und weil dies ein Widersinn sei, habe Schleiermacher sie ganz aufgegeben. Nach E. Garczyk (1963: 59) enthalte Schleiermachers so harmonisch konstruiertes System einen „Denkfehler gegen die eigenen Axiome", indem eine Einheit von Spekulation und Empirie gefordert sei, die es in der Erfahrung nicht gäbe. Auch dies zeigt Mißverstand, denn jene Einheit ist freilich keine Erfahrungstatsache, sondern ein regulatives Prinzip im Sinne Kants. F. Wagner (1974) hat die konstitutive Bedeutung der Empirie für den Wissenschaftsprozeß bei Schleiermacher ganz übersehen (vgl. 269 f.).

Die Frage nach dem Verhältnis von Spekulation und Empirie ist ein brisantes Thema besonders deshalb, da mit ihr das Verhältnis des „Hermeneutikers" Schleiermacher zur *Geschichte* und das Verhältnis des Theologen zur christlichen Tradition und zum historischen Jesus zur Sprache kommen. H. JURSCH (1933: 92–97) hat „die ganze Unsicherheit der Forschung" in dieser Frage dargetan, indem sie tabellarisch beide Parteien gegenüberstellte: einerseits Autoren, für die Schleiermacher der Geschichte zu ihrem Recht verhalf, andererseits solche, die dies verneinten. Der Dissens ist so alt wie die Schleiermacher-Literatur. A. TWESTEN fand gerade für Schleiermachers „historische Anschauung" die größte Bewunderung, für sein „Vermögen . . ., mit seinem Geiste in die Erscheinung mitten hineinzudringen und ihr dadurch das Substrat wiederzugeben, was sie durch das Uebergehen ins Bewußtsein verliert".[9] Und laut J. SCHALLER (1844: 228 f.) geschehe Schleiermachers Zuwendung zu historischen Gegenstandsbereichen „mit einer solchen Gründlichkeit, mit einem solchen Scharfblick, daß auch die extremsten Freunde des positiven Wissens und der historischen Kritik Schleiermacher ihre vollkommenste Anerkennung nicht versagen können". Dazu fügt sich das Urteil G. WEISSENBORNS (1847) über Schleiermachers Philosophiebegriff: Philosophie sei bei Schleiermacher wesentlich Organisation von Einzelwissen und Einzelwissenschaften zu einem Zusammenhang (1 ff.); da alles Wissensmaterial aus der Erfahrung stamme, zeige seine Position einen starken empiristischen Einschlag (239 ff.).

Doch fast gleichzeitig notiert L. GEORGE (1842: 77), Schleiermacher lasse wie Hegel die Erfahrung zugunsten des abstrakten Denkens außer acht. Auch nach A. H. RITTER hat er das historische Individuelle letztlich den allgemeinen Begriffen unterjocht.[10] G. HAYM (1870: 439) sieht den jungen Schleiermacher im Widerspruch, nicht historische, sondern „reine" Individualitäten begreifen zu wollen. Seine „logisch-mathematische Geistesform" gehe einher mit einem „Mangel an historischem

[9] C. F. G. Heinrici: August Twesten (Berlin 1889) 164.

[10] A. H. Ritter: Versuch zur Verständigung über die neueste deutsche Philosophie seit Kant (Braunschweig 1853) 121.

Sinn". Das läuft auf die These hinaus, bei Schleiermacher sei das Historisch-Individuelle nur ein abstrakter Gedanke, es selbst werde nirgends faktisch erreicht. In diesem Sinn nannte auch DILTHEY (IV, 398) ihn einen „der Pfadfinder der historischen Schule" und sah ihn zugleich befangen in einer noch ganz „ungeschichtlichen" Denkweise. F. MEINECKES Auffassung ([5]1951: 103), gerade der junge Schleiermacher habe mit seinem Individualitätsbegriff dem Historismus den Weg geebnet, schließt sich hier an. Daß Schleiermachers Denken nicht die konkrete geschichtliche Wirklichkeit erreichte, betonte nach I. HALPERN (1901: 272) besonders G. WEHRUNG: Weitgehend noch im Banne des Kantischen Apriori (1911: 7) habe Schleiermacher zu Unrecht über den Gegensatz von Apriorischem und Aposteriorischem hinaus zu sein geglaubt. „Tatsächlich entpuppt er sich als richtigen Aprioristen" (1920: 254 f., vgl. 308 f.). Die dialektische Theologie hat diese Kritik ähnlich wiederholt. Zwar habe Schleiermachers relativistischer „Historismus" und „Evolutionismus" „mit dem 'geschichtlichen Denken' in noch ganz anderer Weise Ernst gemacht, als etwa Herder oder Hegel", aber die wirkliche, immer auch irrationale Geschichte werde dadurch gerade verfehlt (E. BRUNNER 1924: 288, 206 ff.; vgl. F. FLÜCKIGER 1947: 117, 180). In anderer Weise sieht H.-G. GADAMER ([4]1975: 184) bei Schleiermacher eine nur ästhetisierende Geschichtsbetrachtung, die sich selbst aus der Geschichte herauslösen wolle. – Aber andere Autoren haben – Schleiermacher verteidigend – die Verbindung der (relativ) selbständigen Pole Spekulation und Empirie als ein richtiges Programm begrüßt und es in Schleiermachers Arbeiten auch weitgehend eingelöst gefunden (H. MULERT 1907; A. DORNER 1910, WA I, S. II f.; H. SÜSKIND 1911; F. JACOB 1967; D. OFFERMANN 1969: 326; G. J. HOENDERDAAL 1968: 77). Anklage und Verteidigung hängen sichtlich auch immer davon ab, was man unter einem wirklich geschichtlichen Denken selbst versteht und von ihm erwartet.

H. MULERT (1907: 25 ff.) hat bereits wichtige Belegstellen zu Schleiermachers Geschichtsbegriff angegeben und auf seine Bedeutungsbreite aufmerksam gemacht. Ausgehend von folgenden vier Grundbedeutungen läßt sich Schleiermachers Geschichtsverständnis am ehesten einer Klärung zuführen.

1. Schleiermacher gebraucht das Wort „Geschichte" zunächst durchaus noch in der älteren Bedeutung von historia, als Kenntnis singulärer Tatsachen. In diesem Sinne sind alle Erfahrungstatsachen für ihn geschichtliche Tatsachen und alle empirischen Wissenschaften geschichtliche, historische Wissenschaften. Indem er die „spekulative und historische Form des Wissens" (DO 461) im Sinne von Spekulation und Empirie unterscheidet und damit sein Wissenschaftssystem gliedert, nimmt er die Unterscheidung einer langen aristotelischen Tradition auf: philosophia/theoria (das Wissen der Gründe, Ursachen und des Allgemeinen) wurde in ihr von der historia (der Kenntnis von Erfahrungstatsachen) abgegrenzt.[11] Schleiermacher trennt mit dieser Unterscheidung aber nun nicht mehr die Philosophie von der Nicht-Philosophie ab (wie z. B. noch Schelling und Fichte), sondern differenziert nur zwischen zwei für die Philosophie gleich wesentlichen Wissensbereichen (Spekulation und Empirie). Dadurch ergibt sich ein doppelter Philosophiebegriff; Philosophie im engeren Sinn: spekulatives Erkennen und Wissen; Philosophie im weiteren Sinn: Totalität alles Wissens von der Welt, empirisches und spekulatives, das sich in unendlichem Fortschritt zur „Weltweisheit" fortbildet und in ihr vollendet (DJ §§ 209, 342 f., E 536). In dieser fallen alle Zweige und Disziplinen zusammen, und sie erst wäre wahre, endgültige Philosophie.

Absicht dieses Ansatzes ist es, die Dualität von Vernunft und Erfahrung so aufzunehmen, daß sie zum Nerv der Philosophie und des Wissenschaftsfortschritts wird. Und Schleiermacher meinte, gerade im Ausgang von Platons Spätphilosophie die aristotelische Dualität von theoria und historia vermitteln zu können. Platons Dialektik hatte ihn überzeugt, daß das Sein und Erkennen, beide, sich immer zugleich in Ruhe und Bewegung, in Zeitlosigkeit und Zeitlichkeit, im Zustand des Werdens

---

11 Friedrich Kambartel: Erfahrung und Struktur (Frankfurt a. M. 1968) 50 ff.

und Seins befinden. Seine Dialektik nimmt dies auf (s. u.) und verankert von hier aus die Unterscheidung von Theorie und Geschichte in den Fundamenten der Erkenntnis: Diese verbindet die Einheit des Begriffs mit der Vielheit der Wahrnehmungsgehalte. Aber Erkenntnis kann einmal überwiegend auf den identischen, allgemeinen Begriff (Spekulation/theoria), einmal mehr auf den vielgestaltigen, wechselnden Erfahrungsgehalt abzielen (Empirie/historia). Beide Erkenntnisformen gehören zusammen, wie sie in jeder Einzelerkenntnis, in jedem Urteil schon immer partiell verbunden sind (DJ § 196 f.).

2. „Geschichte" heißt bei Schleiermacher sodann in eingeschränkter Bedeutung die Kunde und Erzählung von Tatsachen und Begebenheiten aus dem Bereich der menschlichen Welt. In diesem Sinne ist Geschichte als empirische Wissenschaft, als „Geschichtskunde", dem System integriert und steht hinsichtlich der Methode der Naturkunde, hinsichtlich des Inhalts der Ethik zur Seite. Schon H. MULERT (1907) hat betont, daß es Schleiermacher in dieser Disziplin nicht bloß um nackte Empirie, sondern um die Anschauung des Werthaft-Individuellen aus dem Bereich der menschlichen Kultur geht. Schleiermacher sei dem Grundgedanken überall treu geblieben: „Der Historiker schaut die Dinge im organischen Zusammenhang ihres Werdens an" (26). Diese Auffassung hat sich weitgehend durchgesetzt. Schleiermacher gilt als Theoretiker des Historisch-Individuellen, wobei der historischen „Anschauung" ein mehr oder weniger ästhetischer Charakter zugesprochen werden kann (W. SCHULTZ 1937, H. KIMMERLE 1969).

In der Tat wird man Schleiermachers Bemühen, dem Individuellen der geschichtlichen Welt gerecht zu werden, nicht bestreiten können. Darin gründet ja z. B. seine eigene philologische und historische Arbeit auf dem Gebiet der antiken Philosophie. Nur kann dies Individuelle für ihn nicht nur ein Autor oder ein Text, sondern eine ganze Epoche sein. Die Geschichtskunde kann und soll sehr wohl sogar „ein Bild vom Ganzen" entwerfen (z. B. GPh 16). Vor allem ist die Historie ständig auf die philosophische Ethik verwiesen. Beide sollen getrennt sein, sich aber aufeinander zubewegen und allmählich durchdringen (G. MORETTO 1979, W. GRÄB 1980: 12 ff.). Die Geschichtskunde reicht so von der historischen Einzelforschung bis an die Grenze dessen heran, was man gewöhnlich Geschichtsphilosophie nennt. Deshalb führt MULERTS Ansicht (1907: 31), bei Schleiermacher komme „der wiedererwachende Respekt vor dem geschichtlich Gegebenen und Gewordenen zum Ausdruck", in die falsche Richtung. Zwar wird Geschichte als empirische Wissenschaft aufgewertet und der Philosophie koordiniert, aber Schleiermacher möchte in seinem Verhältnis zur Tradition das Geschichtliche nicht als „bloß geschichtlich" (nämlich als äußerlich gegeben und unverstanden) hinnehmen, sondern es „systematisch" in seiner Einheit und in seinem Gehalt begreifen und zur Darstellung bringen (vgl. SW 1/XII, 9 ff.).

3. Im Sinne des Sprachgebrauches ist Geschichte bei Schleiermacher auch der Inbegriff der res gestae, die menschliche Gattungsgeschichte. Bereits die ›Reden‹ bezeichnen mit „Geschichte" die Menschheit in ihrem Werden und Fortschreiten (R 100 ff.). Dem späteren Begriff nach ist Geschichte in diesem Sinne der „Verlauf" der „Vernunfterscheinungen" (E 536) oder die „Reihe der Sittenformen" (DJ § 212. 4). Geschichte wird als Versittlichung der Natur durch die Ausbreitung der Vernunft gedacht. Diesen „ethischen Prozeß" stellt insgesamt keine Disziplin dar: Die Geschichtskunde hat die Erscheinungen, die Ethik das Wesen der Vernunft (das höchste Gut) zum Thema. Die Einheit des Vernünftigen und die Vielfalt des Geschichtlichen bleiben getrennt und verschränken sich erst partiell (s. o.). Deshalb gibt es bei Schleiermacher keine Geschichtsphilosophie.

Es ist dies der Punkt, an dem die Diskussion um das Geschichts-Problem sich am meisten entzündet hat. H. MULERT (1907: 74, 81) hatte in Schleiermachers Abwehr von spekulativen Geschichtskonstruktionen eine kritische Vorsicht entdeckt. Spekulation und Erfahrung blieben hier inkommensurabel, wie Konstruieren und Erzählen eben zwei verschiedene Dinge seien. Aber H. SÜSKIND (1911: 61) hat dann dargelegt, daß Ethik und Geschichtskunde in den „kritischen Disziplinen" sich durch-

dringen sollten und daß man in diesen auch Schleiermachers
Geschichtsphilosophie zu sehen habe. Damit war die Frage nach
der Geschichtsphilosophie aber nicht ganz beantwortet. Denn
zum einen gab es nicht *die* Geschichtsphilosophie, sondern nur
mehrere kritische Disziplinen. Zum anderen waren sichtlich auch
in den anderen Wissensbereichen geschichtsphilosophische Ansätze und Prinzipien aufweisbar. G. WEHRUNG (1907) hatte
solche in den ›Reden‹ aufgezeigt. Vor allem aber die ›Ethik‹,
die Schleiermacher selbst die „Wissenschaft von den Geschichtsprinzipien" (KD 15) genannt hatte, enthielt geschichtsphiloso-
phisches Potential, indem sie ja das höchste Gut auch als wer-
dend betrachtete und die Konstruktionsformeln für die wachsende Herrschaft der Vernunft aufstellte. Auch H. SÜSKIND
(1911: 147) hatte in ihr die Theorie eines „ethischen Progressis-
mus" gesehen, und ebenfalls E. GARCZYK (1963: 50 ff.) betonte
gegen A. v. UNGERN-STERNBERG ihre „immanente Geschichtsphilosophie". So nimmt es nicht wunder, daß z. B. E. MEISTER
(1922: 106 f.) die Ausklammerung einer Geschichtsphilosophie
eine Inkonsequenz nannte, denn wie bei Hegel sei Geschichte
bei Schleiermacher das Zu-sich-selbst-Kommen des Geistes und
die Verwirklichung des Vernunftideals. Neuerdings hat W. GRÄB
(1980) für Schleiermachers Geschichtsdenken den Verweisungs-
zusammenhang zwischen philosophischer Ethik und Theologie
gezeigt: Jene entfaltet eine Strukturtheorie humanen Vernunft-
handelns, diese eine christologische Verlaufstheorie der wirklichen Geschichte. Die Bedeutsamkeit der Theologie für das Geschichtsdenken leuchtet ein: Schon die bei Schleiermacher und in
seiner Epoche übliche Epochenteilung der Geschichte in Antike
und Moderne konnte nur christologisch eine letzte Fundierung
sein. – Es ergibt sich insgesamt, daß auf dem Boden des Schleiermacherschen Denkens nur aus dem Ineinandergreifen von Theologie einerseits und den der Ethik zugeordneten philosophischen Disziplinen andererseits Geschichtsphilosophie hervorgehen
konnte. Mit dieser Verschmelzung der Disziplinen aber hat
Schleiermacher kritisch zurückgehalten. WEHRUNG, SÜSKIND und
MEISTER sind sich über die grundsätzliche Spannung einig, in

der Schleiermachers Denken über Geschichte steht: Besonders die Ethik statuiert spekulativ eine Teleologie der Vernunftentwicklung und des Fortschritts, daneben aber wird – im Hinblick auf die Geschichtskunde – die Individualität der geschichtlichen Erscheinungen jeweils als Zweck an sich selbst begriffen, eine Spannung, die auch Herders Geschichtsdenken prägte.

4. Nur ein einziges Mal hat m. W. Schleiermacher von der Geschichte als „Weltgeschichte" gesprochen, in der Vorlesung über Kirchengeschichte von 1806. Der Beleg, der in den Diskussionen eine große Rolle spielt, lautet: „Die Geschichte ist alles, was die Wissenschaft enthält, in der Zeit angeschaut, also die Organisation der Natur als ein werdendes, Naturgeschichte; die Organisation des Geistes als ein werdendes, Sittengeschichte; die Identität von beiden als ein werdendes, Weltgeschichte. Ihr Wesen ist das Aufgehen der Zeit in die Idee. Also in ihr aller Gegensatz zwischen Empirie und Spekulation aufgehoben, und volle Beruhigung überall nur in der historischen Ansicht" (SW 1/XI, 624).

MULERT (1907: 34) hat hierin nur die Zusammenfassung von Schleiermachers romantischem Geschichtsbegriff gesehen. Aber der Gedanke zeigt eine Symmetrie, die auch in Schleiermachers späterem Denken wiederkehrt: die Parallelisierung von Vernunft und Natur, durch welche die Weltgeschichte – ganz anders als bei Hegel – die Naturgeschichte einschließt. Bedenkt man weiter, daß hier die „Weltgeschichte" genau die Funktion hat, die später die „Weltweisheit" zugewiesen bekommt, die Integration aller Disziplinen (DJ §§ 209, 342 f.), so bietet sich folgende Vermutung an: „Weltgeschichte" kann es für Schleiermacher nur geben als „Weltweisheit", beides wären nur zwei Perspektiven desselben, im Unendlichen liegenden transzendentalen Ideals; die „Weltgeschichte" schaute in der zeitlichen Entstehung an, was die „Weltweisheit" als gleichzeitigen Gehalt bewahrte. F. JACOBS Hinweis (1967: 28), „Welt" und „Geschichte" bedeuteten bei Schleiermacher das gleiche, nur einmal als Ruhe, einmal als Bewegung begriffen, würde die Vermutung stützen. – Wenngleich Schleiermacher davon ausgeht, daß Vernunft nur in geschichtlich-individuellen Formen begegnet, und wenngleich er – etwa gleichzeitig mit Hegel – den Begriff „Geschichtlichkeit" prägte,[12] so ist er doch kein Theoretiker der durchgängig nur geschichtlichen, sondern der zugleich geschichtslosen und geschichtlichen Vernunft. Deshalb konzipiert er zwar ein System, aber ein solches, das der Mannigfaltigkeit und Unabgeschlossenheit der Geschichte Rechnung trägt.

II. Die Schriften und Vorlesungen

1. Die poetisierenden Frühschriften

a) Reden über die Religion

Schleiermachers erstes Buch ›Über die Religion. Reden an die Gebildeten unter ihren Verächtern‹ (1799) machte ihn in der gleichen Weise bekannt, wie es ihm als Theologen einen zwiespältigen Ruf einbrachte. Gerichtet an die Gebildeten, die die Religion wie eine veraltete Tracht abgelegt haben, läßt Schleiermacher sich auf deren durch die Aufklärung bestimmten Standpunkt ein und weist ihnen die verachtete Religion als das Erfordernis ihrer fortgeschrittenen Bildung nach, kritisiert aber dabei die orthodoxe und rationalistische Theologie mindestens ebensosehr, wie er Philosopheme u. a. Spinozas, Leibniz' und Schellings positiv aufnimmt. Das Zeitalter – so lautet Schleiermachers Diagnose – ist zerrissen: in Vernunft und Sinnlichkeit, in Inneres und Äußeres; spekulativer Idealismus und Kult der Innerlichkeit ohne Realitätsbezug stehen neben vernunftlosem Empirismus und Eudämonismus, religiöser starrer Traditionalismus neben falscher abstrakter Fortschrittlichkeit; theoretische und praktische Philosophie suchen ein verbindendes Prinzip. Und so besteht das unabweisbare Bedürfnis nach einem „Mitt-

[12] Siehe vom Verf.: Ergänzungen zur Herkunft des Wortes „Geschichtlichkeit". In: Archiv für Begriffsgeschichte XIV (1970) 112–118.

ler", der diese Extreme wieder zusammenbringt und so die Totalität des Menschen wiederherstellt. Dieses Mittleramt übernimmt die Religion (R 1–37, 45 ff., 157 ff.). Schleiermacher löst sie einerseits aus ihrer Verflechtung mit dem Wissen und der Metaphysik (Schulphilosophie des 18. Jahrhunderts), andererseits aus ihrer Verortung im Feld des Handelns und der Moral (Aufklärungstheologie, Kant) heraus und sichert ihr „eine eigne Provinz im Gemüte" (R 37), indem er sie in einem besonderen für die menschliche Natur konstitutiven Vermögen verankert: in Gefühl und Anschauung. „Staunendes Anschauen des Unendlichen" bzw. „Anschauen des Universums", das ist „die allgemeinste und höchste Formel der Religion". „Praxis ist Kunst, Spekulation ist Wissenschaft, Religion ist Sinn und Geschmack fürs Unendliche" (R 26, 55, 52 f.). Damit wählt Schleiermacher für die Begründung der Religion einen ähnlichen Weg, wie ihn Schiller für die Begründung der Kunst nahm und der in Kants Kritik der Urteilskraft angedeutet war, die im Geschmacksurteil eine Brücke zwischen theoretischer und praktischer Philosophie, Vernunft und Sinnlichkeit zeigte. Konsequent gewinnt bei Schleiermacher die so fundierte Religion in dem Maße an Autonomie gegenüber Metaphysik und Moral, wie sie nun andererseits in ein engeres Verhältnis zur Kunst tritt (R 169 ff.): Kunst wird zum wichtigen Darstellungs- und Mitteilungsorgan des Religionsgefühls. Zugleich beansprucht Religion, den Subjektivitätsstandpunkt der modernen Transzendentalphilosophie zu korrigieren: Fichte und Schelling fanden in der „intellektuellen Anschauung" die unmittelbare Erkenntnis des Absoluten; aber es war lediglich die Anschauung des absoluten Ich. Religion aber bezieht sich nach Schleiermacher aufs Universum, das Welt und Ich umgreift und ist Anschauung des Unendlichen im Individuellen. Anschauung des Universums – die „bewußt konstruierte Inversion der Fichteschen intellektuellen Anschauung"[13] – läßt deshalb einen „höheren Realismus ahnen" (R 54), und

---

[13] John Neubauer: Intellektuelle, intellektuale und ästhetische Anschauung. In: Deutsche Vierteljahrsschrift 46 (1972) 294–319.

Religionsgefühl hat eine engere Verwandtschaft mit Spinozas Substanz- und Leibniz' Individualitätsdenken.

Anders als die Philosophie sucht die Religion nicht die Welt in ein „System" von allgemeinen Begriffen oder Anschauungen zu zwängen oder gar durch das „fruchtlose enzyklopädische Herumfahren" alles Einzelne zusammenzuaddieren (R 164), sondern „bei den einzelnen Anschauungen und Gefühlen bleibt sie stehen" und sieht in der konkreten einzelnen Gestalt eine Offenbarung des sich individuierenden Universums (R 58). Von diesem in höchster Allgemeinheit bestimmten Wesen der Frömmigkeit und Religion aus erscheinen alle Religionsformen als besondere Anschauungsweisen des Universums und alle religiösen Begriffe (auch die Begriffe Gott und Unsterblichkeit) lediglich als Bilder für das Verhältnis des Menschen zum Unendlichen. Eben weil der Gegenstand das Unendliche ist, sind unendlich viele individuelle Anschauungsformen und eine Vielzahl nebeneinander bestehender positiver Religionen angemessen und gerechtfertigt (ausgeschlossen werden lediglich Phänomene wie die natürliche Religion, der philosophische Pantheismus und Deismus, da ihnen als intellektuellen Konstrukten keine wirkliche Anschauung zugrunde liege [R 243, 259]).

Das Feld der positiven Religionen zu strukturieren, nennt Schleiermacher einige Gliederungsmöglichkeiten, die er aus der Differenzierung des Anschauungsbegriffes gewinnt: So kann das Universum angeschaut werden a) als unstrukturierte Einheit, d. h. als Chaos (Fetischismus), b) als Vielheit ohne Einheit (Polytheismus) oder c) als Einheit in der Vielheit, d. h. als Totalität und System (Christentum); auf allen drei Stufen kann es eine pantheistische Richtung geben, auch Spinoza gehört so der systematischen Religion zu (R 126 ff., 255 ff.). Geht diese erste (sechsgliedrige) Religionseinteilung aus der *Form* der Anschauung hervor, so folgt eine weitere aus der *Richtung* der Anschauung: Das Universum kann auf dem Wege der „Selbstbeschauung" (z. B. orientalische und platonische Mystik) und auf dem Wege der nach außen gerichteten „Weltanschauung" (z. B. ägyptische und orientalische Naturreligion) gefunden werden und schließlich in einer beide Formen verknüpfenden Weise, die in der Kunst vorgezeichnet ist. (Eben diese dritte Form deutet sich für Schleiermacher erst als das

Erfordernis seiner Zeit an, Philosophie und spekulative Physik seien ebenfalls auf dem Weg zu einem solchen vermittelnden Standpunkt [R 165 ff.].) Dies Dreiermodell hat eine gewisse Parallelität mit den Stufen, auf denen der Begriff des Universums verdeutlicht wird: So kann man das Universum als Natur verstehen, und hier sind es besonders die strengen Gesetzmäßigkeiten, die den religiösen Sinn die „göttliche Einheit" spüren lassen; man kann das Universum dann weit mehr in der „ewigen Menschheit" finden, in deren geschichtlich-notwendiger Entwicklung sich das „Erlösungswerk der Liebe" vollbringt. Aber weder Natur noch Menschheit sind das Universum, das „Eine" selbst, sondern jeweils nur eine „einzige Modifikation seiner Elemente", ein „Mittelglied" zwischen dem Einzelnen und dem Unendlichen (R 80–108).

All die genannten Einteilungen führen lediglich zu *Arten* der Religion, nicht zu individuellen, wirklichen Religionen (R 256). Diese entstehen, indem eine bestimmte Anschauung zum Mittelpunkt einer Religion gemacht wird, ein Willkürakt des Menschen, in dem zugleich das Universum handelt. Schleiermacher beschreibt den Entstehungspunkt einer Religion als „geheimnisvollen Augenblick", in welchem die nach außen gerichtete Anschauung noch verschmolzen ist mit dem innersten (Selbst-) Gefühl, Gegenstand und Ich noch nicht geschieden sind und die Identität des Endlichen und Unendlichen auch als Identität von Ich und Welt erfahren wird (R 66 ff., 71 ff.). Sind also wirkliche Religionen individuell, so ist doch das religiöse Bewußtsein wesentlich auf das Ganze bezogen und deshalb universell (R 112, 186 f.). Der Redner spricht deshalb schon zu Beginn der Reden als „Mensch" über die „Mysterien der Menschheit"; d. h. nicht als Repräsentant der christlichen, sondern der „wahren allgemeinen Kirche". Was die Gebildeten von der politischen Wirklichkeit erhoffen, ist in dieser wahren Kirche realisiert, denn sie ist „eine vollkommene Republik, wo jeder abwechselnd Führer und Volk ist", ein Reich „vollkommenster Gleichheit", ein „Bund von Brüdern", der von der freien Regung und ungehinderten Mitteilung der Frömmigkeit lebt (R 5, 181 ff., 234). Die wirklichen nach Konfessionen geteilten Kirchen sind lediglich „Bindungsmittel" (R 200), Brücken zwischen der wahren Kirche und denen, die sie suchen. Die äußeren Bedingungen für die Entwicklung dieser allgemeinen universalen Kirche sind wesentlich zwei: zunächst die Trennung von Kirche und Staat, zum anderen die wachsende Naturbeherrschung, die den Menschen vom „Druck mechanischer und unwürdiger Arbeiten" befreit (R 210 ff., 231 f.).

Es macht eine der wesentlichen Verständnisschwierigkeiten der ›Reden‹ aus, daß sowohl die Gleichwertigkeit wie eine Stufenfolge und Rangordnung der einzelnen Religionen, sowohl die notwendige Gleichzeitigkeit verschiedener Religionsindividuen wie ein Evolutionsschema behauptet wird. Diese Schwierigkeit spiegelt sich besonders in der Kennzeichnung des Verhältnisses von Judentum und Christentum, der einzigen positiven Religionen, auf die Schleiermacher näher eingeht. Jenes ist die Religion der „Vergeltung" (R 287), dies die Religion der Erlösung, in der das „Entgegenstreben alles Endlichen gegen die Einheit des Ganzen" durch die Gottheit selbst vermittelt wird (R 291). Denn beide Religionen sind eigenständige Individuen, ohne historischen Zusammenhang; zugleich aber ist das Judentum noch eine beschränkte und bereits tote Religion, das Christentum aber die „Religion der Religionen" (R 310), d. h. absolute Religion. – In den drei weiteren Auflagen (1806, 1821, 1831), die z. T. erheblich von der ersten abweichen, tritt der Begriff der Anschauung zugunsten des Gefühlsbegriffs zurück und übernimmt der Gottesbegriff oft die Stelle des Universums (E. HUBER 1901: 9–72; H. SÜSKIND 1909: 131 ff.; F. W. GRAF 1978; siehe insgesamt die kritische Ausgabe der Reden von G. CH. B. PÜNJER 1879).

Die ›Reden‹ waren und sind bis heute Gegenstand unterschiedlichster Deutung. Unbestritten ist nur, daß sie ein geistesgeschichtlich bedeutsames Dokument sind. Laut DILTHEY gründet dies „mystische Religionswerk" wesentlich im Spinozismus; allerdings seien Spinozas Gedanken mit Platonischen und Leibnizschen verbunden und Spinozas Anschauung des Universums mit Fichtes Selbstanschauung verknüpft (XIII/1, 320, 337, 342, 373 f.). Die dialektische Theologie hat in den ›Reden‹ den wichtigsten Beweis gefunden, daß Schleiermacher kein christlicher Theologe, sondern romantischer Philosoph war (F. FLÜCKIGER 1947: 49–63). Neuere Interpretationen bestreiten das. Nach P. SEIFERT (1960), der sich mit der umfangreichen Sekundärliteratur auseinandersetzt, verkündigt der Redner sehr wohl das Christentum, nur unter neuen Bedingungen und in neuer Sprache; die Philosopheme gründeten in Schleiermachers theologischer Denkweise. F. HERTEL (1965) versucht in seiner mehr immanenten systematischen Interpretation, den „theologischen Ansatz" der ›Reden‹ durch Erhellung der zugrundeliegenden Religionserfahrung vollziehbar zu machen (vgl. dazu H.-J. BIRKNER 1960/62, 1974). Schleiermachers Distanz zur Romantik, die SEIFERT und HERTEL, wie vorher schon R. HAYM, betonten, sieht J. FORSTMANN (1977) besonders darin, daß Schleiermacher – anders als Novalis und F. Schlegel – keine neue Religion erwartete oder begründen wollte, da ihm im Raum des Christentums das Unendliche im Endlichen bereits präsent war. W. SCHULTZ (1968 b) hat, gegen die theologischen Deutungen gewandt, die Spuren der griechischen Philosophie gezeigt, z. B. die Pantheismusformel des hen kai pan (R 64). Die Zwiespältigkeit, die SCHULTZ erkennt, hat H. TIMM (1978) zum Leitfaden seiner Darstellung gemacht: Die ›Reden‹ verkündeten eine „johanneisch-spinozistische Liebes-Religion" (70), sie seien ein romantischer Balance-Akt, der Subjektivismus und Pantheismus und alle Gegensätze der Zeit zur Synthese bringen wolle. G. EBELING (1970) reklamiert demgegenüber Schleiermachers Versuch, Frömmigkeit und moderne Bildung zu vermitteln, als noch immer aktuelle Aufgabe.

Naturgemäß hat man dem Begriff des Universums großes Interesse geschenkt. Denn es war besonders dieser Begriff und das berühmte Totenopfer für Spinoza (R 54), die den ›Reden‹ den Vorwurf des Pantheismus und Spinozismus eintrugen, obwohl Schleiermacher bekannt hatte, nie ein Anhänger Spinozas gewesen zu sein (z. B. Br. IV, 375). Laut R. A. LIPSIUS (1875: 301) bezeichnet „Universum" nur in der Erstauflage der ›Reden‹ eine pantheistische Identität von Gott und Welt; später werde das Universum als Welt von Gott getrennt. Aber nach E. Huber (1901: 56) versteht auch noch die zweite Auflage das Absolute als das All-Eine; „Gott" und „Universum" heben an ihm nur zwei verschiedene Seiten hervor: die Einheit und das Ganze. Die neuere Forschung bestätigt zumeist die Ansicht Diltheys: Schleiermachers Position kann von Spinoza her allein nicht verständlich gemacht werden (z. B. J. G. van der Bend 1969). Wie Dilthey erkennt E. Hirsch (³1964: IV, 502) einen Einfluß Shaftesburys: das Universum werde als göttliches Kunstwerk gedacht. Für W. Schultz (1968 b: 273 f.) bedeuten die Begriffe Universum und Unendliches in den ›Reden‹ ewige Wesenheit und Ganzheit und stehen den antiken Vorstellungen von Kosmos und Natur nahe. Hier ist freilich Vorsicht geboten: Schon S. Eck (1908: 52) betonte mit Recht, daß das Universum nicht die Natur meint (vgl. P. Seifert 1960: 78 ff.). Schultz' Hinweis auf Plotin dürfte deshalb weiterbringen; denn das Universum ist das „Eine", das kein Verstand erreicht.

Einen gewissen „pantheistischen Zug" will selbst P. Seifert nicht leugnen: Unsere Entgegensetzung von Gott und Welt erscheint in den ›Reden‹ als Gegensatz von Einheit und Mannigfaltigkeit; Universum und Gott bezeichnen beide die „tiefe Welteinheit", der das Einzelne und Mannigfaltige gegenüberstehen (1960: 80, 83 f.). Laut Seifert zeigen die ›Reden‹ an solchen philosophischen Bestimmungen sich aber letztlich nicht interessiert; sie vollziehen vielmehr eine Abwendung von „aller metaphysischen Spekulation". Schleiermacher gehe es nur darum, Gott als den Offenbarer und die Welt als Offenbarung verständlich zu machen (80). Dagegen wird man aber im Auge behalten müssen, daß dieser Gedanke – die Welt als Offenbarung und Manifestation Gottes – wenig später den gesamten spekulativen Deutschen Idealismus durchzieht. Es ist gerade dies der theologisch-philosophische, eben spekulative Grundgedanke der ›Reden‹: Die Mannigfaltigkeit der individuellen Erscheinungen ist die Offenbarung des Unendlichen, Einen. – W. Schultz (1968) sieht in den ›Reden‹ einen ständigen Konflikt zwischen der griechischen Hinwendung zum Universum und der christlichen Betonung der Individualität. Aber die Pointe des Religionsbegriffes der ›Reden‹ – Anschauung des Unendlichen im Endlichen – ist es doch, gerade die Extreme zu verknüpfen; eine Konzeption, die durch die Christologie und die neuere Philosophie begünstigt ist: etwa durch Leibniz' Lehre von den Monaden, die das Universum spiegeln, oder durch Kants Kritizismus, demgemäß der individuelle, durchgängig bestimmte Gegenstand auf die „Idee von einem All der Realität" verweist.[14]

b) Monologen, Briefe über F. Schlegels Lucinde und Weihnachtsfeier

Schleiermachers im Jahr 1800 erschienene Schrift ›Monologen. Eine Neujahrsgabe‹ läßt in ihrer rhythmischen poetischen Sprache, in der „Künstlichkeit, ja Geschraubtheit der Form", die schon bei den Zeitgenossen auf Ablehnung stieß (DILTHEY XIII/1, 465), nicht leicht den sachlichen Gehalt erkennen, auf den es dem Autor hier ankommt. Man muß die Monologen als ein Gegenstück zu den Reden verstehen: Nicht die Anschauung des Universums ist das Thema, sondern die Selbstbetrachtung, die „hohe Selbstanschauung", für die die Welt lediglich der Spiegel des Geistes ist (M 5 f., 15 f., 24); und nicht der Gedanke, daß die Individualität sich im Unendlichkeitsgefühl vernichten soll (R 132), bestimmt den Grundton, sondern die Überzeugung, daß der individuelle Geist inmitten einer prosaischen, kleinlichen Wirklichkeit Stand in sich selbst finden und seiner inneren Kraft gewiß werden kann.

Während die Reden die Moral zunächst von der Religion abtrennten, zeigen nun die Monologen in der Form künstlerischer Selbstdarstellung einen eigenen neuen ethischen Standpunkt. Dieser ist der Philosophie Kants und Fichtes insoweit verwandt, als mit Emphase das innere Handeln, der innere

---

[14] Leibniz: Monadologie, § 55; Kant: Kritik der reinen Vernunft, B 603.

Wille, die innere Freiheit als Mächte akzentuiert werden, durch die sich der Mensch gegen das Schicksal und die Vergänglichkeit behaupten kann. Zugleich aber vollzieht Schleiermacher eine Gegenwendung; denn es ist nicht die Unterwerfung unter das Sittengesetz, die dem Menschen seine Freiheit gibt, sondern das ethische Ideal ist das des Selbstwerdens: „Immer mehr zu werden, was ich bin, das ist mein einziger Wille; jede Handlung ist eine besondere Entwicklung dieses einen Willens ..." (M 104). Dahinter steht der Gedanke, daß nicht in der konstanten Menschennatur, sondern gerade in der scharf ausgeprägten Eigentümlichkeit der Individualitäten sich die Menschheit in ihrem wahren Inhalt offenbart (M 35 ff.). Freilich gehört diese Schrift der Form und dem Inhalt nach auch in den Zusammenhang des romantischen Kultes der Subjektivität (M 58). Aber es kündigen sich in den Monologen zugleich Begriffe und Motive an, die diese Tendenz eingrenzen und auf Schleiermachers Ethik-Entwürfe vorausweisen: die Polarität von Menschheit und Eigentümlichkeit, von Individualität und Gemeinschaft, der Zusammenhang von Naturbeherrschung und Sittlichkeit, die ethische Bedeutung von Phantasie, Sprache und Sitte, von freier Geselligkeit, Familie und Staat. Wie die Reden, so zeigen auch die Monologen einen prophetischen Gestus und verkünden einen geschichtlich erforderlichen Umbruch: Die gegebenen Gemeinschaftsformen (Familie, Staat) werden als tote Mechanismen beklagt und ihre wahre Gestalt von einer künftigen Geschichtsepoche erwartet.

Die Monologen nehmen das Motiv der Einkehr auf, das besonders in Stoa und Mystik belegbar ist: Der Blick wendet sich „ins innere Selbst" zurück (M 22). Entdeckt wird dadurch die Freiheit, die des individuellen Selbst und die des allgemeinen ewigen menschlichen Geistes. Es ist ein popularisierter (DILTHEY), ein fortgeführter (R. HAYM) Idealismus besonders Fichtescher Prägung. Parallelen und Unterschiede zu Kant hat besonders R. W. SCHULTE (1916), zu Fichte B. PANSCH (1885) untersucht. Die Interpreten sind sich weitgehend einig, daß „der eigentliche Grundgedanke der Monologen ... das Prinzip der Indivi-

dualität" ist (R. W. SCHULTE 1916: 317). Laut S. ECK (1908:
41) ist Individualität hier nicht ontologisch, sondern geschichtlich gedacht. Aber Schleiermacher hat einleitend selbst betont,
daß es ihm um die Darstellung der „Idee" und des „Urbilds"
seiner selbst geht (M 3, 4. E. NEUBAUER 1923: 387). Das individuelle Eidos soll durch Selbstbetrachtung gefunden und realisiert, angeschaut und bejaht werden (DILTHEY XIII/1, 463).
Diese Voraussetzung eines individuellen Wesens trennt die Monologen von allen späteren Positionen des Subjektivismus ab.
    Das ethische Ziel der Entfaltung und Verwirklichung der
Individualität, das gegen den Eudämonismus wie gegen jede
normative Ethik abgegrenzt wird, impliziert einen bestimmten
Freiheitsbegriff, der sich mit einem Determinismus verträgt: Die
Individualität ist durch sich selbst bestimmt. M. SCHIELE (M X
bis XX) und E. NEUBAUER (1923) haben die Entwicklung dieser
Gedanken von Schleiermachers frühen philosophischen Entwürfen und Predigten der 90er Jahre bis zu den Monologen gezeigt.
Es ergibt sich, daß das kleine Werk im Zusammenhang der weit
zurückreichenden, allmählichen Ausarbeitung einer eignen ethischen Konzeption steht. Als Fichte noch im gleichen Jahr in der
›Bestimmung des Menschen‹ einen Freiheitsbegriff wie den der
Monologen als dogmatisch kritisiert, versucht Schleiermacher in
seiner Rezension den Nachweis, daß Fichtes kritischer Freiheitsbegriff letztendlich in die gleiche Bahn gelangt (SW 3/I, 524
bis 534).
    Eine Interpretationsschwierigkeit besteht in der Frage, wie
die individuelle Freiheit sich zur Freiheit des allgemeinen Geistes verhält, da keine allgemeine Regel, kein Sittengesetz das
Individuum beschränken und allgemeine Freiheit möglich machen
soll. B. PANSCH (1885: 19, 23) hat ganz richtig bemerkt, daß die
Idee der Menschheit durch die Betonung des Individuellen nicht
aufgehoben, sondern konkretisiert und ergänzt wird. Die Frage
nach der Vereinbarkeit der Freiheitsäußerungen lösen die Monologen so: Die innere Freiheit unterliegt keinerlei Fremdbestim-
mung, aber ihre Äußerungen und Wirkungen fügen sich in ein
System ein, das der individuellen Verfügung entzogen ist (M 17).

Die Gemeinschaft, in der individuelle Freiheit sich äußert, wird aber weniger als Begrenzung der Freiheit, sondern mehr als „Erziehungsgemeinschaft" gedacht, in der durch Hilfe, Anregung und Austausch sich die Individuen wechselseitig fördern und bilden (M 85 ff.; E. NEUBAUER 1923: 42 ff.). Die Monologen berühren sich hier mit der ›Theorie des geselligen Betragens‹ von 1799 (WA II, 1–31). So bezogen auf die Gemeinschaft, reden die Monologen nicht dem Egoismus das Wort, wie DILTHEY betont. Dennoch konnten sie „individualistisch" genannt werden, da Gemeinschaft sich nur zwanglos aus der Sympathie der Individuen ergibt und keinen Verpflichtungscharakter hat (E. NEUBAUER). Fast alle Interpreten haben Bedenken geäußert; R. HAYM bemerkt, Selbstanschauung und Selbstverwirklichung seien nur deshalb ethisch, weil sie eben von Schleiermachers ethischem Charakter vollzogen würden (1870: 547).

Nicht ganz leicht durchschaubar ist der genauere Zusammenhang von Reden und Monologen. Die Einheit des Grundgedankens hat man dadurch aufgewiesen, daß man die Ähnlichkeit oder Identität der Begriffe Universum (Reden) und Geist (Monologen) erkannte (S. ECK 1908: 48 ff.; F. FLÜCKIGER 1947: 64 ff.). In der Tat erreicht ja in den Monologen der Mensch seine Unsterblichkeit durch Teilnahme am ewigen Leben des Geistes (M 24, 29 f.), so wie in den Reden die Unsterblichkeit im Einswerden mit dem Unendlichen, in der Anschauung des Universums, gefunden wird (R 133; vgl. P. SEIFERT 1960: 86 ff.). Genauer betrachtet sind allerdings in den Reden „Universum" und „Menschheit" nicht synonym. Deshalb wird man so sagen dürfen: Die Reden zeigen, daß Natur und „Weltgeist"/Menschheit verschiedene Erscheinungs- oder Offenbarungsweisen des einen Universums, nicht aber dieses selbst sind. Die Monologen setzen diesen Rahmen voraus und nehmen ihren Stand ganz im Gebiet des Geistes.

Der die Monologen beherrschende Gedanke der Emanzipation der Individualität findet noch im gleichen Jahr (1800) eine literarische Anwendung, und zwar in Schleiermachers ›Vertrauten Briefen über Friedrich Schlegels Lucinde‹ (SW 3/II), mit welcher Schrift er (anonym) den als unsittlich bekämpften Roman des Freundes verteidigte. In der Wendung gegen die konventionelle Unaufrichtigkeit und Prüderie, die zur Kehrseite die bloße Begierde hat, fordert Schleiermacher das Recht auf unverhüllte künstlerische Darstellung der Liebe und zeichnet – antike und christliche Vorstellungen verschmelzend – das Ideal der Einheit von Geist und Leib und der „Heiligkeit der Natur und der Sinnlichkeit" (SW 3/II, 482). Der aus Nützlichkeitsdenken und Unfreiheit gewählten Institution der Ehe stellt er das Gegenbild einer allein auf Liebe gegründeten Gemeinschaft gegenüber, in der sich Mann und Frau als gleichwertige Individualitäten verwirklichen und zur Einheit der Persönlichkeit finden können. – Laut DILTHEY hat Schleiermacher in seiner Apologie „tiefsinnige Ansichten in ein schwaches Buch" getragen; die Schrift sei seiner nicht würdig (XIII/1, 496–516, Zit. 515; vgl. R. HAYM 1870: 519–530).

Größere philosophische Bedeutung hat die ›Weihnachtsfeier‹ von 1806, wenngleich dieser letzte poetisierende Versuch Schleiermachers fast nur innerhalb der Theologie Beachtung fand und die Kritik herausforderte (vgl. dazu E. H. U. QUAPP 1978). In dem kleinen Werk wird eine spekulative Theologie skizziert, die Wissenschaft und Religion als Daseinsweisen des Logos in ein komplementäres Verhältnis setzt. Das Fleisch gewordene Wort des Johannesevangeliums ist das Erkennen der Erde, der „Erdgeist", der in der Menschheit sein ewiges Sein und Werden hat: Dieser Geist erscheint als Erkenntnis und wird durch die Wissenschaft fortschreitend zum Selbstbewußtsein der Menschheit. Er erscheint aber auch als Empfindung und ist als Liebe und Religion schon unmittelbar jenes „höhere Selbstbewußtsein", zu dem das Erkennen sich fortbildet. Die sich in Wissenschaft und Religion ausbreitende universale Gemeinschaft ist die Kirche. – Die Reden hatten den Begriff der „Kunstreligion" geprägt (R 168) und darunter eine zukünftig erhoffte Durchdringung von Kunst und Religion verstanden. Die Weihnachtsfeier führt diese Synthese vor Augen: Die Musik kündet vom Dasein des Logos im Gefühl. Schleiermacher – die platonische

Dialogform nachbildend – hat seine Schrift als christliches Gegenstück zum ›Symposion‹ Platons entworfen: Während der platonische Eros im Abstand zur ewigen Idee verbleibt, weiß sich das christlich bestimmte höhere Selbstbewußtsein – als Gatten- und Mutterliebe – schon geeint mit dem ewigen Geist. Zugleich bedeutet die Schrift eine Absetzung von Schelling: Nicht die Kunst als solche, sondern das sich künstlerisch artikulierende Religionsgefühl ist die Gegenwart des Absoluten (DILTHEY XIII/2, 146–176; G. SCHOLTZ 1981: 31–45).

2. Die historischen Arbeiten

a) Die Philosophiegeschichte

Von Schleiermachers philosophiehistorischen Vorlesungen (1807, 1812, 1819, 1820, 1823) besitzen wir nur sehr fragmentarische Manuskripte. Die Ausgabe von H. Ritter (GPh = SW 3/IV–1, 1839) stützt sich auf den Entwurf von 1812.

Schleiermacher gilt als Begründer einer rein historischen Betrachtung der Philosophiegeschichte, die die Gefahren des Historismus und Relativismus in sich birgt.[15] In der Tat hat er – wie seine eigenen Arbeiten zur antiken Philosophie zeigen (s. u.) – die genaue philologische und historische Erforschung der Quellen und ihre Interpretation zur Grundlage der Philosophiegeschichtsschreibung gemacht. Dennoch geschieht bei ihm die Zuwendung zur Philosophie der Vergangenheit nicht aus einem bloß historischen Interesse, sondern hat wesentlichen Bezug zu seinem systematischen Denken (DILTHEY XIV/1, 37 f., 45 ff.). Das macht sogleich der einleitend aufgezeigte Zirkel deutlich, der die Methodenschwierigkeit der Philosophiegeschichtsschreibung bezeichnet: „Wer die Geschichte der Philosophie vorträgt, muß die Philosophie besitzen, ... und wer die Philosophie be-

15 Lutz Geldsetzer: Die Philosophie der Philosophiegeschichte im 19. Jahrhundert (Meisenheim am Glan 1968) 71 f., 121.

sitzen will, muß sie historisch verstehen" (GPh 15). Systematische Philosophie und Philosophiegeschichte setzen sich also wechselseitig voraus. Schleiermacher löst den Zirkel durch eine vorläufige, formale Verständigung über Wesen und Aufgabe der Philosophie. Abgesehen von der Frage nach der „wahren" Philosophie ist diese Wissenschaft bestimmbar durch ihr doppeltes Verhältnis: einerseits zum realen Wissen und zu den Einzelwissenschaften, andererseits zum Bewußtsein von Gott und zur Religion (GPh 146). Diese zwei dem menschlichen Geist einwohnenden Erkenntnisrichtungen finden ihre Ausprägung in zwei verschiedenen Geschichtsepochen, in griechischer Antike und christlicher Moderne. Die alte Philosophie war „überwiegend das Bewußtwerden der Vernunft unter der Form der Ideen". Sie wandte sich primär den äußeren Dingen zu, bildete sich gemeinsam mit dem realen Wissen aus und begriff den Menschen als ein Naturwesen, das dem Schicksal gegenüber machtlos ist. Die neue Philosophie, die mit dem Christentum einsetzt und deshalb auch „christliche Philosophie" heißen kann, versteht hingegen die Vernunft unter der Form des Willens. Sie nimmt ihren Ausgang in der Zuwendung zu Gott und entwickelt ein Bewußtsein der Freiheit gegenüber Natur und Schicksal. Während also in der Antike die Beziehung zum realen Wissen enger war (das religiöse Moment hatte nur bei Platon größere Bedeutung), so in der Moderne die Beziehung zur Religion. Die neuere Philosophie hat wegen ihrer Einseitigkeit die wichtige Aufgabe, auch der Tendenz der alten Philosophie gerecht zu werden: Sie muß die in der Neuzeit für sich entstandenen empirischen Wissenschaften der Natur und der Geschichte in das philosophische Bewußtsein einholen. Die fortdauernde philosophische Arbeit besteht in der Vermittlung des empirischen und spekulativen Wissens, bei beständiger Gefahr, in den Mystizismus einerseits, den bloßen Empirismus andererseits abzugleiten (GPh 145 ff., 230 ff.).

DILTHEY hat gezeigt, wie für diese Geschichtsschreibung Philosophie und Philologie in gleicher Weise maßgeblich sind; und er hat Schleiermachers und Hegels Methode als komplementär so gegenübergestellt: Hegel ging – biographisch gesehen – von dem Blick auf die Totalität der Geschichtsentwicklung aus und vertiefte sich dann mehr und mehr in die einzelnen Erscheinungen; Schleiermacher begann mit philologisch-historischer Einzelforschung und riskierte erst von hier aus einen Blick auf das geschichtliche Ganze. Beide legten den Gedanken zugrunde, daß sich in der Philosophiegeschichte das der Vernunft einwohnende Begriffssystem entfaltet. Aber Hegel ließ die Systeme und Epochen als Entwicklungsstufen auseinander hervorgehen, während Schleiermacher – den Entwicklungsbegriff zurückhaltend – sie mehr als individuelle Ausprägungen der einen zeitlosen Vernunft begriff. – Schleiermacher beabsichtigte, wie er sagt, „eine reine historische Untersuchung, nicht beurtheilend, sondern nur zusammenstellend". Aber daraus sollte sich keine „abentheuerliche Sammlung von Einzelheiten" ergeben, sondern ein „allgemeines Bild", ein Bild des Ganzen (GPh 16 f.). Dadurch wird Philosophiegeschichte – wie DILTHEY richtig andeutet – auch zur Kritik: Eingefügt in den Zusammenhang des Ganzen und gemessen an der Totalität der Erkenntnis, auf die hin Vernunft angelegt ist, zeigt jedes System seine Einseitigkeit und seine nur relative Wahrheit. Deshalb darf man in Schleiermachers Philosophiegeschichte durchaus das sehen, was er in der Dialektik als „kritische Geschichte der Philosophie" bezeichnete (DO 461, DJ 310 f.; DILTHEY XIV/1, 45 ff.; H. RITTER, GPh 10, Vorr.).

DILTHEY hat an dieser Philosophiegeschichte die „Synopsis sub specie aeterni", die „Ungeschichtlichkeit" der Denkweise kritisiert, für die philosophische Systeme eine zeitlose Gegenwart erhalten und dem Historiker in gleicher Weise nah sind. „Alles wird ein Heute" (VIII 129; XIV/1, 58 f.). Man wird aber gerechterweise im Auge behalten müssen, daß Schleiermacher die Distanz der Gegenwart von den Werken der Vergangenheit, daß er besonders den Epocheneinschnitt zwischen Antike und Moderne selbst betont hat; deshalb kann er sagen, das Altertum sei uns „fremd" (GPh 16). Die Abfolge zwischen antiker und moderner Philosophie ist auch für ihn keineswegs umkehrbar; sie gründe im „allgemeinen Gesetz der Entwicklung des Bewußtseins ..., daß der Mensch eher die Dinge findet als sich selbst" (GPh 147). So liegt Schleiermachers Philosophiegeschichte sehr wohl ein geschichtsphilosophischer Rahmen zugrunde, wenngleich dieser weniger als bei Hegel sich bemerkbar macht und mit den historischen Erscheinungen oft in keinem festen Zusammenhang steht. E. ZELLER, der die große Bedeutung von Schleiermachers historischer Methode anerkannte, hat deshalb bei Schleiermacher eine genaue und sachangemessene Durchstrukturierung des historischen Stoffes vermißt.[16] Die Schleiermacher-Schüler – A. H. RITTER und CH. A. BRANDIS – haben aber in jenem Verfahren den Vorteil gesehen, daß die Philosophiegeschichte nicht durch spekulative Vorgriffe gegängelt wird. E. ZELLER hat selbst mühsam nach einem Ausgleich zwischen historisch-philologischer und philosophischer Betrachtung der Philosophiegeschichte suchen müssen; von Hegel ausgehend hat er sich mehr und mehr der Position Schleiermachers angenähert, um der Geschichte ihr Recht widerfahren zu lassen.

b) Antike Philosophie, Platon

Schleiermachers spezielles Forschungsinteresse galt der griechisch-antiken Philosophie, und zwar nicht nur Platon und Aristoteles, sondern auch besonders der Vorsokratik (vgl. SW 3/II u. III). Seine bedeutende Akademieabhandlung über Anaximander (1811), den „Vater der speculativen Physik" (GPh 32), erkennt in dessen Begriff arché ein Absolutes, das sich als Schellingsche Indifferenz und Gleichgültigkeit aller Gegensätze darstellt (SW 3/II, 188 ff.; vgl. GPh 31 ff.). Mehr noch hat ihn Heraklit fasziniert. Seine große Darstellung von 1807, mit der eine Heraklitforschung eigentlich erst beginnt, erhebt aus den Fragmenten die Konzeption einer unendlichen Naturkraft, die

---

[16] Eduard Zeller: Kleine Schriften, hrsg. v. O. Leuze (Berlin 1910) I, 33 f.

sich teilt und durch widerläufige, sich hemmende Kräfte spielend die Einzeldinge hervorbringt (SW 3/II, 63, 36, 67 f., 142 u. ö.; vgl. GPh 33 ff.). Gegen D. F. Creuzer, der die Fragmente auf die griechischen Mysterienkulte bezog, wurde damit Heraklit als spekulativer, vorwärtsweisender Naturphilosoph begreifbar gemacht. Noch E. ZELLER und PAUL YORK VON WARTENBURG haben diese Arbeit den hegelianisierenden Darstellungen z. B. F. v. Lassalles vorgezogen. Schleiermacher interpretiert als Philologe und Historiker, aber er tut es im Hinblick auch auf die systematische Philosophie und auf den größeren historischen Zusammenhang. Denn aus der Verbindung der Philosophien Heraklits und Anaxagoras' sieht er schließlich Platons Ideenlehre als „höhere Combination" hervorgehen: Jener gab die reale Seite der Ideen vor (die Naturkräfte), dieser die ideale Seite (die Homöomerien, die konstanten Formen des Seins) (GPh 44, 46, 104).

Sokrates und Platon bezeichnen für Schleiermacher den Höhepunkt der antiken Philosophie. Während bei den Ioniern die Naturphilosophie und bei den Dorern die Ethik dominierte und während die Eleaten die Richtung auf die Dialektik nahmen, wurden diese Disziplinen nun in Athen von Sokrates und Platon zu einem Ganzen des Wissens geeint. Mit ihnen beginnt deshalb die eigentliche systematische Philosophie (SW 3/III, 298). In seiner bekannten Akademie-Abhandlung ›Über den Werth des Sokrates als Philosophen‹ von 1815 stellt Schleiermacher erstmals die Frage nach dem historischen Sokrates [17] und kommt zu folgendem Ergebnis: Sokrates war nicht – wie die Aufklärung meinte – der „Virtuose des gesunden Menschenverstandes" oder der moralische Lehrer, sondern „der eigentliche Urheber der Dialektik" (SW 3/II, 303). Denn er entdeckte die Idee des Wissens, durch die alles Wissen strebt, in einen Zusammenhang zu treten. R. ODEBRECHT (1942) hat gezeigt,

[17] Karlfried Gründer: Sokrates im 19. Jahrhundert. In: K. G.: Reflexion der Kontinuitäten (Göttingen 1982) 107. – Vgl. Werner Jaeger: Paideia. 3. Aufl. (Berlin 1959) II, 68 ff.

wie Schleiermachers Denken dem Sokratischen ähnlich ist: Beidemal führt die Liebe zum Wissen in einen dialogischen, unabschließbaren Erkenntnisprozeß. Für Schleiermacher allerdings gründet die Offenheit des Wissenshorizontes – anders als bei Sokrates – wesentlich in der Berücksichtigung der modernen Erfahrungswissenschaften, die immer neuen, reicheren Wissensstoff vermitteln.

1804 erschien der erste, mit der wichtigen programmatischen Einleitung versehene Band von Schleiermachers Platon-Übersetzung, ein Unternehmen, das F. Schlegel 1798 angeregt hatte und das ursprünglich beide gemeinsam durchführen wollten, das schließlich Schleiermacher allein überlassen blieb und das fast sein Leben lang seine wissenschaftliche Tätigkeit begleitete (1828 kam der dritte und letzte, aber nicht abgeschlossene Teil heraus). Die Platon-Übertragung ist ein wichtiges Erfahrungs- und Anwendungsgebiet für seine Hermeneutik sowie die wichtigste Vorbereitung und Voraussetzung für sein eigenes philosophisches Denken, besonders für die Dialektik.

Orientiert an dem Schellingschen Gedanken einer „höheren Philologie" (Br. IV, 89), die künstlerische und philosophische Momente in sich aufnehmen sollte, stellt Schleiermacher sich die Aufgabe, die Platonischen Dialoge als eine Einheit, als zusammenhängendes Ganzes zu begreifen und Platon als „philosophischen Künstler" verständlich zu machen (PW 1/I, 6, 17). Platon sei so sehr systematischer Philosoph gewesen, daß er die Einteilung der Philosophie in Dialektik, Ethik und Physik begründet habe (a. a. O. 9). Er habe aber um der angemessenen Erfassung des Inhalts willen seiner Philosophie die systematische Gestalt versagt: Nur die Dialogform zeige die enge Verzahnung der Disziplinen und bilde die ursprüngliche Form der platonischen Wissensvermittlung, das Gespräch, ab, das den Schüler zur Selbsttätigkeit, zur inneren Erzeugung des Gedankens nötigt. So folgt die dialogische Form nicht aus einer ästhetischen, sondern aus einer besonders Fichte nahestehenden pädagogischen Absicht: Platon entzieht mit ihr sein Denken dem bloßen Nachsprechen. Während noch Tennemann Platons System aus den Dialogen rein herausheben wollte, sind für Schleiermacher die Platonischen Gedanken nur in ihrer Dialogform und in ihrem jeweiligen Zusammenhang überhaupt verständlich und vollziehbar. Die Annahme einer esoterischen, nicht überlieferten Lehre Platons zeige nur das mangelnde Verständnis seiner Schriften, in denen seine ganze Philosophie enthalten sei (PW 1/I, 11 ff., 21).

Diese uns überkommenen Schriften Platons bilden laut Schleiermacher – aufeinander aufbauend – einen großen geschlossenen Zusammenhang. Schleiermacher unterscheidet in ihnen drei verschiedene Grade der Echtheit. Als Hauptstamm dienen die durch Aristoteles als echt verbürgten Dialoge (a. a. O. 34 f.). Eine zweite Klasse ist die, die wegen „Form und Composition im Ganzen" (dazu gehört auch die innere Form: z. B. das erneute Ansetzen von anderen Punkten aus [a. a. O. 39, 41]) und wegen Platonischer Sprache und Inhalt zum Kanon der Dialoge mit großer Wahrscheinlichkeit hinzugerechnet werden können. Eine dritte Klasse von unsicheren Schriften fällt durch Inhalt und Form aus dem Kanon heraus und wird dadurch für Platons Philosophie gleichgültig.

Nicht aus historischem Interesse, sondern nur, um die Platonischen Dialoge als einen sinnvollen Zusammenhang, als ein Ganzes zu begreifen, sucht Schleiermacher eine neue Anordnung, ihre „natürliche Folge" (a. a. O. 22) herauszufinden. Er erkennt drei Stufen, die sowohl eine zeitliche Abfolge wie einen systematischen und pädagogischen Aufbau darstellen und aus denen sich die Gliederung seiner Übersetzungsarbeit in drei Abteilungen ergibt: 1. die „elementarischen", frühesten Dialoge, die eine Ahnung von der Dialektik als Technik und den Ideen als dem Gegenstand der Philosophie geben wollen (die verbürgtesten: Phaidros, Protagoras, Parmenides); 2. die mittleren Dialoge, die die entworfenen Prinzipien auf die realen Wissenschaften Physik und Ethik anzuwenden beginnen (Theaitetos, Sophistes, Politikos, Phaidon, Philebos); 3. die „konstruktiven" Dialoge des reifen Platon, die eine „objektive wissenschaftliche Darstellung" enthalten (Staat, Timaios, Kritias) (a. a. O. 45 ff.). Diese natürliche Folge der Werke, die eine „innere Entwicklung" erkennen läßt, ist nicht gänzlich identisch mit der zeitlichen Folge der „äußeren Entstehung"; aber äußere biographisch-historische Betrachtung und innere, der Absicht des Autors zugewandte Divination können sich gegenseitig bestätigen und zur Probe dienen (a. a. O. 27, 29) (vgl. H. v. Stein [18], A. v. Ungern-Sternberg 1931: 220 ff., N. Vorsmann 1968: 45 ff.).

Die Einheit der platonischen Philosophie und ihrer Entwicklung gründet für Schleiermacher nicht zuletzt darin, daß schon in ihrem Anfang – das ist für Schleiermacher der ›Phaidros‹ – eine Ahnung des Ganzen lag (a. a. O. 76). Dilthey interpretiert deshalb, „dem Autor unbewußt, dichtet in ihm der künstlerische Geist ein schönes und tiefdurchdachtes Ganzes von Werken" (XIV/2, 682). Andererseits aber betont Schleiermacher, „daß man die große Absichtlichkeit in der Zusammensetzung seiner [Platons] Schriften zu würdigen" habe (a. a. O. 7). Dieser scheinbare Widerspruch kennzeichnet aber für Schleiermacher nur Platons philosophischen Genius: Sich selbst entwickelnd tut er das, was die Vernunft und die Sache verlangen. Im 19. Jahrhundert wurden bald – einsetzend mit K. Fr. Hermann – schwerwiegende Einwände gegen die Idee eines „teleologisch organisierten Gesamtwerkes" Platons vorgebracht. Die Anordnung der Dialoge hielt der Kritik nicht stand. Aber dennoch bedeutete dies Übersetzungswerk nach W. Jaeger „eine vollkommene Renaissance des größten griechischen Philosophen". Schleiermacher war „der Winckelmann der griechischen Philosophie", seine Rücksicht auf die Form als Schlüssel für den Gedanken war ein „unendlich fruchtbares Prinzip".[19]

Man wußte immer: Platon war für Schleiermacher nicht nur ein interessanter historischer Autor, sondern sein wichtigster philosophischer Lehrer; er hat es ja selbst bekannt (z. B. Br. IV, 72). Deshalb greifen seine Platon-Deutung und seine eigene systematische Philosophie ineinander. Allerdings fehlt bisher eine ausführliche Studie zu diesem Sachverhalt. Es gibt freilich nur wenig Quellen zu Schleiermachers Platon-Auffassung: die Einleitungen und Anmerkungen des Übersetzungs-Werkes, die

[18] Heinrich von Stein: Sieben Bücher zur Geschichte des Platonismus. 3 Tle. (Göttingen 1862–1875, ND Frankfurt a. M. 1965) Tl. III, 341–375.

[19] Werner Jaeger: Humanistische Reden und Vorträge. 2. Aufl. (Berlin 1960) 129 ff.; ders.: Scripta minora (Roma 1960) II, 398 ff.

kurze Platon-Darstellung innerhalb der Philosophiegeschichte (GPh 97–111) sowie verstreute Bemerkungen in seinen Werken und Briefen. DILTHEYS fragmentarische Aufzeichnungen (XIII/ 2, 37–75) sind lediglich für die Entstehung der Übersetzung aufschlußreich. Auch A. v. UNGERN-STERNBERGS umfassendere, mehr doxographisch gearbeitete genetische Darstellung der Auseinandersetzung Schleiermachers mit Platon pointiert nicht zureichend den philosophischen Ertrag (1932: 208–275).

Im 19. Jahrhundert hatte man bereits Parallelen und Entsprechungen zwischen Schleiermachers und Platons Tugendbegriff erörtert (J. SCHMIDT 1873, P. KROKER 1889). Aber insgesamt ergab sich, daß die Platonische Ethik mehr in ihrem systematischen Grundzug rezipiert, dem Inhalt nach aber auch kritisiert wird: Der ethische Standpunkt in Platons ›Staat‹ entspricht nicht mehr unserem modernen durchs Christentum bestimmten sittlichen Bewußtsein (PW 3/I, 27, 32, 34 ff. u. ö.; N. VORSMANN 1968: 86 ff.). Dagegen zeigte sich Schleiermachers Übereinstimmung mit Platon auf dem Gebiet der Dialektik, nämlich schon in ihrer Kennzeichnung als Dialog, als Gespräch mit dem Ziel, „einander die Gedanken zu berichtigen und die Wahrheit auszumitteln" (PW 2/I, 399, s. u.). Wie sein Vorbild behauptet auch er eine Entsprechung der Formen des Denkens und Sprechens mit den Formen des Seins, so daß Dialog und Dialektik eine Einheit bilden (R. ODEBRECHT 1942: 108 ff.; K. POHL 1955: 308 ff.; N. VORSMANN 1968: 63–70).

Besonders die Deutung des ›Sophistes‹ erwies sich als aufschlußreich, da Schleiermacher in diesem Dialog ja den Fokus, den „Kern" der dialektischen Schriften Platons erblickte (PW 3/I, 38). H.-G. GADAMER (1972: 147 f.) hat Schleiermachers Verständnis des ›Sophistes‹ als geniale Erhellung eines dunklen Textes herausgestellt. In Platons Theorie der Ideenverknüpfung entdecke er mit Recht die relationale Struktur des Logos [20]:

[20] Im einzelnen wird man Gadamers Interpretation nicht überall folgen können. Siehe demnächst vom Verf.: Schleiermacher und Platons Ideenlehre.

Alles Seiende muß als es selbst und in Beziehung zu anderem betrachtet werden; sein Wesen soll in der Totalität der Beziehungen zu anderem zur Darstellung kommen, „so daß jede Einheit des Wesens wieder eine Totalität von Bestimmungen wird" (GPh 102). Seine eigene Dialektik hat dies zum Prinzip gemacht. Wie Hegel so findet also auch Schleiermacher bei Platon seine eigene Dialektik-Konzeption ausgesprochen. Er kommt aber zu anderen, der Kritik eher standhaltenden Ergebnissen. Denn nicht der Widerspruch der Begriffe in sich und im Aussagesatz ist bei Platon gerechtfertigt, sondern nur die Polarität von Gegensätzen im Denken wie im Sein (z. B. Selbigkeit, Verschiedenheit).

Allerdings muß gefragt werden, ob nicht auch er den ›Sophistes‹ zu sehr als spekulative Theologie und den platonischen Grundgedanken schon zu sehr im Licht von Neuplatonismus und Identitätsphilosophie interpretiert (wenngleich man ihm den gelungenen Ausbruch aus neuplatonischen Voraussetzungen nachsagt [W. JAEGER, N. VORSMANN]). Denn Schleiermacher findet als „edelsten und köstlichsten Kern" des ›Sophistes‹ die Idee der höchsten Einheit, in der Sein und Denken identisch sind; Platon habe damit das „innerste Heiligthum der Philosophie" aufgeschlossen, Höheres gebe es nicht in ihr (PW 2/II, 136 f.; vgl. GPh 103). Diese höchste Einheit identifiziert Schleiermacher mit der Idee des Guten in Platons ›Staat‹, das sich in der Sphäre des entgegengesetzten Seins in Reales und Ideales auseinanderschlage: Es ist derselbe „Ausfluß des Guten, ... welcher dem erkennbaren Wesen der Dinge oder den Begriffen die Wahrheit und der Vernunft das Vermögen zu erkennen verleiht, welches eben so die Wahrheit ihres Wesens ist. Dies aber will besagen, daß die Vernunft irgendetwas nicht anders als in Beziehung auf die Idee des Guten und vermittelst derselben erkennen kann ..." (PW 3/I, 40). Diese Deutung steht in Übereinstimmung mit den Aussagen der Schleiermacherschen Dialektik, die in gleicher Weise die Möglichkeit des Erkennens im absoluten Grund des Seins und Wissens verankert. Analog zu seiner Dialektik, die den Begriffen Kräfte korrespondieren läßt

(s. u.), unterscheidet Schleiermacher zwei Seiten an Platons Ideen: Als eidos sei die Idee mehr „die Einheit des Begriffs", als idea mehr „das wahre reale Sein", die „produktive Kraft der Natur" (GPh 104). Platon-Interpretation und eigenes Philosophieren greifen ineinander.

c) Übergang: Kritik der bisherigen Sittenlehre

Schleiermachers ›Grundlinien einer Kritik der bisherigen Sittenlehre‹ (1803) ist die einzige im strengen Sinn philosophische Monographie, die er zum Druck gab (KS = SW 3/I, 1–344; kritische Ausgabe H. MULERT 1908). Doch wegen seiner spröden Darstellungsart fand das Buch keinen großen Leserkreis. Zumeist wird es in der Literatur erwähnt, wenn Schleiermachers Ethik-Vorlesungen das Thema sind; denn auf die systematische Ethik weist es voraus. Zugleich aber sieht man in ihm mit Recht das Ergebnis der ethischen Überlegungen, die sich in den ›Reden‹ und ›Monologen‹ andeuteten und bis in die 90er Jahre zurückreichen; bereits 1797 hat er das Werk geplant. E. HERMS (1974: 168 ff.) hat gezeigt, daß wir in ihm das „Schlüsselwerk" der Berliner Arbeitsperiode zu sehen haben.

Das Werk verfährt sowohl historisch wie systematisch; die Geschichte der Ethik wird einer systematischen „Formalkritik" unterzogen. Ethik ist Wissenschaft, und nur *ein* wissenschaftliches System kann dem Gegenstand angemessen sein. So fragt es sich, welches System mit seiner Form dem Gegenstand Genüge tut. Der Grundsatz dieser Formalkritik lautet, „daß Gestalt und Gehalt einander gegenseitig zur Bewährung dienen" (KS 9). Das heißt: Was keine wissenschaftliche Form annehmen kann, gehört nicht in die wissenschaftliche Ethik, und umgekehrt sind wissenschaftliche Formen unzureichend, die den ethischen Gehalt nicht umfassend darzustellen vermögen. Im ersten Buch prüft Schleiermacher die Tragfähigkeit der Grundsätze der geschichtlichen Gestaltungen der Ethik. Das zweite Buch gilt der Frage, ob die einzelnen sittlichen Begriffe untereinander und mit den Grundsätzen zusammenstimmen. Schließlich wird im dritten Buch die Vollständigkeit der ethischen Systeme untersucht. Die ausführliche Inhaltsanalyse, die O. BRAUN seiner Ausgabe vorangestellt hat, ist beim Studium des schwierigen Textes eine große Hilfe (WA I, S. CI–CXXVIII).

D. F. STRAUSS (1839: 29 f.) hatte in Schleiermachers Darstellung die genetische Methode und ein positives Ergebnis vermißt. DILTHEY (IV, 370) hingegen würdigte das Werk als „bedeutendste kritische Leistung auf dem Gebiet der Sittenlehre". Er bemängelte nur die Verquickung von Historischem und Systematischem und den auf die Totalität des Gegenstands gerichteten, angeblich „ästhetischen" Blick. Schleiermacher wollte in diesem Buch seinen eigenen ethischen Standpunkt eigentlich noch nicht preisgeben (vgl. Br. I, 326 ff.). Aber G. HAYM (1870: 863 f.) sah darin dennoch den „Anfang einer neuen Epoche für die ethische Wissenschaft"; Hegels Phänomenologie sei ein „Seitenstück" dazu. Die Forschung hat durchweg bestätigt, daß Schleiermacher hier mehr oder weniger direkt seine eigene philosophische Position zur Darstellung bringt. E. HERMS hat vor allem das zugrundeliegende Wissenschafts- und Systemverständnis herausgearbeitet (1974: 168 ff.), O. UHLHORN (1894) und L. VIËTOR (1910) den Ertrag für die Ethik.

Schleiermacher durchmustert kritisch die Vielfalt der ethischen Positionen in Antike und Neuzeit und gliedert sie in die Systeme der Lust oder Glückseligkeit, die auf eine bestimmte Beschaffenheit des Bewußtseins abzielen (Lust, Schmerzlosigkeit), und in die Systeme der Tugend oder der Vollkommenheit, die ein bestimmtes Tun oder Sein zum Zweck haben (KS 39 f.). Jener Kategorie gehören u. a. Epikur, Shaftesbury, Ferguson und Garve zu, dieser die Stoa, Kant, Fichte, aber auch Aristoteles, Platon und Spinoza. Beide Positionen verhalten sich wie der später in der Dialektik ausgesprochene Gegensatz: Mannigfaltigkeit ohne Einheit – Einheit ohne Mannigfaltigkeit. Denn während die auf das Ziel der Glückseligkeit gerichteten Ethiken kein sicheres Prinzip und kein allgemeingültiges höchstes Gut aufstellen können, da sie es mit den wechselnden Gefühlen verschiedener Subjektivitäten zu tun haben, verankern andererseits die Vollkommenheitsethiken ihre Theorien zwar in einem obersten Prinzip, aber dies bleibt gewöhnlich von der Anwendung und dem konkreten sittlichen Leben durch eine Kluft getrennt. Und so muß eine künftige Ethik beide Extreme vermitteln.

Zu dieser Ethik, die die Eigentümlichkeit der Individuen und Gemeinschaftsformen als positive Bestandteile in eine allgemeingültige, systematische ethische Theorie einbringen soll, findet Schleiermacher lediglich bei Platon und Spinoza Ansätze, die die Ethik in einem obersten Prinzip, der Verähnlichung mit Gott bzw. der Erkenntnis Gottes, verankerten und zugleich die Vielfalt des konkreten menschlichen Lebens nicht außer acht ließen. Das Sittliche fand bei ihnen eine eigene positive Bestimmung (KS 32 ff., 56 f.). Hingegen richtet sich die Kritik vor allem gegen Kant und Fichte: Da ihnen das Sittliche nur das Gemeinschaftliche ist, fallen Handlungen und Handlungsweisen, die nicht in höchster Allgemeinheit bestimmbar sind, aus der Ethik heraus und werden Sache bloßer Willkür. Ethisches Prinzip und Wirklichkeit stehen so ohne Vermittlung nebeneinander. Der Mensch wird in Verstand und Leib auseinandergerissen, und das Sittliche ist nur ein unproduktives, lediglich die Natur begrenzendes Prinzip, das mit seinem Sieg über die Natur notwendig selbst abdankt. Kants kategorischer Imperativ als eine die verschiedenen Willen in Einklang setzende Maxime muß als bloßes Rechtsprinzip verstanden werden, so wie auch bei Kant das Reich der Zwecke nur das Bild eines schlechten bürgerlichen Staates bietet, in dem „jeder eigentlich etwas anderes will" (KS 64; vgl. L. VIËTOR 1910: 2–19).

Diese Entzweiung zwischen besonderem, natürlichem Willen und allgemeinem, beschränkendem Sittengesetz aufzuheben, verweist Schleiermacher auf die große ethische Bedeutung der Phantasie, die gleichsam als individuelle Vernunft und als ein produktives Vermögen allererst Handlungsmöglichkeiten entwirft und konkretisiert, und er holt alle die Gebiete des geselligen und geistigen Lebens (Freundschaft und Liebe, Wissenschaft und Kunst) in das Gebiet der Sittlichkeit hinein, die bei Kant als bloß erlaubt außerhalb der Reichweite der Ethik lagen (KS 269 ff.).

Die sich insgesamt aus der Kritik ergebenden (und ihr schon zugrundeliegenden) Anforderungen an die Ethik sind folgende: Die Ethik muß die Totalität sittlicher Handlungsweisen in der Gestalt eines zusammenhängenden, umfassenden Systems darstellen und dabei sowohl das allen Menschen gemeinsame wie das je eigentümliche Handeln berücksichtigen. Und zwar muß dies System von einer obersten ethischen Idee ausgehen, die wiederum in einer obersten spekulativen Wissenschaft begründet und gerechtfertigt sein muß. Die oberste ethische Idee (die Schleiermacher später als das Handeln der Vernunft bestimmen wird) hat drei Gestalten: Sie ist 1. der Inbegriff der verwirklichten Sittlichkeit – höchstes Gut; 2. die das Sittliche hervorbringende Kraft und Gesinnung – die ideale Person des Weisen; 3. die Gleichartigkeit der ethischen Handlungen – das Gesetz (KS 68 ff.). Daraus ergibt sich die Dreiteilung der Ethik in Güterlehre, Tugendlehre und Pflichtenlehre, wie sie Schleiermacher beibehalten wird. Damit hat die Ethik gegenüber den Theorien Kants und Fichtes einen grundsätzlich anderen Charakter bekommen: Im Anschluß an Platon und Spinoza, „welche objektiv philosophiert haben" (KS 36), ist die Ethik keine Wissenschaft dessen, was sein soll, sondern dessen, was ist, d. h. der wirklichen sittlichen Handlungen; und das Subjekt der Handlungen sind nicht nur die einzelnen Individuen, sondern auch die in den Individuen und auch in deren Eigentümlichkeit wirkende Kraft, in welcher man das in den ʻRedenʻ beschriebene handelnde und sich vereinzelnde Universum erkennt.

3. Die systematischen Disziplinen

a) Dialektik

Wenige Zeit nach den ›Reden‹ äußerte Schleiermacher, veranlaßt durch die Auseinandersetzung mit Fichte und Schelling, die Notwendigkeit einer „Elementarphilosophie" bzw. einer „Wissenschaftslehre", die, über die materialen philosophischen Systemglieder Physik und Ethik hinausgreifend, prinzipiell den Zusammenhang der Wissenschaften und die höchste metaphysische Erkenntnis beinhalten sollte. Diese Wissenschaft trug Schleiermacher unter dem Titel „Dialektik" insgesamt sechsmal in seinen Kollegs vor (1811, 1814, 1818, 1822, 1828, 1831) und plante ihre Veröffentlichung. Noch kurz vor seinem Tod arbeitete er 1833/34 für den Druck eine nicht vollendete Einleitung aus (DJ 568–610, DO 1–44). – L. Jonas stellte in seiner Edition der Dialektik (DJ = SW 3/IV–2, 1839) den Entwurf von 1814 ins Zentrum und druckte die anderen Fassungen als Beilagen ab. I. Halpern (1903) legte den Entwurf von 1831, R. Odebrecht (DO, 1942) den von 1822 zugrunde. Halperns und Odebrechts Ausgaben, die sich vor allem auf Nachschriften stützen, entsprachen dem Bedürfnis nach einem lesbaren, ausführlichen Text. Die von Jonas besorgte Edition ist aber die authentischere, und sie läßt als einzige die Entwicklungsstufen erkennen.

Wo Schleiermacher Begriff und Aufgabe seiner Dialektik bestimmt, knüpft er an die Dialektik der Alten, an Platon und Aristoteles an. Seine einfachsten Bestimmungen besagen, daß die Dialektik die Kunst des Philosophierens, die „Kunst des Gedankenwechsels ist von einer Differenz des Denkens aus" und daß sie Theorie und Kunst des philosophischen Gesprächs oder Theorie der wissenschaftlichen Konstruktion ist (DJ 8, 16 ff., 315, 568). Genauer ist sie eine *Theorie* des Denkens und Wissens und zugleich eine *Anweisung,* das Denken und Wissen hervorzubringen. Das zum Wissen strebende Denken soll durchsichtig und bewußt und das „Naturgesetz" des Denkens herausgehoben werden, damit das Denken leichter seinen Weg und sein Ziel, das Wissen, findet. Es sind wesentlich zwei Momente, durch die das Denken zum Wissen wird: die Übereinstimmung des Denkens mit dem Sein einerseits, die Zusammenstimmung der Gedanken und der Denkenden andererseits (DJ §§ 87 ff., DO 127 ff.). Daraus gewinnt Schleiermacher die Basis für die Gliederung der Dialektik: Der erste *transzendentale Teil* erörtert überwiegend die metaphysische Frage nach dem Ermöglichungsgrund des Wissens, nach der Möglichkeit der Übereinstimmung von Denken und Sein. Der zweite *formale* oder *technische Teil* thematisiert überwiegend das logisch-wissenschaftstheoretische Problem der Verknüpfung und des Zusammenhangs der einzelnen Wissensbereiche. Während der erste Teil überwiegend eine transzendental-philosophische bzw. metaphysische *Theorie* ist (die Begriffe transzendental und transzendent verwendet Schleiermacher synonym), ist der zweite überwiegend *Anweisung*: Er will die Dialektik zu einem „Organon und Kriterion", d. h. zu einem Instrument zur Konstruktion der Wissenstotalität und zur Beurteilung des Einzelwissens machen (DJ 173, 19 f., 22). – Schleiermacher betont, daß beide Teile zwei untrennbare Seiten derselben Sache sind, und er will damit die beiden seit Aristoteles und besonders durch Vermittlung des Christentums (DJ 16) auseinandergetriebenen klassischen Disziplinen Metaphysik und Logik wieder zu ihrer ursprünglichen und notwendigen Einheit zurückführen. Denn „die Regeln der Verknüpfung" (die Logik) sind nicht a priori gültig, sondern nur zu rechtfertigen aus der Verknüpfung der Dinge, wovon wir lediglich durch den Zusammenhang unseres Wissens mit den Dingen Kenntnis haben; und die Beziehung unseres Wissens auf die Gegenstände und „die Einsicht in die Natur des Wissens" (die Metaphysik) manifestieren sich für uns nur in den Regeln der Verknüpfung. „Also Logik, formale Philosophie, ohne Metaphysik, transzendentale Philosophie, ist keine Wissenschaft; und Metaphysik ohne Logik kann keine Gestalt gewinnen als eine willkürliche und fantastische" (DJ 7 f.).

In der Aufhebung der Trennung von Logik und Metaphysik und der Aufnahme der Thematik der traditionellen Metaphysik (DJ 33 f., Anm.) stimmt Schleiermacher durchaus mit den Bestrebungen Fichtes, Schellings und Hegels zusammen. Zugleich aber zeigt sich, daß er seine Dialektik auch in Opposition zu den großen Idealisten ausführt. Denn die Dialektik verzichtet auf einen absoluten philosophischen Standpunkt, der von der Ebene des gemeinen und empirischen Denkens durch einen Sprung geschieden ist, und nennt lediglich die jedem wirklichen inhaltlichen Wissen zugrundeliegenden Voraussetzungen und Regeln; die Dialektik als reine Philosophie hat keinen aparten Objektbereich jenseits der realen Wissenschaften, sondern ist lediglich ihr Bewußtsein. Dabei nimmt Schleiermacher zugleich die Vernunft aus ihrer monologischen Selbstanalyse und Selbstkontrolle heraus. Vor allem in der Fassung von 1822 wie in der letzten Einleitung (DJ 568–610, DO 5–45) arbeitet er die Dialektik zu einer Theorie des Dialogs und Streitgesprächs aus (F. KAULBACH 1968): Der Prozeß des Denkens ist immer eine sprachlich geführte Auseinandersetzung zwischen einzelnen Subjekten (das Selbstgespräch eine abgeleitete Form davon); die „Hemmungen", die sich die Subjekte in den Weg legen (Einwände, Bedenken), sind für das Denken genauso konstitutiv wie das Erkenntnisobjekt; das mit sich selbst übereinstimmende Denken verwirklicht sich als Konsens der Gesprächsteilnehmer. – Während die spekulativen Idealisten den Anspruch stellten, Metaphysik als Wissenschaft zu betreiben und das absolute Wissen des Absoluten haben, dabei aber für Schleiermacher in Kritiklosigkeit und Dogmatismus verfielen und nur eine Vielzahl konkurrierender Systeme zustandebrachten und während andererseits der Skeptizismus sich in den Widerspruch verfängt, ein „Wissen des Nichtwissenkönnens" zu behaupten (DJ 10 f., 24 f. [Anm.], 445), versucht Schleiermacher, eine Mittelposition auszuarbeiten: Er will das Werden des Wissens begreifen und die Voraussetzungen nennen, die wir unausdrücklich in allem Einzelwissen machen und gemacht haben, um das Fundament für einen Wissenschaftsorganismus zu entdecken und um Regeln für die Schlichtung wissenschaftlicher Streitfragen bereitzustellen.

Die Aneignung des Werkes ist schwierig wegen der nicht argumentierenden, sondern formelhaften Darstellungsweise und inhaltlich wegen der platonischen Verschränkung von Erkenntnistheorie, Logik und Ontologie. Der Ausgang liegt in der Kantischen These, materiales Wissen resultiere aus dem Zusammenspiel von Verstand und Sinnlichkeit. Das heißt in der Sprache Schleiermachers: Die „intellektuelle Funktion" (die Vernunft) als das Prinzip der Einheit bestimmt die Form des Denkens; die „organische Funktion" (die Organisation, die Sinnlichkeit) als das Prinzip der Mannigfaltigkeit erbringt den Stoff (DJ 63 f.). Die Vernunft formt Begriffe; die Organisation, „das Geöffnetsein des menschlichen Seins für das andere Sein" (DO 140), rezipiert Empfindungsgehalte. Beide Pole (die intellektuelle und die organische Funktion) können in der Erkenntnis jeweils überwiegen: So dominiert im Wahrnehmen die organisch-sensuelle, im reinen Denken die intellektuelle Funktion (nur in der Anschauung befinden sie sich im Gleichgewicht [DJ 55 ff.]). Aber denkt man sich die Pole isoliert, gerät man an die Grenzen des Denkens, an denen sich kein Wissen mehr ergibt: Der von der Organisation abgelöste Verstand kann nur noch den Begriff des Seins (oder Gottes) bilden, ohne ihn eigentlich denken zu können; die Sinnlichkeit ohne Vernunft führt andererseits zur Vorstellung des Chaos, der bloßen Empfindungsmasse (DJ 55 ff., DO 144 ff.). Darin zeigt sich Nähe und Abstand des Entwurfes zu Kant: Alle bestimmten Wahrnehmungen sind schon durch die Vernunft, durch Begriffe strukturiert; und alle Begriffe haben Wahrnehmungs- und Erfahrungsgehalt, eine „reine Vernunft" im strengen Sinne aktualisiert sich nicht. (Das hat Zustimmung gefunden, da alles Denken sprachlich sei [M. FRANK 1977]; forderte aber auch Kritik heraus, da das Tun des Dialektikers, die Selbstreflexion, nicht begreiflich werde [F. WAGNER 1974]).

Die erkenntnistheoretische Unterscheidung von Vernunft und Organisation – die Prinzipien für Selbigkeit und Verschiedenheit – ist die Basis für die logische Unterscheidung von Begriff und Urteil. Der Begriff, Produkt der Vernunft, fixiert eine bleibende Einheit; das Urteil, sich stützend auf die Sinnlichkeit, bestimmt den Begriff, indem es Verschiedenheit markiert (verschiedene Zustände, Verschiedenheit von anderem). Begriff und

Urteil setzen sich wechselseitig voraus: Denn das Urteil bedarf der Fixierung eines Bleibenden, und es ist wesentlich Verknüpfung von Begriffen. Der Begriff bedarf der Bestimmung durch das Urteil (DJ 82 ff., DO 187 ff.). In jedem Urteil sind also Selbigkeit und Verschiedenheit verknüpft – eine Widerspiegelung der ontologischen Struktur des Seins: Denn alles Seiende ist zugleich eine Einheit des Wesens und eine Mannigfaltigkeit von Merkmalen und Unterschieden von anderem (H.-R. REUTER 1979: 100–121). Schleiermacher hat durch Aufnahme der Platonisch-Leibnizschen Metaphysik die Parallelisierung von logischer und ontologischer Struktur noch weiter fortgetrieben: Den Begriffen, die jeweils eine schwebende Einheit von Allgemeinem und Besonderem sind, korrespondiere im Sein der Gegensatz von Kraft und Erscheinung (DJ 111 ff., DO 236 ff.); und dem Urteil, das immer eine Verknüpfung darstellt, stehe als Analogon im Sein ein System der gegenseitigen Einwirkung der Dinge, das durchgängige Kausalgeflecht von Ursache und Wirkung gegenüber (DJ 125 f., DO 251 ff.). Die Beziehung, die das Urteil darstellt, bildet also die reale Beziehung der Dinge ab, deren Tun und Leiden. Wie Begriff und Urteil zusammengehören, so ist auch das Sein selbst beides: sowohl ein „System substantieller Formen" und sich frei entwickelnder Kräfte wie ein „System von Ursachen und Wirkungen", von gegenseitiger Abhängigkeit; das Sein ist also auch eine Einheit von Freiheit und Notwendigkeit (DJ 127 ff., 137 ff., DO 253 ff., 256 ff.) (H.-R. REUTER 1979: 122–188). Platons Verknüpfung von Eleatismus und Herakliteismus hat Schleiermacher damit auch in seiner eigenen Dialektik geltend gemacht; das Sein ist ebensowohl in Ruhe wie in Bewegung, die Satzstruktur spiegelt das – wenn auch unscharf – wider (DJ 129 f., 197 ff., DO 254, 340 ff.). Hier im besonderen ist Schleiermachers Orientierung an Platons ›Sophistes‹ deutlich (R. ODEBRECHT, DO XIII; K. POHL 1954: 15, 57 u. ö., 1954/55: 304, 313 u. ö.).

Die Korrespondenz von Seins- und Wissensformen hat ihren letzten Grund darin, daß sie den Gegensatz von Realem und Idealem darstellen, der im absoluten Sein vermittelt und aufgehoben ist. Diese „Idee des Seins an sich unter zwei entgegengesetzten und sich aufeinander beziehenden Arten oder Formen und modis" ist das „Transzendentale" (bzw. Transzendente), ist die „Grenze" für das Wissen und zugleich der „Grund des Wissens und Seins hinter dem Wissen und Sein" (DJ 75 ff.). – Näher betrachtet führt der erste Teil der Dialektik zu zwei transzendentalen Ideen, die beide den Bereich des realen Wissens überschreiten, aber für jegliches Wissen konstitutiv sind: a) die Idee der Welt, unter der wir uns die Totalität des endlichen Seins vorstellen und der sich das Denken – zwischen Wahrnehmung und Denken oszillierend – in seiner Geschichte allmählich annähert; die Welt ist der Inbegriff der Gegenstände des Wissens; b) die Idee Gottes, unter der wir uns die Einheit der höchsten Gegensätze vorstellen, die jedem Wissen vorausliegt und zu der es keine denkende Annäherung gibt: „Wie die Idee der Gottheit der transcendentale terminus a quo ist, und das Princip der Möglichkeit des Wissens an sich: so ist die Idee der Welt der transcendentale terminus ad quem, und das Princip der Wirklichkeit des Wissens in seinem Werden" (DJ 164). Die Welt ist die „Totalität der Gegensätze", Gott die gegensatzlose Einheit (DJ 162). Beide Ideen gehören zusammen, ohne identisch zu sein, denn Gott ohne Welt ist eine mythische oder leere Vorstellung, Welt ohne Gott etwas Zufälliges, das keine Einheit hat (DJ 165 ff., DO 302 ff.).

An dieser Stelle berühren sich Schleiermachers Dialektik und seine Philosophische Theologie, denn der letzte Grund des Wissens, der auch der des Wollens ist, ist zugleich der Bezugspunkt für das religiöse Gefühl der Abhängigkeit. Philosophie und Religion scheiden sich hier so, daß die Religion diesen Grund (Gott) zwar im Gefühl präsent weiß und ihn sozusagen „hat", aber nie isoliert, sondern immer zusammen mit weltlichem Bewußtsein; wohingegen die Philosophie diesen Grund isolieren will, sich deshalb aber begnügen muß, ihn als solchen für jedes Wissen als notwendige Bedingung anzunehmen (die Anschauung Gottes bleibt immer „nur indirecter Schematismus") (DJ 151 ff., DO 286 ff.). Die Rolle des Gefühls, des unmittelbaren Selbstbewußtseins, und sein Verhältnis zum absoluten Grund sind in der Forschung umstritten (F. WAGNER 1974: 156 ff.; H.-R. REUTER 1979: 236 ff.; dort weitere Literatur). Unbestreitbar aber dürfte sein, daß das unmittelbare Selbstbewußtsein, dem der Grund und die Einheit des Seins gegenwärtig ist, die gleiche Systemstelle hat wie Kants transzendentale Apperzeption, das „Ich denke", und daß Schleiermacher an die Stelle von dessen leerer Einheit die dem Denken unerreichbare, aber unmittelbar gegenwärtige Einheit des Seins gebracht wissen will.

Die transzendentale Idee der Welt erfährt durch den Wissenschaftsfortschritt ihre sukzessive inhaltliche Füllung. Schleiermacher konstruiert aus den Gegensätzen Vernunft – Organisation, Sein – Werden die verschiedenen Wissensformen und denkt sie in einem idealen Prozeß gegenseitiger Durchdringung begriffen: Das *spekulative Denken*, das primär in der Spontaneität der Vernunft gründet, verfährt überwiegend deduktiv und richtet sich vornehmlich auf das bleibende Sein der Dinge; das *empirische Denken*, das primär in der Rezeptivität der Sinnlichkeit (Organisation) seinen Anfang nimmt, verfährt überwiegend induktiv und sucht das Werden, die Veränderung und Mannigfaltigkeit des Seienden zu begreifen. Da sich das Denken in beiden Formen sowohl auf das geistige wie natürliche Sein richten kann, ergibt sich die oben genannte Einteilung der Wissenschaften (DJ 142 f.). Alle Glieder müssen sich gegenseitig bestätigen und durchdringen, um allmählich einen die Totalität des Seins begreifenden Wissensorganismus auszubilden, und erst dieser wäre dann „die wahre reale Weltweisheit, der eigentlich gesuchte Begriff von Philosophie" (DJ 130 f.).

Ehe es sich zu einer Totalität ausgestaltet hat, befindet sich aber jedes Wissen in prinzipieller *Relativität*: Denn die notwendig für alle Menschen vorauszusetzende identische Menschenvernunft, die potentialiter alle Begriffe enthält (DJ 104 ff.), aktualisiert sich und wird wirkliches Denken nur in Verschmelzung mit individuellen, lokal und historisch gebundenen Wahrnehmungen bestimmter Subjekte, hat an der Individualität ihre Konkretion und Schranke. Diese Relativität (oder „Irrationa-

lität") des Wissens zeigt sich vor allem an seiner Gebundenheit
an die Sprache: Denn diese verrät zwar einerseits, daß die
Individuen keine isolierten Monaden bleiben und zur „Identität
des Denkprozesses" kommen; zugleich aber sind die Sprachen
selbst sich wandelnde Individualitäten, deren Besonderheit in
den verschiedenen Erfahrungen der Sprachgemeinschaften gründet (DJ 228 ff., DO 372 ff.). Damit stellt sich für das Denken,
das Wissen werden will, die Aufgabe eines *kritischen Verfah-
rens*: Es gilt, bei jedem Wissensprozeß die eigene individuelle
Gebundenheit dadurch zu lockern, daß man das individuelle
Denken der andern mit in Betracht zieht und zu verstehen
sucht. Daraus folgt: „es gibt auf keinem Gebiet ein vollkom-
menes Wissen als zugleich mit der lebendig aufgefaßten Geschichte desselben zu allen Zeiten und an allen Orten ..." Da
sich aber das Denken der anderen nur dem produktiven Denken erschließt, Vernunft nur durch Vernunft erkannt wird, gilt
auch die Umkehrung: „es gibt keine Geschichte desselben [sc.
Wissens] ohne seine lebendige Konstruktion" (DO 381, vgl.
E 245 f.).

Das ist die Begründung für die Verklammerung von System
und Geschichte, auf die wir schon aufmerksam gemacht haben.
Schleiermacher also will die Relativität und Pluralität der Wissenssysteme zur Anerkenntnis gebracht wissen, die schon durch
die Vielfalt individueller Sprachen gegeben ist. Gelegentlich
will er deshalb auch die Geltung seiner Dialektik nur auf den
Kreis der europäischen Sprachen begrenzen (DJ 577 ff.). Aber
diese Anerkenntnis führt nicht in den Relativismus. Denn im
Begriff des Wissens liegt für ihn eingeschlossen, daß 1. jenseits
der Sprach- und Wissenssysteme die eine Vernunft und ein
identisches Begriffssystem vorausgesetzt werden müssen und daß
2. das Wissen durch seine individuellen Gestaltungen hindurch
zu einem universalen Zusammenhang sich zusammenzuschließen
bestrebt ist. Schleiermacher ist bemüht, die eine Vernunft und
die Vielheit der individuellen Vernunftgestalten in gleicher
Weise geltend zu machen.

DILTHEY hat in Schleiermachers Dialektik „die erste erkenntnistheoretische Logik" gesehen, nämlich „eine Grundlegung der realen Wissenschaft, die von dem Problem der menschlichen Erkenntnis ausgeht und im Verlauf seiner Auflösung die Formen, Gesetze und Methoden des Denkens als Mittel, diese Erkenntnis herbeizuführen, entwickelt" (XIV, 157). So stellt er die Dialektik in enge Beziehung zu seinem eigenen Programm einer erkenntnistheoretischen Logik, wenngleich er die metaphysischen Implikationen des Werkes für unfruchtbar hält (G. SCHOLTZ 1984). Auch wenn man DILTHEYS Interpretation nicht überall zustimmt, wird man die Analyse des Inhalts mit Gewinn zu Rate ziehen. Die größeren neueren Interpretationen versuchen eine systematische Rekonstruktion, um das Werk als ein philosophisches Ganzes vollziehbar zu machen. L. ORANJE (1968) gibt ein geschlossenes Bild der Grundgedanken des ersten Teils (deutsches Resümee 245–252). F. WAGNER (1974) und H.-R. REUTER (1979) bemühen sich um philosophische Durchdringung und kommen dabei zu ganz verschiedenen Ergebnissen. WAGNER bestätigt noch einmal durch eine Fülle kritischer Beobachtungen die Auffassung der Kritiker des 19. Jahrhunderts (C. L. MICHELET, CH. SIGWART [s. o.]): Die Dialektik stehe nicht, wie sie vorgibt, in Opposition zum Deutschen Idealismus, sondern sei eine „Variante" der Fichte-Schellingschen Transzendentalphilosophie (in deren Gestalt vor 1800). Der Ansatz sei subjektiver Idealismus; die Dialektik kenne nur Verstandeserkenntnisse und überlasse den Vernunftinhalt dem Gefühl; die dialektische Methode sei bloße Technik, nicht aber die Bewegung der Sache selbst. Das unmittelbare Selbstbewußtsein nehme die gleiche Stelle wie die intellektuelle Anschauung Fichtes und Schellings ein und führe wie diese nicht aus dem Ich heraus. Der transzendente Grund, das Absolute, werde nicht denkend erfaßt und bleibe deshalb für die Philosophie belanglos. REUTER hingegen, der WAGNER vorwirft, Schleiermachers Werk über den Leisten der Hegelschen Philosophie geschlagen zu haben, hält voreilige Zuordnungen zurück und geht dem Spezifikum des Entwurfes nach. Schleiermacher habe erkannt, daß das Selbstbewußtsein nicht als Selbstvermittlung, sondern nur als durch anderes vermittelt begriffen werden kann (238). „Das Selbst ist nicht Setzen seiner selbst, sondern Einheit von gesetztem und setzendem Sein" (243). Dadurch erweist sich Schleiermachers Nähe zum späten Fichte, die auch WAGNER andeutete, aber dann doch bestritt: Das Ich sieht sich bedingt und eingegrenzt durch das Absolute, ohne dies erkennen zu können. Ein Rückgriff auf Platons ›Parmenides‹ zeigt dies Absolute Schleiermachers als das unnennbare und unerkennbare Eine (247 ff.). Die Dialektik wird für REUTER so zu einer „docta ignorantia des Absoluten": „Die Dialektik ist eine Lehre vom verborgenen, vom unbekannten Gott. Die Notwendigkeit des Schweigens vor Gott ist die höchste Einsicht, die der Dialektiker vermitteln kann" (263). Mit Recht sieht REUTER in dem Werk eine Aufnahme und Kritik der Metaphysik: die Leibnizsche Monadenlehre wird modifiziert fortgeführt, die rationale Theologie aber widerlegt. Wenn REUTER – wie auch M. FRANK (1977) – bei Schleiermacher eine „Brechung der Selbstmacht neuzeitlicher Subjektivität" erkennt, so konvergiert das gleichwohl mit der Auffassung R. STALDERS (1969), der die Dialektik als christlich-augustinische Philosophie verstand: Im Platonismus und bei Schelling konnte Gott geschaut werden, bei Augustin und Schleiermacher aber wegen der Endlichkeit des Menschen nur gespürt, gefühlt und erstrebt. Der Pantheismusvorwurf hat in diesen Interpretationen keinen Raum mehr. J. E. THIEL (1981) hat nochmals herausgearbeitet, daß Gott und Welt sich bei Schleiermacher komplementär verhalten, aber nie identisch sind. – Ein ganz anderes Interesse an der Dialektik nimmt U. KLIEBISCH (1980): sie wird als „Philosophie der Kommunikation" auf die Erkenntnistheorie K.-O. Apels bezogen und dadurch zu aktualisieren gesucht. Die Dialektik auf ihre prägende Beziehung zur Philosophie Platons zu untersuchen, gibt es vorerst nur Ansätze (G.-A. KRAPF 1953, R. ODEBRECHT 1942, K. POHL 1954/55, H.-G. GADAMER 1969, H. KRÄMER [20a], G. SCHOLTZ 1985).

[20a] Hans Krämer: Platone e i fondamenti della metafisica (Mailand 1982) 31–136.

b) Ethik

Auch seine philosophische Ethik hat Schleiermacher nicht in eine endgültige Gestalt gebracht, obwohl er sie des öfteren in seinen Kollegs vortrug (1804/05, 1805/06, 1808, 1812/13, 1816, 1824, 1827, 1832) und früh ihre Drucklegung plante (E S. XIII ff.). Allerdings besitzen wir hier von den verschiedenen Entwürfen eine kritische Edition von O. Braun (E 1913) sowie einige von Schleiermacher selbst publizierte Akademieabhandlungen aus den Jahren 1819–1830, die das Anliegen und die Themenkreise der Ethik gerafft zur Darstellung bringen (in SW 3/II u. WA I; siehe insgesamt H.-J. Birkner [Hrsg.] 1981 Einl., Bibliogr. S. XXIX ff.).

Die Dialektik unterscheidet das Sein, das dem Denken vorgegeben ist, vom Sein, das aus dem Denken und Wollen hervorgeht, und gewinnt so die ontologischen Bereiche der „Naturformen" und der „Sittenformen" und damit auch die Disziplinen Physik und Ethik (DJ § 212). Die Ethik hat bei Schleiermacher ihre Systemstelle als überwiegend spekulative Wissenschaft vom „Handeln der Vernunft auf die Natur" (E 541 f.; vgl. H.-J. Birkner 1964: 30 ff., E. Herms 1976: 47 ff., W. Gräb 1980: 16 ff.). Das lebendige Einwohnen der Vernunft in der menschlichen Organisation von der Naturphilosophie als gegeben voraussetzend, betrachtet die Ethik den Menschen von jenem „Wendepunkt" an, an welchem die Vernunft sich ihrer selbst gewiß wird und – nach den Stufen der anorganischen Materie, der Vegetation und Animalisation – eine neue Epoche, die „Humanisation" einleitet (SW 3/II, 462). Die Ethik ist „Wissenschaft von den Lebensthätigkeiten des Geistes" (SW 3/III, 183), „Wissenschaft der Geschichte d. h. der Intelligenz als Erscheinung" (E 80; vgl. 88, 251), „Wissenschaft der Geschichtsprinzipien" (KD 15) oder kurz „Geschichtswissenschaft" (E 497). Sie redet primär nicht von dem, was geschehen soll, sondern von dem, was geschieht; sie hebt weniger auf Postulate ab als auf Gesetze (E 80 f., 545) und versteht das Sittengesetz in Analogie zum Naturgesetz und als seine Fortbildung (SW 3/II, 397–417).

Die Ethik hat in der Interpretationsgeschichte eine Reihe verschiedener Charakterisierungen gefunden, die jeweils andere Seiten an ihr beleuchten. Indem sie überwiegend apriorisch die Felder und den substantiellen Inhalt der menschlichen Praxis konstruiert, ist sie eine „Strukturtheorie der Geschichte" (W. GRÄB 1980: 43 ff.). Da sie der empirischen Forschung leitende Gesichtspunkte und einen Rahmen vorzeichnet, ist sie eine „großangelegte Hermeneutik der sozialen Wirklichkeit" (H. FALCKE 1977: 21). Da sie die Totalität der Leistungen, die den Menschen zum Menschen machen, zur Darstellung bringt, ist sie eine umfassende „Kulturphilosophie" (A. REBLE 1935). Da in ihr das Vernunfthandeln wesentlich zu Gemeinschaftsformen und Institutionen führt, ist sie eine „philosophische Soziologie" (E. GARCZYK 1963, H. L. STOLTENBERG 1930). Da sie die Richtlinien für das Handeln mit der Lehre von den Gemeinschaftsformen verknüpft, ist sie eine „Sozialethik" (G. STOSCH 1905: 169 ff.). Da sie das „geistige Leben in seiner reinen Vernünftigkeit" begreift, nannte schon Schleiermacher selbst ihr Gebiet gelegentlich die „Wissenschaft des Geistes" (SW 3/II, 467 f.); später wurde sie kurz als „Geisteswissenschaft", „Geistphilosophie" oder als „eine Art Philosophie der Geisteswissenschaften" bezeichnet (G. STOSCH 1905:168, R. STALDER 1969: 300, H. G. FRITZSCHE [21], ähnlich schon DILTHEY XIV, 277). Nicht leicht durchschaubar ist das Verhältnis der Ethik zur wirklichen Geschichte. Denn einerseits überläßt sie diese der empirischen Geschichtskunde; andererseits aber entfaltet sie ihren substantiellen Inhalt. Sie ist eben eine *überwiegend* spekulative Wissenschaft, die ihre Vernunftaussagen schon aufgrund geschichtlicher Kenntnis und Erfahrung trifft. Deshalb kennt sie auch einen idealen Werdeprozeß und z. B. den Epochengegensatz Antike/Moderne (E 192, 380, 510, 555). In der Fortbildung der Wissenschaften soll sie mit der Historie und den anderen Disziplinen verschmelzen (SW 3/II, 467 f.; zum Verhältnis Ethik und Geschichte s. o. S. 74 ff.).

[21] Hans-Georg Fritzsche: Die Strukturtypen der Theologie (Göttingen 1961) 188.

Indem die oben genannten Charakterisierungen der Ethik alle zutreffen, zeigt sich, daß sie sehr verschiedene Aspekte vereint. Das erhellt schon ihr Aufbau. An die ›Grundlinien‹ (s. o.) anschließend, gliedert sich die Ethik in Güterlehre, Tugendlehre und Pflichtenlehre, wobei der untrennbare systematische Zusammenhang dieser Disziplinen zugleich die historischen Hauptepochen der ethischen Theorien integriert: denn die Güter- und Tugendlehre war das Arbeitsgebiet der Antike, die Tugend- und Pflichtenlehre das der Neuzeit (E 84). Es spiegelt Schleiermachers Opposition gegen Kant und Fichte, wenn die von der Sittlichkeit des Individuums handelnde Tugend- und Pflichtenlehre hinter dem Gewicht der Güterlehre zurücktreten: Platon habe mit Recht das Gute nicht im Individuum, sondern in einem größeren Körper zu erkennen gesucht; dieser ist für Schleiermacher allerdings nicht der Staat, sondern die Menschheit (SW 3/II, 470 f.).

Die *Tugendlehre* betrachtet das Sittliche als eine „Kraft, welche in dem einzelnen Leben ihren Sitz hat", als das Ethos der Stoa, aus welchem alle einzelnen sittlichen Handlungen notwendig hervorgehen und durch welches sie geprägt sind (SW 3/I, 358). Da die Tugend sich überwiegend auf Erkennen oder Handeln bezieht und da die Überordnung des Geistigen über das Sinnliche in der Tugend verschieden zum Ausdruck kommen kann, ergibt sich eine Quadruplizität der Tugenden: Weisheit, Liebe, Besonnenheit und Beharrlichkeit (a. a. O. 366 bis 378). Besonders die Begriffe Weisheit und Liebe bezeichnen die Vollkommenheit des Menschen, da es ja auch die wichtigsten Prädikate Gottes sind (a. a. O. 376 f.; vgl. insges. E 375–405). – Die *Pflichtenlehre* andererseits hat nicht den Grund und das Ziel der Handlung, sondern die sittliche Tat selbst zum Gegenstand; sie entfaltet ein „System von Handlungsweisen", die, der sittlichen Kraft entspringend, die allgemeine sittliche Aufgabe (das höchste Gut [s. u.]) realisieren (SW 3/II, 379 ff.). Ausgehend von der allgemeinen Pflichtformel: „Jeder einzelne bewirke jedesmal mit seiner ganzen sittlichen Kraft das möglich Größte zur Lösung der sittlichen Gesamtaufgabe in der Gemeinschaft mit allen" (a. a. O. 391), entwickelt Schleiermacher eine Reihe von Formeln, die darauf abzielen, die Ansprüche des Individuums mit denen der Gemeinschaft zu versöhnen und den Gegensatz von Pflicht und Neigung, äußerer Nötigung und innerem Antrieb, allgemeinem und besonderem Willen auszugleichen. Leitend sind die beiden komplementären Forderungen: „Handle jedesmal gemäß deiner Identität mit andern nur so, daß du zugleich auf die dir angemessene eigentümliche Weise handelst." Und: „Handle nie als ein von den andern unterschiedener, ohne daß deine Übereinstimmung mit ihnen in demselben Handeln mitgesetzt sei" (a. a. O. 393). An die Stelle der Kantischen formellen Vereinbarkeit der Maximen von Handlungen als Kriterium ihrer Sittlichkeit tritt das Kriterium der Vereinbarkeit der verschiedenen Sphären, die für die Selbstverwirklichung des Menschen als individuellem wie gesellschaftlichem (universellem) Wesen konstitutiv sind: Schleiermacher stellt vier „kollisionsfreie Formeln" der Pflichten auf, die das notwendige Zusammenstimmen von Recht, Beruf, Liebe und Gewissen zum Inhalt haben (a. a. O. 393 ff.; E 465–484).

Tugend und Pflichtenlehre jedoch sind keine selbständigen Disziplinen der praktischen Philosophie, sondern haben ihre Gültigkeit nur in ihrer Verklammerung mit der *Güterlehre*. Ihr fällt die Aufgabe zu, das „höchste Gut", den Inbegriff und Organismus aller Güter zu konstruieren, die aus der sittlichen Kraft und den sittlichen Handlungen der Menschheit hervorgehen und in denen sich die Sittlichkeit realisiert und weiterentwickelt (SW 3/II, 455 ff.). Das Begriffsgerüst und die Formeln zur Konstruktion der Güter ergeben sich aus den Handlungsweisen der Vernunft im Hinblick auf die Natur: Die Vernunft kann und muß die Natur beherrschen und zu ihrem Werkzeug und Organ umformen: organisierende (bildende) Tätigkeit; sie kann und muß die Natur zu ihrem Zeichen machen und in ihr erkennbar werden: symbolisierende (bezeichnende) Tätigkeit. Beide setzen sich voraus, und jede hat den Charakter der anderen an sich (E 423 ff., 561 ff.). Da die Vernunft nur in den zur Gemeinschaft verbundenen Individuen handelt, kann jede Handlung einmal mehr den Zwecken des Individuums, einmal mehr den Zwecken der Gemeinschaft dienen. Deshalb muß der erste Gegensatz (Organisieren/Symbolisieren) von einem weiteren gekreuzt werden: individuell (eigentümlich) – identisch (universell). Das sind die Koordinaten für ein Schema, durch welches sich die Vielfalt der einzelnen Handlungen in vier Felder einteilen läßt; identisches Organisieren: die gemeinschaftlichen Anstrengungen zur Naturbeherrschung und der durch das Recht geregelte Verkehr der einzelnen untereinander, also Arbeit/Arbeitsteilung, Handel, Wirtschaft; individuelles Organisieren: Konstitution der Privatsphäre, individuelle Verfügung über Sachen, der durch individuelle Bedürfnisse und Formen bestimmte Verkehr der einzelnen, also Eigentum, Geselligkeit, Freundschaft, Hausrecht und Gastlichkeit; identisches Symbolisieren: das sich in der Sprache artikulierende und den Anspruch auf Allgemeingültigkeit erhebende Denken, also Wissenschaft; individuelles Symbolisieren: die Mitteilung und Darstellung der individuellen Gemüts- und Gefühlsregungen, also Kunst und Religion. Diese vier Praxisfelder führen zu vier relativ gesonderten sittlichen Gemeinschaftsformen und Institutionen, die der Ort der Selbstverwirklichung des Menschen sind: Staat, freie Geselligkeit (Haus), wissenschaftlicher Verein (Universität, bes. Akademie), Kirche (E 93 ff., 263 ff., 430 ff., 570 ff.). In allen Sphären ist der Gegensatz individuell/universell schon vermittelt. Denn die individuellen Tätigkeiten sind Teil eines Interaktionsprozesses und führen zu Gemeinschaftsformen, und die identischen Tätigkeiten lassen auch der Individualität Spielraum. Die Gemeinschaftsformen, in denen die Individuen leben, sind selbst Individualitäten höherer Ordnung, denen verschiedene Naturbedingungen und Traditionen (Klima, geographische Lage, Rasse, Nationalcharakter, Sitte, Sprache) jeweils einen spezifisch eigentümlichen Zuschnitt geben.

Die hier spekulativ deduzierte Quadruplizität von ethischen Handlungs- und Realisierungsgebieten, der Organismus der Güter, ist der substantielle Inhalt der menschlichen Geschichte, in der sich diese Güter ausdifferenzieren und in einem hypothetischen Endpunkt, dem höchsten Gut, identisch werden (so wie in der vollkommensten ethischen Gemeinschaft, in der Familie, sich alle vier ethischen Funktionen bereits ursprünglich durchdringen (s. u.). Die Geschichte, der ethische Prozeß als das Naturwerden der Vernunft und das Sittlichwerden der Natur (E 541 f.), wird dann vollendet sein, wenn 1. die gesamte innere und äußere Natur sowohl Organ als auch Symbol für die Vernunft wurde und damit der Gegensatz von Vernunft und Natur aufgehoben ist; und wenn 2. durch einen universellen Kommunikationsprozeß in Wissenschaft, Kunst und Religion der Gegensatz von Individuellem und Allgemeinem (Identischem) zum Ausgleich kam. Diesen Zielpunkt, der im Unendlichen liegt, bezeichnen von je anderen Perspektiven aus die Begriffe goldenes Zeitalter, ewiger Friede, Vollständigkeit des Wissens und Himmelreich (SW 3/II, 466, 494).

In Kontraposition vor allem zur praktischen Philosophie Kants und Fichtes hat Schleiermacher damit eine Ethik entworfen, die 1. das Sittliche nicht bloß als das Gesollte aber nicht Wirkliche, sondern als Totalität der wirklichen Handlungen und Werke bestimmt, durch die der Mensch sich seine spezifisch menschliche Welt erschafft; die 2. das Sittliche nicht als einschränkendes und hemmendes Gesetz, sondern als produktive Kraft begreift; die 3. die Subjektivität der Individuen und die Besonderheit der Gemeinschaftsformen nicht bloß als Gefahr für die Allgemeingültigkeit des Sittengesetzes, sondern selbst als wesentlichen Inhalt der Sittlichkeit aufnimmt; die 4. nicht nur Regeln für das Handeln der Individuen gibt, sondern vor allem das Bild einer vernünftig organisierten Menschheit zeichnet.

Diese Umformung der Ethik rief die Kritik auf den Plan. Laut F. JODL hat Schleiermacher den Begriff der Ethik so sehr ausgeweitet, daß er sich zu verflüchtigen droht.[22] Das ist die

---

[22] Friedrich Jodl: Geschichte der Ethik als philosophischer Wissenschaft, 3. Aufl. (Stuttgart, Berlin 1923, Repr. Stuttgart 1965) II, 118 bis 133. Zit. 126.

Grundtendenz aller Kritiker: Schleiermachers Ethik wird vorgeworfen, im strengen Sinne keine Ethik mehr zu sein. Selbst DILTHEY hat die Tilgung von Verpflichtungen in ihr bemängelt (XIV, 236). W. LOEW (1914) hat dargelegt, daß der Gedanke des reinen, gesetzgebenden Willens fallengelassen ist und es deshalb keine unbedingten Forderungen mehr gibt. Die Orientierung am Begriff des höchsten Gutes führe dazu, nicht mehr den Willen und die Handlungen, sondern nur die äußeren Zwecke gut zu nennen. P. H. JØRGENSEN (1959) hat diese Kritik bestätigt und fortgeführt. Er konzentriert sich auf die ontologische Basis der Ethik und kommt zu dem Ergebnis, daß sie Vernunft und Natur nicht hinreichend trenne und im Naturalismus stecken bleibe. Deshalb kenne die Ethik keine Imperative; Tugend- und Pflichtenlehre fügten sich in sie nicht ein; die Freiheit, das Böse und letztlich auch die menschliche Individualität seien vernachlässigt, da nur die Idee oder die Menschheit die wirklichen Handlungsträger seien (bes. 80 ff.) (ähnlich, aber gemäßigter E. GARCZYK 1963).

Die Autoren stellen übereinstimmend Schleiermachers Ethik in die Nähe der Philosophie Schellings und besonders Hegels, und sie orientieren sich in ihrer Kritik mehr oder weniger deutlich an der Ethik Kants. Von dieser hatte sich Schleiermacher – wie auch Hegel – kritisch abgesetzt, um ihren Dualismus zu vermeiden (DILTHEY XIV, 237). Denn sie barg u. a. das Problem, daß das allgemeine Sittengesetz und die individuelle und politisch-soziale Wirklichkeit auseinanderklafften. Außerdem zeigte diese aus reiner Vernunft konstruierte praktische Philosophie überall die Spuren ihrer historischen Situation (besonders in der ›Metaphysik der Sitten‹). Deshalb bezieht Schleiermacher die geschichtliche Wirklichkeit und die konkreten Lebensformen der Individuen gleich in die ethische Theorie ein. Dabei ergibt sich, daß in den sich geschichtlich ausbildenden Gemeinschaftsformen die Kantischen Gegensätze – Pflicht/Neigung, allgemeine Vernunft/individueller Wille, Sollen/Sein – bereits ausgeglichen und vermittelt sind. Deshalb entspricht der Begriff des höchsten Gutes dem Hegelschen Begriff der konkreten Sittlichkeit. Während aus Kants unbedingt forderndem Sittengesetz nicht erkennbar war, warum überhaupt etwas existieren solle (Hegel), geht Schleiermacher – wie Hegel – von der geschichtlichen „Evolution" und Verwirklichung der Vernunft aus, die *ist* und auch *sein soll* (H. FALCKE 1977: 11 ff.; ·J. SCHURR 1975: 35 ff.). Die ethischen Imperative, die sich an die Individuen richten, sind eingelassen in die Entwicklung der objektiven Vernunft: Sie bilden das höchste Gut fort, setzen es andererseits aber auch schon voraus (vgl. z. B. E. HERMS 1976: 480 ff.). H. PLEGER (1974: 26–31), J. SCHURR (1975: 35–48), H.-R. REUTER (1979: 189–209) und andere haben Schleiermachers Annäherung von Natur- und Sittengesetz nachgezeichnet und vollziehbar gemacht. Wichtigstes Ziel dieser Theorie ist es, den Menschen nicht in zwei ganz heterogene Sphären zu zerreißen. Freiheit als Autonomie wird in diesem Zusammenhang zum Teilbereich der Freiheit als Selbstentfaltung der Vernunft.

Trifft sich in manchen Grundgedanken Schleiermacher durchaus mit Hegel, so trennt er aber andererseits viel deutlicher als dieser das Vernünftige von der empirisch gegebenen Geschichte ab. Denn die Ethik zeichnet das Bild einer Menschheit, wie sie sein sollte; ein Bild, das sich in der Geschichte erst noch unscharf und unvollkommen andeutet. Die Ethik ist so Abbild und Korrektur der Wirklichkeit zugleich. Als Theorie der noch unfertigen, aber auf rechtem Weg befindlichen Geschichte steht sie zwischen den Positionen Kants und Hegels. Sie ist wie Hegels Rechtsphilosophie eine Theorie der modernen Welt. Denn es spiegelt sich in ihr die Auflösung der alten Ständegesellschaft, und sie vollzieht eine Umgestaltung der aristotelischen, praktischen Philosophie. An die Stelle der ständischen Hierarchie und der aristotelischen Institutioneneinteilung in Staat (Polis) und Haus (Oikos) bringt sie die vier genannten ethischen Gemeinschaftsformen (Staat, Haus, Kirche, wissenschaftlicher Verein), die allen Bürgern offenstehen. Die Ethik verteidigt die Trennung dieser Sphären und die Ausdifferenzierung der Kultur als Fortschritt, denn sie gewährleisten, daß der Mensch sein individuelles und sein Gattungswesen zugleich entwickeln und so seine Freiheit realisieren kann. Insofern ist diese Ethik einerseits eine Kritik an den romantischen Träumen von einer geschlossenen, homogenen Kultur, Träume, die aus dem Rückblick zu Griechentum und Mittelalter sich speisten. Indem die Ethik in gleicher Weise *alle* Kultursphären für die Realisierung des Menschen für nötig erkennt, vollzieht sie andererseits eine Kritik an der modernen arbeitsteiligen Gesellschaft, die den Menschen auf eine einseitige Berufstätigkeit einengt und die Gemeinschaft in Berufszweige zersplittert. In einer gelungenen modernen Gesellschaft aber kann und soll der Mensch ganzer Mensch sein, indem er allen vier Gemeinschaftsformen zugehört und dadurch alle Anlagen seiner individuellen und Gattungsnatur zur Geltung bringt: Er hat seine Einheit durch Integration der Vielheit, so wie das höchste Gut die einzelnen Güter integriert (vgl. G. Scholtz 1983). Man hat mit Recht in Schleiermachers Ethik den Standpunkt der Humanität gesehen (H.-J. Birkner 1964, W. Gräb 1980).

Jede Interpretation der Ethik wird jeweils das struktive Ganze des Entwurfes im Auge behalten müssen. Dilthey (XIV, 231–238) gibt – orientiert an der Fassung von 1816 – den Inhalt wieder und macht auf Schwierigkeiten der Konstruktion aufmerksam. G. Stosch (1905) und A. Reble (1935) analysieren besonders Form und Methode. Fast alle Schleiermacher-Darstellungen haben die Ethik gestreift, da sie eben seine umfassende Theorie der Kultur ist. Innerhalb der Theologie war es insonderheit der Kirchenbegriff, der den Rückgriff auf die Institutionenlehre der Ethik nötig machte (H. Samson 1958, M. E. Miller 1970: bes. 23–53, T. Rendtorff [23]). Innerhalb der Pädagogik war die Ethik wichtig, um den Wissenschaftscharakter von Schleiermachers Erziehungslehre und ihr Verhältnis zu Normen und geschichtlicher Wirklichkeit zu bestimmen (W. Sünkel 1964, J. Schurr 1975). B. Laist (1965) und J. Gröll

---

[23] Trutz Rendtorff: Kirche und Theologie. Die systematische Funktion des Kirchenbegriffs in der neueren Theologie (Gütersloh 1966) 115–167.

(1966) haben – im Hinblick auf die Pädagogik – Schleiermachers Anthropologie dargestellt und dabei mit Recht herausgearbeitet, daß hier der Mensch in seiner Polarität begriffen wird, besonders in der Spannung zwischen Individualität und Mitmenschlichkeit. Schon F. JODL[24] nannte dies die bleibende Leistung der Ethik, daß das geistige Leben der Menschen als zugleich individuell und allgemein begriffen werde.

Als hervorstechendes Merkmal der Schleiermacherschen Ethik gilt die Einbeziehung des Denkens und Wissens. Die herkömmliche Trennung von Theorie und Praxis, so hat H. PLEGER (1974) gezeigt, ist damit aufgegeben: Auch Theorie muß als eine Form menschlicher Tätigkeit verstanden werden, und keine Praxis ist gänzlich vom Denken und Wissen getrennt. E. HERMS (1976) hat den Tatbestand, daß es bei Schleiermacher eine dialektische und eine ethische Theorie des Wissens gibt, einer genauen Untersuchung unterzogen. Sein Ergebnis, beim späten Schleiermacher werde die Dialektik zum Teilbereich der Ethik, kann trotz wichtiger Argumente nicht ganz überzeugen. Denn die Ethik setzt wie die Physik die Idee des Wissens doch voraus; diese aber wird in der Dialektik entfaltet, in der Ethik aber mehr zitiert. Die von HERMS aufgewiesene enge Verzahnung von Ethik und Dialektik wird aber niemand leugnen wollen. Durch HERMS' Untersuchung wird u. a. bewußt, daß die traditionelle Tugend der Besonnenheit bei Schleiermacher zur subjektiven Seite eines objektiven Gutes, des Wissens und der Wissensgemeinschaft, wird. Wissenschaft und Subjektivität, die sich in der Neuzeit trennten, sind hier noch einmal eng verknüpft. Jene „Erkenntnisgemeinschaft" oder „Gemeinschaft des Wissens" (E 269, 347 ff.) ist nicht – wie bei K.-O. Apel – eine transzendentale Voraussetzung des Wissens, sondern seine *reale* Voraussetzung und sein *reales* Ergebnis. (Die transzendentalen Voraussetzungen nennt die Dialektik.) Schleiermachers ethische Theorie des Wissens und der Wissensgemeinschaft führt zu einer Theorie der wissenschaftlichen Institutionen, die in der Ethik

[24] F. Jodl, a. a. O. 130.

angedeutet und in der Universitätsschrift (SW 3/I, 537–644) weiter ausgeführt ist. Die „Akademie" ist dabei als eine Art Dachverband konzipiert, der die wissenschaftliche Kommunikation fördert und die wissenschaftlichen Bestrebungen der Nation koordiniert.

Die größte Beachtung hat man immer Schleiermachers Theorie der freien Geselligkeit geschenkt; sie gilt als seine originäre Leistung. Allerdings bereitete gerade dieser Teil seiner Ethik auch erhebliche Interpretationsschwierigkeiten, da die Entwürfe in der Umgrenzung des Gebietes divergieren (DILTHEY XIV, 331–334, G. SCHMOLZE 1971). Unbestreitbar dürfte sein, daß Schleiermacher hier der Individualität den freiesten Entfaltungsraum gewährt und dennoch aus der individuellen Freiheit eine sittliche Gemeinschaft sich bilden sieht. Die freie Geselligkeit ist die Privatsphäre, die der Kontrolle des Staates entzogen ist, der Ort der freien Verfügung über Sachen nach individuellem Geschmack und der zwischenmenschlichen Beziehungen aufgrund von Liebe und Sympathie. H. TÖLLNER (1927: 27–45) hat mit Recht die historische Folie dieser Theorie in der Salonkultur gesehen. Schon der frühe ›Versuch einer Theorie des geselligen Betragens‹ von 1799 (WA I, 1–31) zeigt, worauf es Schleiermacher hier ankommt: Der freie Austausch von Gedanken und Empfindungen und die Selbstdarstellung der Individuen einerseits und der „Ton" und die „Sitte" der Gemeinschaft andererseits sollen sich die Waage halten. Soziologisch gesehen ist es der Raum der Muße neben der Arbeitswelt (N. LUHMANN [25]) und der Übergang des Adelsprivilegs, „ein Haus zu machen", Gesellschaft zu empfangen, an das Bürgertum. Das verbindende Element ist jetzt nicht Stand oder Besitz, sondern die Bildung.

W. HINRICHS (1965: 84 ff.) hat gezeigt, daß die Geselligkeitstheorie auch eine Ethik der Geschlechterbeziehung enthält und sich eng mit der Theorie der Ehe und Familie berührt (vgl.

---

[25] Niklas Luhmann: Gesellschaftsstruktur und Semantik. Studien zur Wissenssoziologie der modernen Gesellschaft (Frankfurt a. M. 1980) I, 158–161.

L. Viëtor 1910). Aber das Verhältnis von freier Geselligkeit und Familie ist in der Interpretationsgeschichte umstritten. Schleiermacher hatte beide zunächst eng verknüpft (E 134 f.), später aber die Familie abgelöst und sie den vier genannten sittlichen Gemeinschaften vorangestellt (E 321 ff.). Deshalb hat G. Schmolze (1971: 233 f.) nachdrücklich behauptet, es gäbe bei Schleiermacher nicht vier, sondern fünf Gemeinschaftsformen. Nach Y. Spiegel (1968: 65 ff.) dagegen ist die Familie bei Schleiermacher eine „vorbürgerliche" oder „vorstaatliche" Einrichtung, die deshalb in den Kreis moderner Institutionen nicht aufgenommen sei. Nun kann aber nach allen Aussagen Schleiermachers zur Familie kein Zweifel bestehen, daß sie für ihn eine vollkommene ethische Gemeinschaft ist. Die Erklärung für die unterschiedliche Systemstelle der Familie liegt wohl in folgendem: Wie die freie Geselligkeit hat die Familie ihren institutionellen Ort im „Haus". Da die Familie aber als Teil der Kultursphären zugleich ihr aller Keim ist und bleibt (E 273, 454 f., 641) und so zu allen Gebieten das gleiche Verhältnis hat, stellt Schleiermacher sie im ethischen System den anderen Bereichen voran. Die institutionelle Nähe von Geselligkeit und Familie soll nicht über die sachliche Nähe der Familie zu Staat, Kirche und Wissenschaft hinwegsehen lassen. Darin liegt nicht eine Zurückstellung, sondern eine ganz ungewöhnliche Aufwertung der Familie.

Die andere Schwierigkeit besteht im Verhältnis von freier Geselligkeit und Arbeit, Wirtschaft. Da die freie Geselligkeit der Ort individueller Freiheit ist, hat Y. Spiegel (1968: 21 ff.) ihr auch die gesamte ökonomische Sphäre, Arbeitsteilung und Handel zugeschlagen und in ihr die „bürgerliche Gesellschaft" erblickt. Nun hat Schleiermacher in der Tat sporadisch Produktion und Warenverkehr hier angesiedelt (E 644). Das darf aber nicht vergessen lassen, daß nach der Ethik die Arbeitswelt und die Wirtschaft eigentlich dem „identischen Organisieren", der gemeinsamen Naturbeherrschung, also dem Staat zugehören (E 280 ff., 611 ff.). Deshalb scheint Schleiermacher neben Staat und Familie eine „bürgerliche Gesellschaft" im Sinne Hegels

125

gar nicht zu kennen; der Begriff ist bei ihm noch synonym mit „Staat". Um den Ort der Wirtschaft zu bestimmen, bedarf es der genauen Beachtung von Schleiermachers Methode: Die ethischen Gemeinschaften stehen nicht wie abgeschlossene Räume nebeneinander; zwar sind ihre Zentren getrennt und sollen es sein, aber ihre Außenbezirke, ihre Umfelder überlagern sich und gehen ineinander über. So stehen die Bereiche „in fließender Gemeinschaft untereinander" (E 641). Die Freundschaft z. B. bildet sich im „Übergang" von Familie zu Kirche und Staat (E 370). Einen solchen „Übergang" stellt offensichtlich auch die Wirtschaft dar. Sie hat ihren Anfang in der Privatsphäre, in individueller Freiheit. Aber das sich daraus ergebende Geflecht der arbeitsteiligen Naturbeherrschung und des Handels ist Gegenstand der Staatsverwaltung, wodurch der Staat zum Industrie- und Verwaltungsstaat wird (s. u.).

Im Gebiet des „individuellen Organisierens" sind bei Schleiermacher also mehrere Handlungsfelder vereinigt. Man wird diese Sphäre wohl nur angemessen verstehen, wenn man in ihr zunächst eine Aufnahme und Umformung der Aristotelischen Ökonomie, der Theorie des Hauses erkennt. Unter den Bedingungen der städtischen und industriellen Gesellschaft wurde aus der wirtschaftlich autarken Kleinzelle des Staates der Ort der Familie und des freien geselligen Verkehrs. Die materielle Produktion aber verlagerte sich an die Peripherie des Hauses, gehört schon mehr in das Gebiet des Staates. Da alle Aktivitäten des Bürgertums, soweit sie privater Natur sind und aus individueller Freiheit hervorgehen, dem Bereich der freien Geselligkeit zufallen, bekommt diese eine große Reichweite: Ihr Innenbezirk zwar besteht in den engsten zwischenmenschlichen Beziehungen; aber ihr Außenkreis überschneidet sich weit mit Wissenschaft und Kirche; und ihre „materielle" und „sprachliche Kommunikation" geht mit ihrer kosmopolitischen Tendenz über den Nationalstaat hinaus. Schleiermachers Theorie der freien Geselligkeit ist ein interessantes Indiz für die geschichtliche Situation: Da der Staat noch kein Kulturstaat und seine Macht bedrohlich ist, wird seine Kompetenz klein gehalten, und so fallen viele kulturelle Aktivitäten, tendenziell alle säkularen Kulturinstitutionen (außer den Bildungseinrichtungen), noch in den Bereich bürgerlicher Privatinitiative. Auch die Kunst und ihre Institutionen (Theater, Museum, Konzert) müßte Schleiermacher der freien Geselligkeit zuordnen. Aber durch seine Überzeugung von ihrer inneren Verwandtschaft mit der Religion gelangt Kunst in den Bereich der Kirche (s. u.).

Schleiermacher hat neben der philosophischen auch eine theologische Ethik entworfen. Zwischen 1806 und 1831 hat er insgesamt zwölfmal die „christliche Sittenlehre" in seinen Vorlesungen vorgetragen (SW 1/XII). Schleiermacher beschränkt sich hier nicht auf die Beschreibung des kirchlichen Lebens und der christlich bestimmten Haltung und Gesinnung, sondern zieht wiederum alle Tätigkeiten in die Betrachtung ein, die den Menschen zum Menschen machen, und entwirft eine „Theologie der Kultur" (H.-J. BIRKNER 1964: 92, 141). Für das staatliche und politische Handeln ergibt sich als Orientierung die Ablehnung von Todesstrafe, gewaltsamer Revolution, Angriffskrieg und gewaltsamer Kolonisierung und andererseits die Befürwortung einer konstitutionellen Verfassung, eines Völkerrechts und Staatenbundes und die Forderung nach wachsender Ersetzung der menschlichen Arbeitskraft durch Maschinen. Die theologische Ethik, die von der christlichen Gesinnung und der geschichtlich gegebenen Kirche ausgeht, bestätigt und ergänzt so die philosophische Ethik und die Staatslehre, die sich auf die Vernunft gründen (vgl. H.-J. BIRKNER 1964; H. PEITER 1964, 1968; S. KEIL 1968, 1969).

c) Religionsphilosophie, Philosophische Theologie

Die Literatur zu Schleiermachers Religionsphilosophie füllt eine halbe Bibliothek. Denn die Mehrzahl der Werke und Schriften, die wir in der Rezeptionsgeschichte vorstellten, werden in der Regel diesem Bereich zugezählt. Um so erstaunlicher ist es zu erfahren, daß Schleiermacher das, was er selbst „Religionsphilosophie" nannte, nirgends ausgearbeitet oder eigens vorgetragen hat. H.-J. BIRKNER hat diesen Sachverhalt klargestellt: „Religionsphilosophie" ist in Schleiermachers Wissenschaftssystem eine „kritische Disziplin" (s. o.), die vom Religionsbegriff der Ethik ausgehend einen Strukturvergleich der geschichtlichen Religionsformen durchführt (E 365 f., KD § 23). Fehlt diese Disziplin in seinem philosophischen Fächerkanon, so sind aber ihre Elemente vorhanden, nämlich innerhalb seiner Theologie, genauer: in seiner „Philosophischen Theologie". Diese ist seine „Fundamentaltheologie", die – der historischen und praktischen Theologie vorgeordnet – das Wesen des Christentums im Vergleich mit anderen Religionsformen bestimmt. Sowohl die ›Reden‹ wie die Einleitung zu seiner Glaubenslehre gehören in den Bereich dieser Philosophischen Theologie, ohne ihn zu erschöpfen (H.-J. BIRKNER 1974: 25 ff.). Wer sich mit Schleiermachers Religionsphilosophie befaßt, muß sich also mit seinen theologischen Werken auseinandersetzen. Von seinen ›Reden‹ wurde gehandelt, im folgenden geht es um seine Dogmatik: ›Der christliche Glaube nach den Grundsätzen der evangelischen Kirche im Zusammenhange dargestellt‹ (1. Aufl. 1821/ 1822, 2. Aufl. 1830/31).

Im Gegensatz z. B. zu Schelling hat Schleiermacher der Theologie keinen Platz in seinem philosophischen System eingeräumt. Als eine „positive Wissenschaft" hat die Theologie bei ihm – wie Medizin und Jurisprudenz – ihren Grund in einem „äußeren Geschäft", und d. h., sie wurzelt nicht in einem wissenschaftlichen Interesse, sondern in einer praktischen Aufgabe, der Kirchenleitung (KD §§ 1–6; SW 3/I, 581 f.). Das genannte Hauptwerk gehört – Schleiermachers theologischer Systematik zufolge – als „Dogmatische Theologie" in den Bereich der „Historischen Theologie" (KD §§ 97, 196 ff.; vgl. H.-J. BIRKNER 1963). Das bedeutet nicht, daß die Darstellungsform der Dogmatik, „ohne selbst Partei zu nehmen, bloß geschichtlich ist"; sondern sie entfaltet die geltende Lehre der geschichtlich gegebenen Kirche in ihrem systematischen Zusammenhang, und zwar im Hinblick auf die Verkündigung (GL I, 119 f.). Demnach ist „Dogmatische

128

Theologie" gebunden an die Kirche und ihre Aufgabe und so von der Philosophie scharf abgetrennt. Eine spekulativ begründete Dogmatik im Sinne der Hegelschule hat in Schleiermachers Wissenschaftssystem keinen Raum. Die große Einleitung seiner Dogmatik, die zu einem guten Teil die erwähnte Philosophische Theologie enthält (E. SCHOTT 1963), gibt nur eine Verständigung über die Prinzipien und den Zusammenhang der dogmatischen Aussagen. Um kenntlich zu machen, daß diese Einleitung nicht – wie gleich die ersten Kritiker annahmen – der eigentliche Kern der Dogmatik ist, kennzeichnete Schleiermacher ihre Thesen in der Zweitauflage als „Lehnsätze" (aus Ethik, Religionsphilosophie und Apologetik). Die Einleitung bestimmt auf diesem Wege das Wesen der Frömmigkeit und der Kirche, die Stufung der Religionsformen und die Stellung des Christentums in ihnen sowie schließlich den wissenschaftlichen Charakter der dogmatischen Sätze und ihr Verhältnis zur Religiosität. Das umfangreiche Schrifttum zu Schleiermachers Religionsphilosophie stützt sich im wesentlichen auf diese Einleitung. Aber die Dogmatik hat insgesamt philosophische Relevanz, da Schleiermacher in ihr mit seinem gegenüber F. H. Jacobi geäußerten festen Entschluß ernst macht, seine Philosophie und seine Dogmatik nicht widersprechen zu lassen (Br. II, 351). Jacobi hatte er sein Werk ursprünglich auch widmen wollen.

Die Tendenz seiner ›Reden‹ weiterverfolgend und zugleich korrigierend, sichert die Einleitung der Religion gegenüber der Wissenschaft und Praxis ihr eigenes Fundament im Gefühl und bestimmt sie als Gefühl „allgemeiner" (1. Aufl.), „schlechthinniger Abhängigkeit" (2. Aufl.). So basiert im „allgemeinen Endlichkeitsbewußtsein" (GL I, 53), steht dieser Religionsbegriff in Kontraposition zum spekulativen Idealismus seiner Zeit, und Schleiermacher konnte – von Hegel – kritisiert werden als einer, der die Religion in etwas „Untermenschlichem" verankere (dazu GL I, 29). Aber das Gefühl schlechthinniger Abhängigkeit ist als Gefühl zugleich Bewußtsein, nämlich „Selbstbewußtsein", genauer „unmittelbares Selbstbewußtsein" (GL I, 16). Darin liegt, daß dies Gefühl nichts Zufälliges, sondern ein „allgemeines Lebenselement" ist, gegründet im „schlechthin gemeinsamen Wesen des Menschen" (GL I, 174 f.). Es tritt in Analogie (und Konkurrenz) zum Prinzip des transzendentalen Idealismus, dem Ich. Aber es ist nicht das reine Ichbewußtsein (das Schleiermacher als wirklichen Bewußtseinsakt für unmöglich hält), sondern es hat einen Inhalt über das Ich hinaus: es steht in Beziehung zu Gott; die Beziehung zu ihm ist die „Grundbeziehung" (GL I, 30).

Schleiermacher verdeutlicht sein Religionsprinzip unter Aufnahme des Begriffspaares Rezeptivität/Spontaneität: unser Verhältnis zur Welt ist eine Wechselwirkung von Empfänglichkeit und Selbsttätigkeit, von Abhängigkeit und Freiheit. Nie stellt sich hier das Gefühl absoluter Abhängigkeit ein, da wir auf alles zurückwirken können; nie das Gefühl absoluter Freiheit, da wir immer auch bestimmt werden und dies Bestimmende nicht selbst gesetzt haben. Da wir aber aus relativer Abhängigkeit nicht herauskommen und auch unsere Freiheit nicht uns selbst verdanken, ist unser Grundgefühl das der schlechthinnigen Abhängigkeit. Daraus folgt, daß die Frömmigkeit nicht das Freiheitsbewußtsein ausschließt, sondern vielmehr voraussetzt (GL I, 35). Schleiermacher macht das durch die Annahme einer dreistufigen Entwicklung des Selbstbewußtseins verständlicher: Im vorsprachlichen, „tierartig verworrenen" Zustand gibt es keine Trennung von Anschauung und Gefühl und damit kein Bewußtsein von Gegenständen und vom eigenen Selbst. Dies ist dann im „sinnlichen Selbstbewußtsein" der Fall, das durch den Gegensatz von relativer Freiheit und relativer Abhängigkeit gekennzeichnet ist. Erst, wenn sich diese Bewußtseinsstufe scharf ausprägt, ist als dritte Stufe das Gefühl der Frömmigkeit im Sinne der allgemeinen Abhängigkeit möglich. Es ist zugleich die höchste Stufe des Selbstbewußtseins, das nun seine Freiheit und relative Abhängigkeit und mit diesen die gesamte endliche Welt in sein Gefühl schlechthinniger Abhängigkeit hineinnimmt und als abhängig von Gott weiß. Denn Gott ist „das in diesem Selbstbewußtsein mitgesetzte *Woher* unseres empfänglichen und selbsttätigen Daseins" (GL I, 28). Das Bewußtsein von Gott

130

schließt das Weltbewußtsein notwendig ein, und daraus erklären sich die anthropomorphisierenden Redeweisen in Religion und Theologie (GL § 5 Zus.).

Da das höhere Selbstbewußtsein nicht schon immer vollkommen ist, so tritt auch das Wesen der Frömmigkeit nicht überall sogleich rein in Erscheinung. Allgemeine und relative Abhängigkeit sind auf niederer Entwicklungsstufe nicht getrennt, und so bezieht der Mensch sein religiöses Gefühl auf einzelne Dinge (Götzendienst, Fetischismus). Sofern die einzelnen Affektionen, die ihn religiös bestimmen, in ein System zu treten die Tendenz zeigen (Polytheismus), beginnen allgemeine und relative Abhängigkeit sich voneinander abzuheben. Schließlich erst im Monotheismus zeigen sie einen scharfen Unterschied, und es ergibt sich ein deutlicher Gegensatz von Gott und Welt (Judentum, Islam, Christentum); alles Weltliche wird als Endliches abhängig von Gott gewußt (§ 8). Weiterhin lassen sich die Religionen danach unterscheiden, daß die relative Abhängigkeit des Menschen von der Welt Anlaß zur sittlichen Tätigkeit für das Reich Gottes sein (die „teleologische Frömmigkeit") oder als Schönheit oder Häßlichkeit empfunden werden kann (die „ästhetische Frömmigkeit"). Zu dieser zweiten Form gehören der griechische Polytheismus und der Mohammedanismus, zu jener ersten das Judentum, vor allem aber das Christentum (§ 9). Dies hat sein Spezifikum darin, daß es die Vollkommenheit seiner Frömmigkeit gestiftet weiß durch die Erlösungstat Jesu Christi (§ 11).

Da alle dogmatischen Sätze lediglich Beschreibungen des geschichtlich vorgegebenen christlich-frommen Selbstbewußtseins sind, haben sie auch nur in diesem, nicht in Philosophie und Wissenschaft ihr Wahrheitsfundament (§ 30, 1). Philosophische Begriffe sollen nur zur Darstellung, nicht zur Begründung dienen. Dabei ist es aber Kennzeichen der von Schleiermacher beschriebenen Frömmigkeit, daß sie nichts enthält, was dem durch Vernunft und Erfahrung verbürgten Wissen widerstreitet: Der von den modernen Wissenschaften aufgewiesene gesetzliche Naturzusammenhang ist Erscheinung der göttlichen Allmacht (§ 51, 1); und auch die Offenbarung ist nichts schlechthin Übernatürliches oder Übervernünftiges, das den Naturverlauf von außen unterbricht, sondern „eine Wirkung der unserer Natur als Gattung einwohnenden Entwicklungskraft" (§ 13). Während so alles Mythische und Magische aus der christlichen Lehre ausgeschieden ist, die traditionelle Religionskritik keinen Angriffspunkt hier mehr findet und der Gottesbegriff der Kantischen Kritik entzogen ist – denn Gott ist kein „Gegenstand", von dem apriorisch synthetische Urteile zu fällen wären –, indem also die Vereinbarkeit von Christentum, Philosophie und moderner Wissenschaft offenkundig wurde, geriet eben damit Schleiermachers theologische Leistung ins Zwielicht: Bereits die Kritiker des 19. Jahrhunderts argwöhnten, daß Schleiermacher entgegen seinen Versicherungen nicht Theologie, sondern Philosophie betreibe (CH. J. BRANISS 1824, F. CH. BAUR 1835, D. F. STRAUSS 1839), und ähnlich wurde im 20. Jahrhundert ihm entgegengehalten, daß er eigentlich mehr Anthropologe als Theologe sei und seine theologischen Aussagen überwiegend auf philosophischen oder psychologischen Fundamenten ruhten (E. BRUNNER 1924, K. BARTH 1927, 1946, F. FLÜCKIGER 1947, s. o.).

Die neueren Deutungen, die Schleiermachers historische Situation und die Grundstruktur seines Denkens schärfer in den Blick nahmen, haben aber wieder seine Intention sichtbar gemacht. Da zeigt sich: für ihn ist nicht die Opposition Theologie – Philosophie der grundlegende, entscheidende Gegensatz (denn Philosophie war für ihn spekulative Philosophie), sondern das Gegenüber von Religiosität (Frömmigkeit) und Philosophie. In seinem berühmten Brief an F. H. Jacobi vom 30. März 1818 (M. CORDES 1971) hat er dies Verhältnis geklärt (Br. II, 349 bis 353). Jacobi hatte gegenüber Reinhold geklagt, sein christliches Gemüt und seinen heidnischen Verstand nicht vereinen zu können. Demgegenüber kennzeichnet Schleiermacher christliche Frömmigkeit und philosophischen Verstand als die Pole des elektrischen Feldes einer galvanischen Säule: Sie sind ihm getrennt, aber die Beziehung, die „Oszillation" zwischen ihnen macht ihm das Leben des Geistes aus. Der Übergang von Jacobis Widerspruch von Gefühl und Verstand zu Schleiermachers These von ihrem fruchtbaren Spannungsverhältnis gelingt durch die

Auflösung des alten Naturbegriffs: Jacobis verzweifelter Zwiespalt resultiert für Schleiermacher daraus, daß er Religion nur supranaturalistisch denken kann und sein „Verstand nicht über die Natur hinaus will". Schleiermacher aber faßt den Begriff „Natur" so weit, daß die christliche Religion in ihr Raum findet. Der Gehalt des religiösen Gefühls und der Gehalt des wissenschaftlichen Verstandes sind in gleicher Weise Teilbereiche der Wirklichkeit; aus dem kontradiktorischen wurde ein konträrer Gegensatz.

Hält man das Bild der galvanischen Säule fest, so lassen sich auch Theologie und Philosophie in ihrem Verhältnis bestimmen: Sie liegen für Schleiermacher beide im Bereich der Oszillation. Die Dogmatik, die das christliche Gefühl auslegt und „dolmetscht", liegt nahe am Pol der Frömmigkeit, denn diese ist ihr Inhalt, und nur die Form verdankt sie dem Verstand. Die Philosophie andererseits berührt zumindest die Grenze der Frömmigkeit: Denn sie führt zur Einsicht, „daß wir einen realen Begriff des höchsten Wesens zwar nicht aufstellen können, ... daß aber diese unaussprechliche Wahrheit des höchsten Wesens allem unserem Denken und Empfinden zum Grunde liege" (Br. II, 352). Die Philosophie ist so auf etwas verwiesen, was sie selbst nicht erreichen kann, sondern was nur an ihrem Gegenpol gleichsam aufscheint. Schleiermacher fügt hinzu: „die Entwicklung dieser Einsicht ist eben das, was meiner Ueberzeugung nach Platon sich unter Dialektik dachte" (ebd.). Und deshalb hat man mit Recht auch Schleiermachers Dogmatik und Dialektik in dieser Weise aufeinander bezogen und ihre Komplementarität gezeigt (vgl. z. B. V. WEYMANN 1977: 221–245). Aber im Brief an Jacobi deutet sich darüber hinaus eine geschichtliche Perspektive an: Die Bibel wird zitiert als „die ursprüngliche Dolmetschung des christlichen Gefühls" (351), Platons Dialektik als eine Art negativer Theologie, als Theorie des immer vorausgesetzten, aber nicht eigentlich begreifbaren Absoluten. Wie die „Dolmetschung" der Frömmigkeit als Theologie sich fortgebildet hat und weiter fortschreiten soll, so – darf man ergänzen – tut dies auch die Philosophie: im Kritizismus Kants wurde das Nicht-Wissen des Absoluten vertieft. Die Pole der galvanischen Säule, die Schleiermacher zunächst nur in sich selbst sieht, haben so ihre weltgeschichtlichen Ausprägungen in christlicher Religion und Philosophie. Und wie seine Philosophie und Dogmatik im beständigen Prozeß der Annäherung begriffen sind (351), so vollzieht die Geschichte insgesamt die Annäherung dieser Disziplinen und die Durchdringung der Ausstrahlungsbereiche jener Pole. Schleiermacher hat jedenfalls – wie seine Zeitgenossen auch – die moderne als die christliche Geschichte und deshalb auch die moderne Philosophie als die christliche Philosophie bestimmt (s. o.). Auch die autonome Philosophie wird so durchs Christentum verändert. Es war nicht ganz abwegig, Schleiermacher eine Geschichtsphilosophie zu unterstellen, denn er war von der Perfektibilität des Christentums und vom Fortschritt der Vernunft überzeugt.[26]

Zwischen Frömmigkeit und Philosophie herrscht also bei Schleiermacher fruchtbare Spannung (H. SCHOLZ 1911: 34, H.-J. ROTHERT 1970: 186), und die Dogmatik ist dadurch geprägt. W. TRILLHAAS (1968) hat vier Typen der Kritik unterschieden, die fast alle Zeugnis davon ablegen, indem sie Widersprüche aufzeigen. Schon früh fand man besonders die Christologie widersprüchlich: Christus als „geschichtliches Urbild" der Frömmigkeit – das schien das Reich der Idee mit der Wirklichkeit zu vermischen und die Kontinuität der Geschichte aufzuheben (CH. J. BRANISS, F. CH. BAUR, D. F. STRAUSS). Demgegenüber sieht TRILLHAAS gerade in der Erlösungstat Christi den „Mittelpunkt der Glaubenslehre", im Gedanken der Aufnahme der „Gläubigen in die Gemeinschaft seiner ungetrübten Seligkeit" (GL § 101). R. STALDER (1969: 248) bestätigt diese „chri-

[26] Bereits Ch. J. Braniß (1824: 147–179) skizzierte als Fundament von Schleiermachers Dogmatik eine Geschichtsphilosophie. Schleiermachers Intention dürfte Braniß aber eher mit seiner Schrift ›De notione Philosophiae Christianae‹ (Breslau 1825) treffen. Zum Perfektibilitätsbegriff bei Schleiermacher siehe Gottfried Hornig: Perfektibilität. In: Archiv für Begriffsgeschichte 24 (1980) 282 f.

stologische Ausrichtung". Die Charakterisierungen dieser Theologie als transzendental, anthropologisch oder als „Bewußtseins-
theologie" (K. BARTH) haben sich inzwischen alle als unzureichend erwiesen; richtig sind sie, wenn sie folgendes meinen:
Theologische Dogmatik trägt nicht im Namen der Schriftausle-
gung, der Tradition oder der Vernunft Lehren über Gott vor,
sondern legt den Inhalt der lebendigen, gegenwärtigen, christlichen Frömmigkeit dar. Dennoch ist die Glaubenslehre eine
„einzige Entfaltung der Lehre von Gott". Denn Frömmigkeit ist
Beziehung zu ihm (G. EBELING 1968: 333; vgl. R. R. WILLIAMS
1978). Theologisches ist also mittelbares, gebrochenes Wissen:
Gott wird ausgesagt, wie er sich im christlichen Bewußtsein als
Einheit von Selbst-, Welt- und Gottesbewußtsein spiegelt.

Die Interpreten und Kritiker der Glaubenslehre haben sich
naturgemäß besonders mit dem Religionsbegriff auseinander-
gesetzt; [27] denn in ihm berühren sich Dogmatik und Dialektik,
und in ihm liegt auch Schleiermachers Subjektivitätstheorie. Die
Bestimmung der Frömmigkeit als „Gefühl schlechthinniger Abhängigkeit" ist nicht nur sein bekanntestes und umstrittenstes
Wort, sondern zugleich eine der berühmtesten Definitionen von
Religion überhaupt. Deshalb ist es zunächst einmal interessant
zu sehen, welche begriffsgeschichtlichen Traditionsfäden sich in
diesem Ausdruck verknüpfen. „Abhängigkeit" ist ein alter Terminus der Metaphysik, um das Verhältnis von Mensch und Welt
zu Gott oder – umgekehrt – Gottes Kausalität im Verhältnis zu
Mensch und Welt zu bezeichnen. Daß sich unsere ganze Existenz
in jedem Moment in Abhängigkeit von Gott befindet, lehrten
an klassischer Stelle sowohl Descartes wie Leibniz.[28] Deshalb
hat Kant an diesem Wort die Bildhaftigkeit der Sprache gezeigt;
„abhängen" heiße „von oben gehalten werden".[29] Als im aus-

[27] Zur Rezeption siehe H. Peiters Einführung und Bibliographie zu
KGA I, 7, 1.2, dort weitere Literatur.
[28] Descartes: Meditationes de prima philosophia, IV, 1; vgl. III,
32; Leibniz: Discours de Métaphysique, § 28.
[29] Kant: Kritik der Urteilskraft, § 59. Akad.-Ausg. V, 352.

gehenden 18. Jahrhundert der Gefühlsbegriff immer wichtiger und auch Frömmigkeit als Gefühl bestimmt wird, verbinden sich die Begriffe: Die Abhängigkeit von Gott wird nicht primär gewußt, sondern jetzt gefühlt. Schon Kants Freund Theodor Gottlieb von Hippel, mit dessen Werk Schleiermacher sehr vertraut war (vgl. Br. IV, 322 ff., 329 ff.), hat die Frömmigkeit das „Gefühl der Abhängigkeit" genannt; und er hat sehr plastisch ins dichterische Bild gesetzt, daß in dieser Abhängigkeit man sich frei und geborgen zugleich fühlt.[30] Es ist wichtig, sich begriffsgeschichtlich dieser Konnotationen des Ausdrucks zu versichern; denn schon diese zeigen an, daß Hegel und Feuerbach den von Schleiermacher gemeinten Sinn verfehlen. Auch Fichte hat die Religion als Abhängigkeitsgefühl bestimmt. Als er – nach seiner „Wende" – hinter das sich selbst setzende Ich und die Freiheit zurückfragt, entdeckt er in der Wissenschaftslehre von 1801 das „Gefühl der Abhängigkeit und Bedingtheit": das absolute Wissen stößt an seiner Grenze an eine nicht überschreitbare Notwendigkeit, an das reine, absolute Sein.[31] In Schleiermachers Religionsbegriff sind diese Bedeutungen des Ausdrucks sedimentiert. Aus der umfangreichen Diskussion, die sich an diesem Begriff entzündet hat, können nur einige Grundprobleme und Interpretationsansätze hervorgehoben werden. Schon einer der ersten und scharfsinnigsten Kritiker, CH. J. BRANISS, nannte Schleiermachers Religionsbegriff widersprüchlich. Da sich im Gefühl kein Gegenstand vom Fühlen abhebe, könne das Abhängigkeitsgefühl nicht zugleich Gottesbewußtsein, sondern nur Gefühl von Zwang und Bestimmtheit sein (1824: 83 ff.). Sodann stünden Freiheitsbewußtsein und schlechthinniges Abhängigkeitsgefühl im Widerspruch (133 ff.). BRANISS

[30] Th. G. von Hippel: Lebensläufe nach aufsteigender Linie. Sämtliche Werke (Berlin 1827/28) IV, 141.

[31] J. G. Fichte: Darstellung der Wissenschaftslehre (1801), § 26. Ausgewählte Werke, hrsg. v. Fritz Medicus, IV, 61. Die Fassung dieser Wissenschaftslehre wurde erst posthum veröffentlicht. Vgl. zu Fichte und Schleiermacher: Wolfgang Janke: Fichte. Sein und Reflexion – Grundlagen der kritischen Vernunft (Berlin 1970) 285 f.

schlug als Lösung vor, Gott so zu denken, daß er auch auf Wissen und Tun einwirkt; nur so könne zugleich mit dem Gefühl auch ein Begriff von Gott entstehen. Das von ihm aufgezeigte Problem beschäftigt die Forschung auch noch heute. Laut G. EBELING (1972: 122) hat Schleiermacher keineswegs „eine Frömmigkeit des sprachlosen Gefühls vertreten, die von Wort und Überlieferung unabhängig sei". EBELINGS Ausführungen laufen eigentlich darauf hinaus, daß das schlechthinnige Abhängigkeitsgefühl nur in bestimmter religiöser Tradition erfahren, jedenfalls als religiös erfahren werden kann. Die unmittelbare Grundbestimmtheit des Menschen käme demnach erst in der religiösen Tradition zu Bewußtsein und erhielte erst durch sie ihre angemessene Deutung. Man wird jedenfalls wohl annehmen müssen – und darin steckt das philosophische Problem –, daß die unmittelbare Erfahrung der schlechthinnigen Abhängigkeit auch in gewissem Sinn schon vermittelt ist (vgl. F. WAGNER 1974: 199 ff.). Gegen den Scharfsinn der philosophischen Kritik wird man in Erinnerung bringen müssen, daß für Schleiermacher der problematische Begriff überwiegend ein Deutebegriff der Religiosität war; die Spannung zwischen Wort und Sache (Erfahrung) hat er selbst betont (vgl. G. EBELING 1972: 134).

Besonders seit W. BENDER (1876: I, 243) hat man Schleiermachers Religionsbegriff „psychologisch" genannt, und das konnte bald als Psychologismus-Vorwurf formuliert werden. Schleiermacher hat zu dieser Deutung selbst verleitet, indem er die Hinführung zum religiösen Gefühlsbegriff „ein Geliehenes aus der Seelenlehre" nannte (GL I, 18). Man muß sich aber vergegenwärtigen, daß Schleiermacher unter Psychologie nicht die Wissenschaft von Vermögen und Gefühlen, sondern von der „Einheit des Lebens" verstand, die im Ich manifest wird (s. u.). Im Anschluß an die Philosophie des 18. Jahrhunderts (M. Mendelssohn, J. A. Eberhard, Kant) begriff er die Seele als Struktureinheit von drei Funktionen: Vernunft (Wissen), Wille (Tun), Gefühl. Deutlich hat D. OFFERMANN (1969: 38–47) gezeigt, daß Schleiermacher zunächst die Selbständigkeit des Gefühls betont, dann aber dem Gefühl in der Bestimmung des unmittelbaren

Selbstbewußtseins eine fundamentale Rolle zuweist: es vermittelt und umgreift Wissen und Tun. Deshalb kann Schleiermacher seinen Begriff mit den Worten seines ehemaligen Freundes Henrik Steffens verdeutlichen: Gefühl „ist die unmittelbare Gegenwart des ganzen, ungeteilten, sowohl sinnlichen wie auch geistigen Daseins, der Einheit der Person und ihrer sinnlichen und geistigen Welt" (GL I, 17). In seinem ›Sendschreiben‹ an Lücke sagt Schleiermacher, sein Begriff des frommen Gefühls meine „ein unmittelbares Existentialverhältnis" (SW 1/II, 586). Deshalb interpretiert z. B. R. ODEBRECHT (1934/35: 190, 285) das Gefühl der Abhängigkeit nicht als „empirisches Gefühl", sondern als „existentielle Grundbefindlichkeit". Da sich der Psychologiebegriff entscheidend änderte, fallen für die neueren Interpreten Schleiermachers Aussagen demnach eher in eine Existentialontologie (vgl. J. NEUMANN 1936).

Auch G. WEHRUNG (1915: 30 ff.) erkannte in der Dogmatik eine „religionspsychologische Orientierung", sah im Abhängigkeitsgefühl aber mehr ein gedankliches Konstrukt. Der Abhängigkeitsbegriff der Dialektik bezeichnete ihm ein transzendentalphilosophisches Apriori, „die Bedingung von Bewußtsein insgesamt" (1920: 200). Neuerdings hat besonders F. WAGNER (1974) den Begriff des unmittelbaren Selbstbewußtseins als transzendentalphilosophisches Prinzip im Sinne des Fichteschen Ich interpretiert. Es sei eine Konstruktion zur Erklärung der Einheit der Bewußtseinsfunktionen (150). Schon D. OFFERMANN (1969: 66–84) hatte auf Bedeutungsnuancen im Begriff des Gefühls hingewiesen, die zwischen Dialektik und Dogmatik bestehen. Diese hat WAGNER bestätigt (186 ff.); aber letztlich sei es die gleiche Subjektivitätstheorie: „In beiden Fällen stellt das Abhängigkeitsgefühl den Erklärungsgrund für den Sachverhalt dar, daß sich das selbsttätige Selbstbewußtsein ... insofern voraussetzen muß, als es sich nicht ursprünglich selber dazu gemacht hat, Selbsttätigkeit zu sein" (209). Diese Interpretation hat zweifellos den Vorteil, daß sie die Vereinbarkeit von Freiheit und Abhängigkeit deutlich macht: Abhängigkeitsgefühl ist „das-Sich-gegebensein der freien Selbsttätigkeit des Selbstbewußtseins" (202). Aber Schleiermachers Position fällt so ganz mit der Fichteschen zusammen, und seine Intention, diese zu überschreiten und im Selbstbewußtsein über dieses hinaus zu gelangen, wird verfehlt. Das gleiche gilt für U. BARTHS (1983) „rationale Rekonstruktion" von Schleiermachers Subjektivitätstheorie.

In der Religion als Abhängigkeit hat man – in charakterisierendem wie kritischem Sinn – eine Form der „Mystik" erblickt (E. BRUNNER 1924, W. SCHULTZ 1935). So konnte R. ODEBRECHT (1934/35: 292 f.) bei Schleiermacher das Motiv der „Einkehr des Subjekts in sich selbst" nachweisen und Parallelen zu Meister Eckhart andeuten: Religionsgefühl sei bei Schleiermacher das „stimmungshafte Erfülltsein von Transzendenz". Demgegenüber entdeckt H.-R. REUTER (1979: 210 ff.) in Schleiermachers Theorie des unmittelbaren Selbstbewußtseins eine „transzendentale Ontologie". Das religiöse Gefühl meine in der Dialektik „jenes Erleben, in dem das Selbst mit dem Universum eins wird" (241). In diesem Gefühl ist – wie die Dialektik sagt – Gott „repräsentirt" (237). Aber Gott ist nicht das Universum, das All, sondern der „ganz Andere", das Sein und das Eine. Er ist dem Selbstbewußtsein gegenüber transzendent, wenngleich er sich auf dessen Grund „ereignet" (238). Es bestätigt sich R. STALDERS (1969: 217) Bemerkung, Gott sei zugleich in innigster Nähe und in größter Distanz.

Gegen die Kritik, die im Abhängigkeitsgefühl nur Passivität und Bestimmtheit sah (E. BRUNNER), hatte schon R. ODEBRECHT (1934/35: 300) in ihm eine Intention erkannt, wenn auch keine kognitive; sie sei ein „wertgerichtetes Erfülltsein vom transzendenten Grund". Am deutlichsten hat neuerdings R. R. WILLIAMS (1978, 1982), der Schleiermachers Methode als phänomenologisch beschreibt, diesen Gesichtspunkt betont: Das religiöse Bewußtsein habe ein intentionales Korrelat, nämlich Gott. Und deshalb stimmt er G. EBELING (1968) zu, daß die Dogmatik wesentlich eine Lehre von Gott sei. Deutlicher noch als andere Interpreten hat er Schleiermachers Gottesbegriff als Coincidentia oppositorum verständlich gemacht und den Autor der

Dogmatik den „Cusanus des 19. Jahrhunderts" genannt (14). „Gefühl" sei vortheoretische Erkenntnis, die von aller Theologie vorausgesetzt werden müsse. Schleiermacher hatte seiner Glaubenslehre ein bekanntes Wort aus Anselms berühmtem Gottesbeweis vorangestellt (– „ich glaube, damit ich einsehe" –); WILLIAMS rückt nun Schleiermachers Begründung der Gottesidee in die Nähe von Anselms ontologischem Beweis: nicht der Begriff, sondern das Gefühl schließe das Sein Gottes bereits in sich (44 ff.). H.-R. REUTER nannte die Dialektik eine „docta ignorantia des Absoluten" (1979: 263). R. R. WILLIAMS nennt eine „docta ignorantia" Schleiermachers Theologie (1978: 14). Und darin zeigt sich trotz der Getrenntheit von Theologie und Philosophie ihre Konvergenz an ihrer entscheidenden Berührungsstelle: es gibt für beide kein gegenständliches, sozusagen „objektsprachliches" Wissen von Gott. Die wichtigen neueren Interpretationen der Dialektik und Dogmatik kommen überein, daß Schleiermacher das – platonisch gesprochen – göttliche eine Sein jenseits des Selbstbewußtseins intendierte, für das der Personbegriff in gleicher Weise problematisch ist wie der Naturbegriff (vgl. Br. II, 352). Das populäre Schleiermacherbild vom subjektivistischen Gefühlstheologen dürfte damit endgültig der Vergangenheit angehören. – Aus der Fülle der neueren Literatur sei noch auf die folgenden bisher nicht eigens genannten Arbeiten hingewiesen: W. SCHULTZ 1935, 1937, R. B. BRANDT (1941/1968), F. NEGLIA (1952), CH. E. SCOTT 1967/68, F. BEISSER 1970, W. SOMMER 1970, P. DEMAGE 1976, M. TROWITZSCH 1976, S. SORRENTINO 1978, F. CHRIST 1982, J. E. THIEL 1982. Daß die bedeutende Arbeit von H. SCHOLZ (^{2}1911) nicht veraltet ist, wurde bereits oben angedeutet.

d) Ästhetik

Schleiermacher hat in Berlin dreimal Vorlesungen über Ästhetik gehalten (1819, 1825, 1832/33). Die Ausgabe von C. Lommatzsch (SW 3/VII, 1842; Repr. 1974 [= ÄL]) stützt sich hauptsächlich auf

Kollegnachschriften von 1832/33. R. Odebrecht hat 1931 auf der Basis des Grundheftes von 1819 eine Neuausgabe veranstaltet (ÄO). Für den Bereich der Ästhetik sind außerdem zwei Akademievorträge (SW 3/III, 181–224) und die einschlägigen Passagen innerhalb der Ethik zu berücksichtigen (siehe Register WA II).

Schleiermacher weist der Ästhetik als einer „kritischen" Disziplin die Aufgabe zu, einerseits von der Ethik her die Kunst im Zusammenhang aller anderen menschlichen Tätigkeiten und Leistungen zu begreifen und einen spekulativen Begriff vom Gebiet der Kunst zu geben; andererseits soll sie auch das Wesen der historisch vorliegenden Kunstformen charakterisieren und eine „Enzyklopädie der Künste" erstellen (E 366; SW 3/III, 182 f.; ÄO 14; ÄL 23 f., 41 f.). Deshalb gliedert sich die Ästhetik in einen ersten, allgemeinen Teil und einen zweiten, der der Darstellung der einzelnen Künste gilt.

Die Ethik hatte die Kunst als „individuelles Symbolisieren" gekennzeichnet (s. o.): Während sich in der Wissenschaft die allgemeine Vernunft symbolisch artikuliert (nämlich in der Begriffssprache), ist Kunst das Symbolsystem der individuellen Vernunft. Sie gründet im Gefühl als individuelle Erkenntnis und in der Phantasie, die das Gefühl in die Sphäre der Anschauung übersetzt. Kunst hat so einerseits ihre Wurzeln in der Empfänglichkeit: im Innewerden des individuellen Selbst, in dem sich zugleich die Welt spiegelt; Kunst wurzelt andererseits in der Tätigkeit der Phantasie, die dann für eine leiblich vollzogene Ausdruckshandlung leitend ist. So ist Kunst sowohl Erkenntnis wie Selbstdarstellung.

Man darf Schleiermachers Ästhetik eine Produktionsästhetik nennen, denn sie begreift Kunst wesentlich von ihrem Entstehungsprozeß her und beschreibt die Stufen, über die das erregte Gefühl sich in einem Werk objektiviert. Der eigentliche Beginn der Kunst ist die Erzeugung eines inneren Urbilds aus dem Zusammenspiel von Begeisterung und Besonnenheit: Die Phantasie entdeckt die Ausdrucksmöglichkeiten der menschlichen Natur und gestaltet ein inneres Bild, das sie zur Werkform ausarbeitet. Diese erscheint durch die Darstellung im äußeren Material

(Laute, Gesten, Farben usw.) und wird so erfahrbar auch für andere. Schleiermachers Ästhetik ist eine Ausdrucksästhetik, denn sie setzt beim subjektiven Gefühlsausdruck an. Was aber in der Kunst letztlich zur Erscheinung kommt, ist mehr als privates, bloß subjektives Gefühl. Gerade im individuellsten Gefühlsausdruck zeigt sich ein Allgemeines: Es offenbart sich ein allgemein Menschliches; Kunst ist „Selbstmanifestation des Geistes" (PS 110, 243); es kommen Möglichkeiten und Grundformen („Typen") der menschlichen und außermenschlichen Natur zum Ausdruck; schließlich drückt sich die Harmonie des Geistes mit der Natur in ihr aus. „Ausdruck" hat deshalb bei Schleiermacher einen subjektiven und zugleich objektiven Sinn. Der Begriff schließt die Bedeutung des aristotelischen Mimesisbegriffs insofern ein, als die „Kunsttätigkeit" das vollendet, was sich in der Natur bereits andeutete. Kunst ist ein Moment des im Menschen produktiven Geistes, der die Schöpfung fortsetzt und interpretiert (SW 3/III, 186 f., ÄO 17 f., 98). Die individuelle Selbstdarstellung kann so zu einem Spiegel der göttlichen Offenbarung werden und in ein enges Verhältnis zur Religion treten (E 99 f., 315, 362; ÄO 65 f., 71).

Ja, weil Kunst in ihren bedeutendsten Erscheinungen Manifestation des Religionsgefühls ist, ordnet die Ethik sie der Kirche zu. Dennoch hat Schleiermacher die Zweckfreiheit von Kunst betont, und er hat wachsend neben der religiösen eine ästhetische Sphäre anerkannt (G. J. HOENDERDAAL 1948, M. SIMON 1969, G. SCHOLTZ 1983: 147 ff.). Aber die moderne, ästhetische Kunst birgt in sich die Gefahr, belanglos zu werden. In dieser Situation einer säkularen, aber bedrohten Kunst zeigt Schleiermacher, daß der Mensch dennoch nie diese Sphäre ganz verläßt, so daß es im strengen Sinn ein Ende der Kunst nicht gibt. Denn „individuelle Selbstdarstellung" gehört zum Menschen hinzu und findet sich akzidentell an allen seinen kulturellen Leistungen. Dieser Ausweitung des Ästhetischen entspricht die dialektische Aufhebung des Geniebegriffs: Alle Menschen sind in gewissem Betracht und in verschiedenen Graden Künstler; die Rezeption von Kunst ist nur ein Derivat der Produktion

(E 184; ÄO 12, 15, 20, 24; SW 3/III, 182 f., 210). Diese Poin-
tierung der Kunst als Artikulationsorgan des Individuellen führt
zur Einschränkung des Schönheitsbegriffs; er bleibt weitgehend
der Natur überlassen (ÄO 6 ff.; ÄL 240 ff.).

Die Einteilung der Künste erfolgt nach der in der Psychologie näher erläuterten Unterscheidung von (subjektivem) Selbstbewußtsein und (objektivem) Gegenstandsbewußtsein, der die
geschichtsphilosophische Entgegensetzung von Moderne und Antike korrespondiert: Die Kunsttätigkeit kann einmal die unmittelbaren Reflexe des erregten Gefühls (Gebärde, Laut) künstlerisch umformen – es entstehen Musik und Mimik; sie kann
andererseits die bildlichen und gestalthaften Vorstellungen des
Gegenstandsbewußtseins in freier Phantasieproduktion künstlerisch vollenden, umformen und in äußeren Medien darstellen
– es entstehen die bildenden Künste (Malerei, Skulptur). Die
Dichtung kann die Prinzipien der beiden Pole in sich vereinen,
steht aber den letzteren, den „objektiven" Künsten näher (ÄO
129 ff.; ÄL 121 ff., 284 ff.). Schleiermachers methodische Anstrengung zielt in immer neuen Ansätzen darauf, die beiden
Pole des Kunstsystems zu vermitteln und alle Künste gemeinsam als Ausdruck der Stimmung und Tat der gestaltenden Phantasie zu begreifen: Die eine Kunsttätigkeit spaltet sich nach der
Art, wie sie durch die leibliche Organisation des Menschen und
von hier aus auch in der äußeren Natur in Erscheinung treten
kann (ÄL 155). Die Künste unterscheiden sich durch die Weisen, in denen die Phantasie Naturmöglichkeiten als Ausdrucks-
träger entdeckt und so künstlerische Sprachen erzeugt: der
Mimiker ist begeistert von der Beweglichkeit des Leibes, der
Musiker von Stimme und Ton, der Bildhauer von den Gestalten im Raum, der Maler vom Zusammenspiel von Gestalt und
Licht, der Dichter von der Sprache (ÄO 147 f.; SW 3/III, 212 ff.).

Die Historiker der Ästhetik haben im 19. Jahrhundert an
diesem Entwurf fast nur Kritik geübt.[32] Später aber sahen

---

[32] Siehe die Ästhetik-Geschichten von R. Zimmermann, H. Lotze,
M. Schasler und E. v. Hartmann (bei G. Scholtz 1981: 9).

B. Croce (1902, 1934) und R. Odebrecht (1932) in ihr eine geglückte Alternative zu den bloß metaphysischen Kunstphilosophien des Deutschen Idealismus und meinten, an sie wissenschaftlich am ehesten anknüpfen zu können. Im Zusammenhang des Offenbarungsbegriffs ist Th. H. Jørgensen (1977), im Zusammenhang der Ethik ist u. a. H. Pleger (1974: 39 ff.) auf Schleiermachers Ästhetik näher eingegangen. Während R. Odebrecht, orientiert am Kantianismus und an der Lebensphilosophie, die spekulativen, platonischen Elemente der Ästhetik in den Hintergrund drängte, habe ich sie am Beispiel der Musikphilosophie in den Kontext des Neuplatonismus und des transzendentalen Idealismus gestellt (G. Scholtz 1981). Denn das innere Urbild muß als endon eidos, als innere Form im Sinne Plotins verstanden werden. Einen semiotischen Interpretationsansatz hat R. Volp angedeutet.[33] Laut Dilthey ist Schleiermacher „der Ästhetiker der Romantik" (XIV, 443); aber seine Vorlesungen gehörten „ihrer Form nach zu den unglücklichsten, die von Schleiermacher erhalten sind" (XIV, 431). Dilthey hat in ihnen keine konsistente Theorie erblickt. Gleichwohl gehört seine eigene Ästhetik in die Wirkungsgeschichte dieses Ansatzes. Die große Bedeutung von Schleiermachers Ästhetik dürfte vor allem darin liegen, daß sie von der künstlerischen Tätigkeit ausgeht und die Einseitigkeiten einer rein formalistischen und einer reinen Inhaltsästhetik meidet: Gehalt ist die zur inneren Werkform geronnene Phantasietätigkeit, die unanschauliches Gefühl zur Anschauung bringt. Gehalt und Gestalt – so lehrt die „bildende Ethik" – verhalten sich wie innere Produktion und Produkt (E 439).

[33] Rainer Volp: Die Semiotik Schleiermachers, in: R. V.: Zeichen-Semiotik in Theologie und Gottesdienst (München/Mainz 1982) 114 bis 145.

e) Hermeneutik

Mindestens siebenmal hat Schleiermacher über Hermeneutik Vorlesungen gehalten (1805, 1809/10, 1810/11 [angezweifelt], 1819, 1822,
1826/27, 1828/29, 1832/33). Die 1838 von F. Lücke besorgte Ausgabe
aus dem Nachlaß, die in die theologischen Werke aufgenommen
wurde (SW 1/VII), stützt sich insbesondere auf das Manuskript von
1819 und auf spätere Nachschriften. H. Kimmerle hat 1959 eine Neuausgabe unter Einbeziehung alles handschriftlichen Materials veranstaltet (2. Aufl. 1974 = HK). M. Frank hat 1977 die ältere Edition
von Lücke, die ein vollständigeres Bild der Vorlesungen gibt, ein
wenig gekürzt neu zugänglich gemacht. Auch zur Hermeneutik liegen
zwei Akademieabhandlungen vor (SW 3/III, 344–386), die in Kimmerles und Franks Ausgaben mit abgedruckt sind.

Die wichtige Bedeutung Schleiermachers für die Geschichte
der Hermeneutik liegt nach dem Urteil der meisten Interpreten
darin, daß er – angeregt besonders durch Herder und F. Schlegel und in Auseinandersetzung mit F. A. Wolf, F. Ast und I. Er-
nesti – die Hermeneutik aus ihrer jeweiligen Anbindung an
Theologie, Philologie und Jurisprudenz herauslöste und den
Grund zu einer allgemeinen Hermeneutik legte. Die Formen
der Kritik, die Kunst des „Erklärens" (subtilitas explicandi)
und die Anwendung (subtilitas applicandi) abtrennend, fragt
Schleiermacher unter dem Titel der Hermeneutik allein nach
dem Akt des Verstehens (subtilitas intelligendi), und zwar nicht
nur nach dem Verstehen schriftsprachlicher Texte. Er nennt sie
vielmehr eine „Kunstlehre oder Technik", die „das vollkommne
Verstehen einer Rede oder Schrift" und ihre „Auslegung" zum
Ziel hat und die „alles Verstehen fremder Rede" überhaupt sich
zum Problem macht (KD 53 ff.; HK 31, 124). Denn das genaue
und umfassende Verstehen ist nicht selbstverständlich, vielmehr
muß man voraussetzen, „daß sich das Mißverstehen von selbst
ergibt und daß Verstehen auf jedem Punkt muß gewollt und
gesucht werden" (HK 82). Allerdings ist eine ausdrückliche
Hermeneutik als Kunstlehre des Verstehens nur möglich und
nötig da, wo Rede oder Text weder den Charakter völliger

Fremdheit noch völliger Vertrautheit haben, sondern wo Leser oder Hörer einiges verstehen und anderes nicht (HK 128 f.). Die Fremdheit gründet in der Verschiedenheit der Individualitäten; – aber auch die fortschreitende Geschichte zeitigt „Entfremdungen" (SW 3/III, 10).

Die Ethik ordnet die Hermeneutik den „technischen" Disziplinen zu (E 356), und eine Technik (ars) ist sie schon insofern, als sie Regeln für die Tätigkeit der Auslegung an die Hand gibt. Ihre Verbindung mit der Ethik besteht darin, daß diese ja eine Theorie des sich sprachlich konkretisierenden und mitteilenden Wissens einschließt. Kommunikation ist Teil des „ethischen Prozesses", die „Erkenntnisgemeinschaft" Teil des höchsten Gutes (s. o.). Hermeneutik als Praxis und Theorie arbeitet mit an dessen Realisierung. Da aber die Theorie des Wissens explizit in der Dialektik dargestellt ist, zeigt sich die Aufgabe der Hermeneutik deutlicher in ihrem Verhältnis zu dieser Disziplin. Die Dialektik hatte dargelegt, daß jegliches Wissen nur mit dem Charakter der Individualität in Erscheinung tritt und sich nur in jeweils besonderen Sprachen und Denkweisen realisiert (s. o.). Von hier aus gesehen soll die Hermeneutik das so beschaffene Wissen verstehbar machen, um die Relativität auch des eigenen Wissens tendenziell aufzuheben. Während die Dialektik spekulativ den notwendigen Übergang der identischen Vernunft in Denken und sprachliche Mitteilung begreifbar macht, so sucht die Hermeneutik nach Wegen und Methoden, die sprachlich individuelle Rede „nachzukonstruieren" und das ihr zugrundeliegende Denken zu erkennen. Kurz: hermeneutische Kunst „ist Auflösung der Sprache in Denken; Dialektik ist ... Auflösung des Denkens in Sprache" (DJ 260 f.). Die Hermeneutik ist also in gewissem Sinne die Umkehrung der Dialektik, so, wie auch der Akt des Verstehens die Umkehrung des Aktes der Rede ist (HK 76). Da der Erkenntnisprozeß als „Gedankenwechsel" an Mitteilung und Verstehen gebunden ist (s. o.), sind Hermeneutik und Dialektik voneinander abhängig; sie ergänzen sich in einer „vollkommenen Wechselwirkung", und diese ist „die sich immer mehr entwickelnde und durchsichtig werdende Klarheit im Denken selbst" (DJ 260 f.). Indem das Verstehen und Auslegen die individuellen Gestaltungen der einen Vernunft aufschließen, erweitern und konkretisieren sie den Vernunftbegriff; deshalb sind sie „das allmählige Sichselbstfinden des denkenden Geistes" (HK 141). Hermeneutik entscheidet nicht über die philosophische Wahrheit, aber sie ist nötig auf dem Weg zu ihr. Schon das Brouillon zur Ethik von 1805/06 bezeichnet das hermeneutische Geschäft als „Kritik". August Boeckhs berühmte Bestimmung der Philologie als Erkennen des Erkannten vorwegnehmend, nennt Schleiermacher Kritik hier das „Erkennen des Erkennens" (E 169). In der Dialektik haben das „kritische Verfahren" und die Hermeneutik die gleiche Aufgabe: sie erschließen das Denken der anderen, um das eigene Denken zu prüfen, zu ergänzen und zu korrigieren (DJ 231, 260 f.). Dialektik einerseits, Hermeneutik und kritisches Verfahren andererseits haben so eine ähnliche Stellung zueinander wie System und Geschichte (s. o.).

Die grundlegende Einteilung der hermeneutischen Methoden folgt bei Schleiermacher aus seinem Grundgedanken, den er aus Platon ableitete: Alles Seiende ist einerseits sich frei entfaltende Kraft und andererseits Teil eines Systems gegenseitiger Bestimmung (s. o.). Dies gilt auch für den sich sprachlich artikulierenden Gedanken: Jede Rede und jeder Text sind einerseits die Tat eines einzelnen Subjektes; aber andererseits gehören sie einem Sprachsystem an. Die vorgegebene Sprache bestimmt das sich realisierende Denken des Sprechers/Autors; aber dieser nimmt umgekehrt auch Einfluß auf die Sprache. In jeder Rede sind deshalb beide Seiten vermittelt (E. 356; HK 56, 76 f., 147 u. ö.). Aus der Möglichkeit der beiden Perspektiven folgen zwei Methoden der Auslegung: die grammatische („objektive") Methode, die mit sprach- und literaturwissenschaftlicher Kenntnis auf das „Verstehen der Rede aus der Gesamtheit der Sprache" abzielt; zum anderen die psychologische („subjektive") Methode, die auf „das Verstehen derselben (Rede) als eines Aktes fortlaufender Gedankenerzeugung" abhebt und – die Individualität des Autors, seine innere und äußere Biographie beachtend – auf

147

seine eigentümliche Denk- und Redeweise, auf Komposition, Stil und auf die Genese der Rede acht hat. Diesen zweiten Teil nennt Schleiermacher zunächst „technische" (kunstmäßige), später „psychologische" Auslegung und akzentuiert hier auch inhaltlich in seinen Entwürfen jeweils andere Momente. Zuletzt spaltet er ihn in einen psychologischen Teil, der vom „Keimentschluß" des Autors her die Intention seiner Rede in den Blick nimmt, und in einen technischen Teil, der die individuelle Form, Stil und Komposition des Ganzen beleuchtet (HK 163 ff.).

Die Grundeinteilung der Hermeneutik in einen grammatischen und einen psychologischen (technischen) Teil – zwei gleichberechtigte Methoden, die sich ergänzen und notwendig zusammengehören – wird von einer zweiten Einteilung gekreuzt: Schleiermacher unterscheidet das komparative Verfahren, in welchem die Dunkelheiten der Rede/Schrift durch bereits Verstandenes (z. B. Wortbedeutungen) fortschreitend aufgehellt werden, vom divinatorischen Verfahren, das intuitiv Sinn und Zusammenhang erfaßt. Beruht jenes Verfahren mehr auf gelehrter, historisch-philologischer Detailarbeit, so gründet dieses mehr in der eigenen Produktivität des Interpreten (als metaphysische Voraussetzung des Divinierens nennt Schleiermacher den Leibnizschen Gedanken, daß jeder die Eigentümlichkeit eines jeden anderen zumindest als ein Minimum in sich trage [HK 105]).

Diese vier Verfahren treten je zu zweit in besondere Verbindungen: Vorwiegend komparativ ist die grammatische Methode, da durch die Sprachkenntnis eine Fülle von Bezugs- und Vergleichspunkten gegeben ist; die Divination hat hier u. a. die Aufgabe, fehlende Informationen zu überbrücken und den Sinn einer neuen originären Bedeutung oder Wendung zu erschließen (HK 138, 152). Vorwiegend divinatorisch ist die psychologische Auslegung, da die Denkweise des Autors nicht in gleicher Weise uns faktisch gegeben ist wie seine Äußerung; diese Methode ist aber auch komparativ, indem es z. B. gilt, das Werk als Tat in den Lebenszusammenhang des Autors einzustellen (HK 147, 151 f.). Wenn auch das psychologisch-divinatorische und das grammatisch-komparative Verfahren selten von dem gleichen

Interpreten mit gleicher Fähigkeit betrieben werden können, so gehören sie doch notwendig zusammen, soll der Auslegende nicht zum Nebulisten auf der einen oder zum Pedanten auf der anderen Seite werden (HK 149). Alle vier Momente sollen sich bei jeder Auslegung durchdringen.

Das zeigt u. a. die zusammenfassende „positive Formel": die Kunst der Hermeneutik ist „das geschichtliche (komparative) und divinatorische, objective (grammatische) und subjective (psychologische) Nachconstruiren der gegebenen Rede" (HK 83). Diese Formel wird überboten durch eine andere, die u. a. bei Kant, Fichte und F. Schlegel vorgegeben ist: Es gilt, „die Rede zuerst eben so gut und dann besser zu verstehen als ihr Urheber" (HK 83; vgl. 50, 56, 87, 138). Darin liegen zwei Aufgaben beschlossen: zuerst, daß man sich auf der objektiven (Sprache) wie subjektiven Seite (Autor) dem Urheber der Rede gleichzustellen versuchen muß; sodann, daß man über diese Nähe und Unmittelbarkeit hinauszugehen hat, um die Bedeutung und Individualität des Werkes im Zusammenhang der Sprach- und Literaturgeschichte zu begreifen (HK 138). Da sich das Werk so in immer neue Beziehungen setzen läßt und in diesen Relationen erst seine Individualität enthüllt, kommt die hermeneutische Arbeit zu keinem endgültigen Abschluß. Weil sie auf das unabgeschlossene Ganze der Sprache und Geschichte verwiesen ist, eben deshalb ist sie Kunst, nämlich „Construction des Endlichen, Bestimmten aus dem Unendlichen, Unbestimmten" (HK 78, 84, 146). Wenn der Sinn eines Textes auch verstanden wird, so ist doch nie auch alles an ihm verstanden. Jede Auslegung ist eine nur vorläufige Synthese aus philologisch-historischer Kenntnis und Divination.

Daß nur allmählich und fortschreitend man sich dem Verstehen nähert, kommt in jedem interpretatorischen Akt selbst zum Vorschein. Den hermeneutischen Zirkel (demgemäß das Ganze aus den Teilen, diese wiederum aus dem Ganzen verstehbar sind) zum wichtigen Auslegungsprinzip erhebend, beschreibt Schleiermacher, wie wir immer provisorisch einen Vorgriff auf das Ganze des Werkes vollziehen müssen, um die Teile zu verstehen, und wie unser Begriff vom Ganzen durch wachsendes Detailverständnis materialisiert und korrigiert wird (HK 141 ff.). In diesem Sinne verhalten sich aber nicht nur die Sätze zur Rede wie die Teile zum Ganzen, sondern auch die Worte zum Satz, das Werk zur Sprache und zur geschichtlichen Epoche (HK 84, 147). Da so die Hermeneutik das Verstehen des Besonderen, Individuellen an das Verständnis von immer weiteren umfassenderen Ganzen bindet, macht sie es dem Auslegenden zur Aufgabe, geschichtliche und biographische Kenntnisse soweit wie möglich auszuschöpfen. (Allerdings besteht die Schwierigkeit darin, daß all diese Kenntnisse auch nur sprachlich vermittelt sind und so selbst durch hermeneutische Kunst erschlossen werden müssen [KD 55 f.; HK 104 f.].) Und weiter legitimiert und fordert die Hermeneutik, die das Individuelle zu verstehen lehrt, die „größte historische Construction", damit aus der Betrachtung des einzelnen „nicht eine nur uns selbst und unsere wissenschaftlichen Bestrebungen verkleinernde Kleinlichkeit entstehe" (HK 151).

Schleiermacher gilt als „Klassiker der Hermeneutik", sogar bei solchen Autoren, die nicht wissen, warum (z. B. N. W. BOLZ 1982). Da „Hermeneutik" im 20. Jahrhundert zur Fundamentalphilosophie avancierte, haben die Philosophen fast nur oder doch vor allem diesem Systemglied Schleiermachers große Beachtung geschenkt und eine stattliche Literatur hervorgebracht. Dabei ergab sich aber sogleich, daß diese Hermeneutik keine eigentlich „philosophische Hermeneutik", sondern eher eine philologische Disziplin war. Darüber zeigten die Philosophen sich enttäuscht (H.-G. GADAMER), während die Philologen Schleiermacher dafür eher dankbar waren und ihn zum Vorbild nehmen konnten (P. SZONDI, E.-D. HIRSCH [34]). Welcher Einschätzung man auch zuneigen mag, jedenfalls wird kein Interpret fortan die Hermeneutik mit Fragen befrachten dürfen, die von Schleiermacher in seinen anderen Disziplinen behandelt sind. Die Her-

[34] Eric Donald Hirsch: Validity in Interpretation. Third Print (New Haven, London 1971).

meneutik, so muß man noch immer nachdrücklich betonen, ist
nur ein Element in einem groß angelegten System. Allerdings ist
es für Schleiermacher, der auf einen „absoluten Standpunkt"
verzichtete, eben bezeichnend, daß sein System diese Disziplin
braucht. „Philosophisch" ist die Hermeneutik für ihn nur in
einem ähnlichen Sinn, in dem z. B. auch die Pädagogik philosophisch ist: Spekulative Prinzipien werden für die Lösung einer
ethischen Aufgabe fruchtbar gemacht. Und diese besteht nicht
darin, die Form und das Wie der individuellen Gedanken-
produktion ästhetisch zu beleuchten (H.-G. Gadamer), sondern
um des Wissens willen das Wissen der anderen anzueignen.

Die Rezeptionsgeschichte war bis in die Gegenwart durch die
Tatsache belastet, daß Diltheys große Preisarbeit zur Hermeneutik Schleiermachers erst 1966 zugänglich wurde (XIV, 595 bis
787). So konnte H.-G. Gadamer (1960: 172–185) Schleiermacher
zum Verfechter der psychologischen Interpretation und zum
Einfühlungshermeneuten stilisieren; eine Charakterisierung, die
sich gut in das populäre Schleiermacherbild vom Gefühlsphilosophen einfügte und die als Kontrastfolie für Gadamers eigene
Hermeneutik geeignet war. Das Vorurteil dieser Autorität hat
eine eigene Wirkungsgeschichte erzeugt (unter seinem Einfluß
P. Ricœur 1977); aber die neuere Forschung hat fast durchweg
das Gleichgewicht von grammatischer und psychologischer/techni-
scher Interpretation und die Vermittlung von Autorindividualität
und Sprache als Schleiermachers leitenden Grundgedanken herausgestellt (G. Vattimo 1967, 1968, K. Weimar 1975, P. Szondi
1976, M. Frank 1977, T.-K. Kang 1978, H. Birus 1982). Die
nicht abgeschlossene Diskussion gilt nur der Frage nach der Unterscheidung und näheren Bestimmung der psychologischen und
technischen Interpretation.

Im Zusammenhang der Hermeneutik hat man mit Recht auch
Schleiermachers Sprachphilosophie untersucht (z. B. H. Kimmerle
1957, H.-G. Gadamer 1968, M. Frank 1977). Diese Darstellungen leiden aber zumeist an dem Mangel, dabei Schleiermachers
Dialektik und Platonismus nicht genügend beachtet zu haben,
obgleich schon K. Pohl (1954/55) auf die Bedeutung des ›Sophi-

stes‹ für Schleiermachers Sprachdenken aufmerksam gemacht hatte. Dieser Mangel führt z. B. bei M. FRANK dazu, daß Schleiermacher zu einem modernen Sprachrelativisten wird und sein Festhalten an der einen Vernunft trotz der Sprachenvielfalt ausgespart bleibt. Überhaupt hat M. FRANKS bedeutende Arbeit, die Schleiermachers Hermeneutik in seltener Weise systematisch ernst nimmt, den Nachteil, daß der ältere Autor allzusehr in ihm ganz fremde Problemhorizonte hineingezogen und dadurch ein wenig unkenntlich wird. Aber im Zusammenhang des Streites zwischen existentialontologischer Hermeneutik und Strukturalismus auf Schleiermacher verwiesen zu haben, der die subjektive und objektive, individuelle und allgemeine Seite jeder Rede zugleich in den Blick nahm, das ist M. FRANKS unbestrittenes Verdienst. H. BIRUS verdanken wir demgegenüber wichtige historische Aufschlüsse: Er macht Schleiermachers Verstehensbegriff als „systematische Nachkonstruktion" deutlich (1980), betont, daß die Hermeneutik ergänzend die 'Kritik' zur Seite hat, und zeigt den richtigen geschichtlichen Ort der Hermeneutik: Sie steht „zwischen den Zeiten", denn sie vollendet die Aufklärungshermeneutik und nimmt Elemente der romantischen und idealistischen Philosophie in sich auf (1982). Ihr Verhältnis zu F. Schlegels „Philosophie der Philologie" hat besonders H. PATSCH (1966) untersucht und dabei die bis jetzt maßgebliche Datierung von Schleiermachers hermeneutischen Entwürfen gegeben. Zum vieldiskutierten Problem des hermeneutischen Zirkels vergleiche man die Arbeiten von G. VATTIMO (1968: 183 ff.), J. C. MARALDO (1974: bes. 29 ff.), K. WEIMAR (1975: 123) und H. BIRUS (1982: 34). Schon DILTHEY hat mit Recht darauf hingewiesen, daß sich der Zirkel bei Schleiermacher nicht nur im Verstehen, sondern in allem Wissen findet (XIV, 121 f., 161 u. ö.). Aus der Fülle der Literatur zur Hermeneutik seien noch folgende Arbeiten genannt: J. WACH 1926: 83–167, F. HERZOG 1950, W. SCHULTZ 1953, 1968 b, F. BIANCO 1968, TH. F. TORRANCE 1968, R. E. PALMER 1969, D. BÖHLER 1978, R. WIEHL 1979, B. WILLIM 1983.

f) Staatslehre

1808/09, 1817, 1829 und 1833 hat Schleiermacher Vorlesungen über die Lehre vom Staat gehalten. Ch. A. Brandis hat die Manuskripte zusammen mit Nachschriften innerhalb der Sämtlichen Werke ediert (SW 3/VIII, 1845 = SL). Im Mittelpunkt steht der Entwurf von 1829. Auch zur Staatsphilosophie hielt Schleiermacher Vorträge in der Akademie (SW 3/II, 246–286, 327–349; 3/III, 252–270).

In Absetzung von rationalen und metaphysischen Staatskonstruktionen und allgemeinen Staatsidealen in der Weise Platons und Fichtes, welche die Eigentümlichkeit und Bestimmtheit aller wirklichen Staaten außer acht ließen, strebt Schleiermacher eine „Physiologie des Staates" an, und das heißt, er will „die Natur des Staats im Leben betrachten und die verschiedenen Functionen in ihren Verhältnissen verstehen lernen und auf diesem Wege ein richtiges Handeln möglich machen" (SL 1 f., 179; vgl. Br. IV, 167). Als einer zur Ethik gehörenden „technischen" Disziplin weist Schleiermacher seiner Staatslehre aber weniger die genaue historische Erforschung bestimmter Staatskörper zu, sondern er entwirft allgemeine Gesichtspunkte für die Unterscheidung und Beurteilung der gegebenen Staaten, wobei er zugleich die spezifische politische Situation seiner Zeit im Auge behält.

Nach der Ethik ist das Gebiet des Staates das „identische Organisieren" (s. o.), d. h. die gemeinsame Naturbeherrschung (vgl. SL 13). Diese Systemstelle zeigt erstens, daß es sich um einen liberalen Staatsbegriff handelt. Denn der Staat hat keine Fundamentalstellung unter den Gemeinschaftsformen, sondern ist wie Haus, wissenschaftlicher Verein und Kirche auf eine bestimmte Funktion in der Kultur eingegrenzt. Die über die jeweilige Volks- und Staatseinheit hinausgehenden Gebiete Religion, Wissenschaft und freie Geselligkeit sind dem Staatseingriff entzogen (SL 13 f., 37, 64 ff.). Zweitens ergibt sich aus jener Fundierung des Staates ein besonderer Akzent auf Ökonomie und Verwaltung: Schleiermachers Staat ist wesentlich ein Verwaltungsstaat, der die gemeinsamen Anstrengungen zur Sicherung der Subsistenz der Bürger regelt. Die ersten Vorlesungsnotizen,

153

die den Staatsbegriff aus der „Idee der Cultur" entwickeln, beginnen deshalb mit der Analyse von Arbeit und Arbeitsformen und schließen die Verfassungslehre erst daran an (SL 218 ff.). Laut DILTHEY weist Schleiermachers Staatslehre hier auf die Nationalökonomie Gustav Schmollers voraus (XIV/1, 379). Auch der spätere Aufbau zeigt, worauf Schleiermacher Gewicht legt: Die Verfassungslehre findet sich im ersten, „formellen Teil", die Lehre von der Staatsverwaltung im zweiten, „materiellen" Teil. Aber die Verfassungen werden mit den materiellen Tätigkeiten des Staates verknüpft: Dominiert im Staat die „verwaltende" Funktion, ergibt sich der „industriöse Staat"; dominiert die „erhaltende", die Verteidigung, handelt es sich um einen „militärischen" Staat. Beidemal fällt die Verfassung verschieden aus (SL 39 f.). Schleiermacher sieht den gelungenen Staat jedenfalls im modernen „industriösen Staat", der sich auf die Regelung des „Culturprozesses" qua Arbeit konzentriert (SL 39 f., 109, 121, 230). Deshalb fällt auch der dritte Teil der Staatslehre sehr knapp aus, der den Maßnahmen gegen innere und äußere Feinde gilt (Strafrecht, Verteidigung).

Wie die Staatstheoretiker der Aufklärung zeigt Schleiermacher die Merkmale des Staates am Übergang vom Nicht-Staat zum Staat. Aber dieser Übergang ist kein fiktiver Gesellschaftsvertrag, sondern die geschichtliche Entwicklung von Familie/Horde zum Staatsgebilde. Folgende Kennzeichen berechtigen uns, von einem Staat zu sprechen: 1. der ausgeprägte Gegensatz von Obrigkeit und freien Untertanen, von Regierung und Volk, der das Verhältnis von Herr und Sklave bzw. Hausvater und Familie ablöst (Anarchismus und Despotismus sind danach keine Staatsformen, da sie jeweils von verschiedener Seite aus den Gegensatz aufheben); 2. die Existenz eines allgemein anerkannten Gesetzes, das aus der schon vorstaatlich geltenden Sitte hervorgeht (SL 2 ff., 8 f.; E 334 ff., 651 ff.; SW 3/II, 359 ff.). – Die einzelnen Verfassungsformen diskutiert Schleiermacher, indem er das Verhältnis aufzeigt, das sie einerseits zur Größe des Staates und andererseits zum politischen Bewußtsein haben: Der kleine Staat mit homogen ausgeprägtem Gemeinschaftsbewußtsein tendiert gewöhnlich zur Demokratie, der große, aus verschiedenen politischen Einheiten zusammengesetzte und noch unterschiedliche politische Bewußtseinsformen integrierende Staat hingegen zur Monarchie. Die Staatslehre zielt letztlich ab auf die Begründung und Rechtfertigung der konstitutionellen Monarchie als der Verfassung, die den modernen Großstaaten angemessen ist: Denn in ihr bilden Obrigkeit und Untertanen als deutlich getrennt zugleich ein Kontinuum und verbinden sich zu einem „organischen Leben" (SL 47), indem die legislative Gewalt vom Volk ausgehend beim König endet, die exekutive umgekehrt beim Regenten beginnt und bei den Untertanen endet. Während die Aristokratie die Standesunterschiede fixiert und so die Gleichheit und ein einiges Gesamtbewußtsein verhindert, schafft die Monarchie die Bedingungen für einen nationalen Volksstaat. Und während in der Demokratie sich öffentliches und privates Interesse gegenseitig behindern, bleibt in der konstitutionellen Monarchie – ähnlich wie bei Hegel – das Erbkönigtum dem Konflikt der Privatinteressen enthoben und kann so als Repräsentant des Staates die Freiheiten und Rechte aller garantieren (SL 36; vgl. W. DILTHEY, XIV/1, 402 f.).

Diese Tendenz, die in und mit dem Staat gesetzte Spannung von besonderem und allgemeinem Willen (SL 80) im Gleichgewicht zu halten, bestimmt insonderheit den zweiten Teil, die Verwaltungslehre. Denn im Verhältnis zu den die Natur bildenden Tätigkeiten soll der Staat weder sich darauf beschränken, Freiheitsgarantien zu geben (im Sinne des Liberalismus), noch soll er andererseits die Produktion zu seiner Sache machen und den einzelnen Arbeit anweisen und so den Unterhalt gewährleisten (im Sinne des geschlossenen Handelsstaates Fichtes). Angemessen ist vielmehr eine Zwischenstellung: „der Staat erklärt jeden cautionspflichtig gegen die Gesamtheit" (SL 88). Und diese Formel besagt, daß der Staat mit geeigneten Maßnahmen in den Prozeß der Arbeit eingreifend das allgemeine Interesse vertritt (SL 88 ff., 12, 80 f.): In seiner *Wirtschaftspolitik* sichert er Eigentum und Handel, steuert aber zugleich das durch die Arbeitsteilung unausgewogene Verhältnis von

Produktion und Konsumtion und fördert das im Zuge der Arbeitsteilung mit dem Handel nachlassende Interesse am Boden (SL 81 f., 95 ff., 103, 105, 109 ff., 113 ff.). In seiner *Unterrichts- und Bildungspolitik* unterstützt der Staat den durch Ungleichheit der Stände und Arbeitsteilung schwachen „Gemeingeist" und die politische Gesinnung (SL 82 f., 95, 104 f.) und sorgt für die Vermittlung der den Staat betreffenden geschichtlichen Bildung sowie der naturwissenschaftlichen Kenntnisse, die der Naturbeherrschung dienen (SL 121 ff.). (Die Religion muß der Staat sich selbst überlassen, obwohl er sie fördern möchte, „aus dem dunkelen Gefühle, daß die Religion mit dem Gemeingeist im Bunde gegen das Privatinteresse sei" [SL 206 ff.].) Schließlich sichert der Staat in seiner *Finanzpolitik* durch Steuereinnahmen die Mittel für Verwaltung und Verteidigung (SL 132 ff.).

Schleiermachers im Zusammenhang der nationalen Bewegung und der preußischen Reformpolitik entstandene Staatstheorie versucht, das komplizierte Verhältnis von emanzipierter bürgerlicher Gesellschaft und Staat zu begreifen und in Einklang zu setzen: Der Staat als Nationalstaat (ein Universalstaat ist für Schleiermacher ein Unding) muß einerseits die erst mit und in dem Staat sich differenzierenden und entwickelnden, aber über den Staat hinausdrängenden Privatinteressen unter Kontrolle bringen, damit sie den Staat als sittliche Gemeinschaft und das Gemeinwohl nicht zerstören; er muß aber andererseits sich selbst Schranken setzen und die Privatinteressen unbehelligt lassen, wo diese die „allgemeine Menschlichkeit" darstellen und wo der über die nationalen Grenzen hinausgehende Verkehr der Bürger den Weg zu einem Staatenbund öffnet, der Kriege ausschaltet und den menschlichen Interessen zum Sieg über die besonderen politischen Interessen verhilft (SL 73–75, 79, 90, 151). K. BARTH (³1960: 392) hat mit Recht darauf aufmerksam gemacht, daß Schleiermacher bereits das „soziale Problem" der Verarmung gesehen und eine Position des „Sozial-Liberalismus" bezogen hat: Der Staat soll zwar nicht zum Subjekt der Wirtschaft werden, aber er soll die soziale Fürsorge als Rechtspflicht übernehmen. H. FALCKE (1958) hat das anhand von Schleiermachers

Staatslehre, Christlicher Sittenlehre und Predigten belegt und ausgeführt. Die informative Arbeit zu Schleiermachers Staatsphilosophie von G. HOLSTEIN (1923) konzentriert sich dagegen zu einseitig auf Schleiermacher als Begründer des „organischen" Staatsgedankens. Die Kritik von E. FÖRSTER (1931) an solcher Naturtheorie des Staates trifft deshalb mehr den Interpreten HOLSTEIN als den Verfasser Schleiermacher. Raffende Darstellungen finden sich bei DILTHEY (XIV/1, 359–417), F. FAVINO (1940) und H. PLEGER (1974: 109–139).

g) Pädagogik

Aus den nachgelassenen Manuskripten und den verfügbaren Nachschriften von Schleiermachers Pädagogikvorlesungen (1813/14, 1820/21, 1826) hat C. Platz für seine Ausgabe (SW 3/IX, 1849 = P) die letzte Fassung am ausführlichsten rekonstruiert und vorangestellt. Auf dieser vollständigsten Ausgabe fußen die späteren Editionen. E. Weniger hat 1957 (2. Aufl. 1966, Neudr. 1983/84) die Fassung von 1826 und Auszüge aus den anderen Entwürfen erneut zugänglich gemacht und zugleich alle wichtigen Schriften und Dokumente zu Schleiermachers Pädagogik mit abgedruckt, darunter auch die einschlägige Akademieabhandlung (SW 3/III, 227–251) und die Universitätsschrift (SW 3/I, 535–644). Auch von E. Lichtenstein (1959) und H. Schuffenhauer (1965) gibt es Auswahlausgaben zur Pädagogik.

Schleiermacher ordnet die Pädagogik den „technischen" Disziplinen zu, welche die spekulativen Prinzipien der Ethik in praktischer Absicht auf die Wirklichkeit beziehen (E 332, P 4 f., 588). Mit der Ethik ist die Pädagogik dadurch eng verknüpft, daß sie sich mit dieser an der Idee des höchsten Gutes und der Harmonie zwischen Individuum und Gemeinschaft, Natur und Vernunft orientiert: Der Edukandus soll sowohl seine Eigentümlichkeit verwirklichen (individuelle Richtung) wie sich an die „großen Lebensgemeinschaften", die Institutionen Staat, Kirche, wissenschaftlicher Verein, freie Geselligkeit anschließen, sie mittragen und verbessern (universelle Richtung) (P 39 f.). „Es sind also dieses zwei verschiedene Gesichtspunkte der Erziehung, das

157

Ausbilden der (individuellen) Natur und das Hineinbilden in das sittliche Leben. In jedem Akt (der Erziehung) muß beides sein ..." (P 593).

Daß die Pädagogik zur immer schon vorgegebenen Erziehungspraxis eine „Kunstlehre", eine ausdrückliche Theorie und bewußte Methode hinzubringt, ist Erfordernis bestimmter geschichtlicher Epochen: Gerade dann, wenn Sittlichkeit, Vernunft und Kultur schon in einem erheblichen Maße realisiert sind, können ihre Weitergabe und ihr Fortschritt nicht dem Zufall überlassen bleiben (P 11 ff.); und gerade dann, wenn andererseits die sittlichen Institutionen noch in Widersprüchen befangen und also unvollkommen sind (P 40 ff.), wird Pädagogik für den Fortschritt nötig (in einer vollkommen sittlichen Welt wäre die Erziehung schlicht ein „Ausfluß" der seienden Sitte, Theorie und Methode deshalb funktionslos [P 88 f.]). Die Pädagogik zielt also darauf ab, das bereits Erreichte zu erhalten und das Unvollkommene zu verbessern (P 43 f.). Der konkrete historische Hintergrund für Schleiermachers Pädagogik, den sie selbst theoretisch zum Gegenstand macht, ist die Situation in Europa nach der Französischen Revolution, das Gegeneinander eines Konservatismus, der tradiert ohne zu verbessern, und einer revolutionären Richtung, die verbessert ohne zu erhalten und deshalb zerstört. Die zu überwindende Unvollkommenheit ist für Schleiermacher vor allem die Ungleichheit in der Gesellschaft, ihre Trennung in Adel und Bürgertum. In dieser Situation soll die Pädagogik den Fortschritt ohne Gewalt möglich machen und das Prinzip der Gleichheit ohne Revolution realisieren, d. h. die Pädagogik soll die Revolution ersetzen (P 42 ff., 52 ff.). Schleiermachers Pädagogik ist Teil der preußischen Reformpolitik und als Glied des Wissenschaftssystems „der Politik koordiniert" (P 13, 61 f.). Dennoch bleibt das Geschäft der Erziehung von der Politik getrennt. Die sittliche Vervollkommnung des Menschen wird dem staatlichen Kontrollbereich entzogen.

Schleiermacher gliedert die Pädagogik dadurch, daß er im ersten allgemeinen Teil seiner Vorlesungen aus der Erziehungsaufgabe heraus ein weitverzweigtes Begriffsgerüst, ein „Fachwerk", entwirft, das alle

Aspekte der erzieherischen Tätigkeit benennt und systematisch ordnet, und im zweiten besonderen Teil diese Begriffe auf die einzelnen Entwicklungsstufen des Edukanden bezieht (vgl. die Übersichtstafel von E. LICHTENSTEIN 1968).

Da der Mensch sich sowohl aus sich selbst entwickelt, wie von außen bestimmt wird und in beiden Komponenten sich Gutes wie Böses zeigt (welche Qualität die ursprünglichere, bleibt dahingestellt), lassen sich zwei Formen der Erziehung unterscheiden: die „unterstützende Tätigkeit", die das Gute fördert, und die „gegenwirkende Tätigkeit", die das Böse zurückdrängt (zur letzteren gehört auch die „verhütende Tätigkeit", die den Zögling gegen äußere schädliche Einflüsse abschirmt). Diese Tätigkeiten haben drei verschiedene Zielpunkte: Sie können sich auf den allgemeinen Willen, d. h. auf die Gesinnung, auf den einzelnen Willensakt und auf die Fertigkeit in der Ausführung von Handlungen beziehen. Während nun die Gegenwirkung (z. B. als Mißbilligung) gegenüber der Gesinnung weitgehend wirkungslos bleibt und sich vor allem auf die Fertigkeiten, d. h. die Ausführung richten muß (z. B. als Hinderung), so findet die Unterstützung sowohl im Verhältnis zur Gesinnung wie zu den Fertigkeiten ein reiches Aufgabenfeld – Schleiermachers Pädagogik ist überwiegend eine Theorie, nach welcher die Erziehung dem im Menschen sich selbsttätig entwickelnden Guten positiv zur Hilfe kommen sollte. Die Fertigkeiten auf der Seite des Denkens (Rezeptivität) vervollkommnet die Erziehung zur „Weltanschauung", zum wissenschaftlich-philosophischen Überblick über Natur und Geschichte; die Fertigkeiten des sittlichen Willens (Spontaneität) führt sie zur „Weltbildung", zur Teilnahme an der sittlichen Aufgabe des menschlichen Geschlechts (P 208 ff.).

Der Entwicklungszeitraum des Menschen, den die pädagogische Theorie in Betracht ziehen muß, beginnt mit dem ausschließlichen Einfluß der Familie und endet mit der Selbständigkeit innerhalb der großen Lebensgemeinschaften. Es lassen sich drei Perioden unterscheiden: a) die Erziehung innerhalb der Familie mit dem Spracherwerb als wichtigstem Wendepunkt und mit der ersten Entwicklung von Ordnungssinn, Wissen und Religion; b) der beginnende Einfluß des öffentlichen Lebens, die Erziehung in den Schulen (Volksschule, Bürgerschule, Gelehrtenschule/Gymnasium – eine Gliederung, die an die Arbeitsformen anknüpft: mechanische Arbeit, Gewerbe/Handel, Regierung/Wissenschaft); c) die Berufsvorbereitung: Berufsschulen, Jugendvereine (die Schleiermacher in seiner Zeit erst fordert) und Universität.

Seine wissenschaftspolitische Position formulierte Schleiermacher vor allem in seiner Programmschrift für die Neugründung der Berliner Universität ›Gelegentliche Gedanken über Universitäten in deutschem Sinn‹ (1808). Wie Fichte, Humboldt und Steffens fordert auch er die institutionellen Konsequenzen aus dem Wissenschaftsverständnis der idealistischen Philosophie und erklärt die ehemals untere, die philosophische Fakultät zur „eigentlichen Universität", da nur in ihr das Wissen um seiner selbst willen betrieben werde (L. FERRY, A. RENAULT 1979). Der Staat habe sie dem Inhalt nach als ein „Privatunternehmen" zu betrachten, und es obliege ihm nur die Organisation. Die drei „positiven Fakultäten" (Theologie, Medizin, Jurisprudenz), die mit ihren Theorien jeweils einer „unentbehrlichen Praxis" dienen, sollten sich der philosophischen eng anschließen, damit sie nicht bloße „Spezialschulen" mit nur „handwerksmäßiger Tradition" bleiben (3/I, 581 f., 586). Die so verstandene philosophische Universität hat ihre weitere Bestimmtheit durch ihre Stellung zwischen Schule und Akademie: Die *Schule* vermittelt Kenntnisse, das „Lernen des Lernens" und weckt den wissenschaftlichen Sinn für Zusammenhänge; die *Universität* trägt den wissenschaftlichen Stoff als Enzyklopädie und System vor und gibt Orientierungen in der Wissenstotalität (zum Universitätsstudium gehört deshalb vor allem die Philosophie); die *Akademie* treibt vornehmlich Einzelforschung im Bereich der Realwissenschaften, der philosophische Zusammenhang wird von ihr bereits vorausgesetzt. – Stellt Schleiermacher so die Philosophie und die aus philosophischem Geist organisierten Wissenschaften als das Ziel der geistigen Entwicklung heraus und macht das philosophische Studium zur Basis für alle anderen Studiengänge der Universität, so geschieht das auch in praktischer Absicht, nämlich in der Überzeugung, daß dadurch das Gemeinschaftsbewußtsein gefördert und die Kultur vor der Zersplitterung bewahrt werden kann (P 576 f.).

Schleiermachers Pädagogik wurde zunächst kaum gelesen; noch DILTHEY ließ sie unerwähnt. Aber im 20. Jahrhundert fand sie lebhaftes Interesse (siehe die von T. N. TICE 1966: 154–162 gesammelte Literatur, den Forschungsbericht von TH. SCHULZE [1961] und den von B. GERNER [1971] besorgten Sammelband). Der Grund für diesen Wandel ist zum einen das Legitimationsbedürfnis des selbständig gewordenen Faches Pädagogik: Schleiermacher gilt – mit Herbart – als „Anfang einer modernen Erziehungswissenschaft" (TH. SCHULZE 1961), als Begründer einer autonomen „Pädagogik als Wissenschaft" (W. SÜNKEL 1964), jedenfalls als „klassischer Denker über Erziehung" (G. R. SCHMIDT 1972). Deshalb haben A. REBLE, TH. SCHULZE, W. SÜNKEL u. a. besonders auf die wissenschaftstheoretische Fundierung der Schleiermacherschen Pädagogik abgehoben. J. SCHURR (1975) macht Schleiermachers Pädagogik-Begriff als technē verständlich, die im Sinne dieses antiken Begriffs Theorie und Praxis vereint.

Zum anderen hat die Aktualität von Schleiermachers Pädagogik ihren Grund in der Vielfalt der Perspektiven, die sie vereint, und in der Ausgewogenheit des Ansatzes. Der aus Platons Philosophie gewonnene Leitgedanke, daß alles einerseits freie Selbstentfaltung, andererseits Produkt der Wechselwirkung mit anderem ist, führt in der Pädagogik dazu, die Entwicklung des Edukanden und die Einwirkung auf ihn zugleich in den Blick zu nehmen (siehe die Tafel bei J. SCHURR 1979: 95 f.) und den Zusammenhang von Entelechie und Lenkung zu reflektieren (F. LÖTZSCH 1974). Schleiermacher hat Bildung sowohl als Bildung zur Individualität (K.-E. NIPKOW 1960), wie als Bildung zur Gemeinschaftsfähigkeit und zur Kultur verstanden (H. GIRNDT 1969, P. RECH 1972, U. KRAUTKRÄMER 1979). Erziehungs- und Bildungstheorie stehen hier außerdem im Kontext einer Philosophie, die die Bestimmung des Menschen sich auszusagen zutraut: „Die Bestimmung des Menschen ist, die Welt in sich aufzunehmen und sich in der Welt darzustellen" (P 620). Deshalb hat Schleiermachers Pädagogik auch als Korrektiv zu einer nur empirisch verfahrenden Erziehungswissenschaft heute ihre Bedeutung (J. SCHURR 1979: 14).

Wenngleich Schleiermacher der Pädagogik eine relative Selbständigkeit gab, greifen gerade in diese philosophische Disziplin fast alle anderen mit ein, besonders Ethik und Psychologie/ Anthropologie, aber auch Dialektik, Hermeneutik und Politik. Das liegt vor allem daran, daß in der leib-seelischen Einheit des Edukanden all das angelegt ist, was jene Wissenschaften zu ihrem Thema machen. Die pädagogische Schleiermacher-Literatur hat deshalb den philosophischen Systemrahmen immer mitberücksichtigen müssen, und sie hat dabei Probleme diskutiert, die für Schleiermachers Denken von grundsätzlicher Bedeutung sind: So hat in pädagogischer Rücksicht H. FRIEBEL (1961) das Problem des Bösen untersucht, J. GRÖLL (1966) das psychologische Begriffspaar Rezeptivität – Spontaneität, B. LAIST (1965) die Polarität von Freiheit und Abhängigkeit, W. HINRICHS (1965) die Theorie der Geselligkeit, K.-E. NIPKOW (1960) den Individualitätsbegriff, M. WINKLER (1979) den Zusammenhang von Individualität und Gesellschaft, H. FRIEBEL (1963), H. SCHUFFENHAUER (1965), E. HOJER (1973) und U. KRAUTKRÄMER (1979) die Bildungsinstitutionen und das Verhältnis der Bildung zu Staat und Politik, H. U. WINTSCH (1967), R. FISCHER (1973), H.-H. WILKE 1977 und W. SOMMER (1978) die Beziehung von Pädagogik und Religion und die Religionspädagogik, N. VORSMANN (1968) Schleiermachers Platonismus. Die pädagogische Schleiermacher-Literatur ist so eng verzahnt mit der philosophischen. Auch innerhalb der Pädagogik gilt das Werk Schleiermachers als nicht ausgeschöpft (vgl. W. HINRICHS 1977: 95 ff.).

h) Psychologie

Schleiermacher las viermal über Psychologie (1818, 1821, 1830, 1833/34). L. George legte seiner Ausgabe (SW 3/VI, 1862 = PS) – unter Einbeziehung von Nachschriften – die Fassung von 1830 zugrunde und fügte die anderen Manuskripte als Anhang bei.

Schleiermacher hat den systematischen Ort der Psychologie innerhalb der philosophischen Disziplinen nicht eindeutig genannt. Er bestimmt sie einmal zusammen mit der Geschichtskunde als eine empirische Wissenschaft von der Wirklichkeit des

Geistes (E 632 f.). An anderer Stelle erklärt er sie zur Voraussetzung für Logik, Physik und Ethik und sieht in ihr eine Verknüpfung von apriorischem und empirischem Denken (PS 530; vgl. 406 f., 492 ff.). – Gegen die Gefahr, die Seele in ein Aggregat von Vermögen auseinanderzulegen, und gegen die Tendenz, die Seele als einen eigenen Gegenstand vom Leibe abzutrennen, will Schleiermacher nur da von Seele sprechen, wo die Einheit von allen Momenten der Seele und die Einheit der Seele mit dem Leib, wo „die Einheit des Lebens" im Begriff des Ich zum Ausdruck kommt (PS 3, 8, 11 f., 50 f.).

Die Psychologie gliedert sich in einen elementarischen Teil, der die Elemente, d. h. die Grundtätigkeiten des seelischen Lebens heraushebt, und einen konstruktiven, der auf dieser Basis die Grundzüge der natürlichen Bestimmtheit der Individuen, auch in ihrem zeitlichen Dasein (Geschlecht, Temperament, Charakter, Wert, Schlaf und Wachen, Lebensalter) wie den Charakter der Rassen und Nationen skizziert (PS 57 f.). Der grundlegende erste Teil setzt bei einer Unterscheidung an, die schon in seinen ›Reden‹ auftaucht und vor allem seiner Ethik zugrundeliegt: das individuelle seelische Dasein (der „individuelle Prozeß") steht mit der Gesamtheit des ihm äußeren Daseins (dem „universellen Prozeß") in einem Wechselverhältnis: In den *aufnehmenden* (rezeptiven) Tätigkeiten gestaltet und verarbeitet es die von außen eindringenden Affektionen und Einwirkungen, in den *ausströmenden* (spontanen) Tätigkeiten wirkt es von sich aus auf die Außenwelt ein. Diese beiden gegenläufigen Tätigkeiten, die die Grundstruktur des Seelenlebens ausmachen und deshalb die Hauptgliederungspunkte des elementarischen Teils der Psychologie sind, nehmen einmal in der Außenwelt, einmal in der Seele ihren Anfang; sie sind nie absolut getrennt und treten in der Entwicklung des Einzellebens erst allmählich in ihrer Bestimmtheit hervor (PS 63–66). Die Psychologie hat ihre Genese, Konkretion und Differenzierung zu zeigen und muß von ihnen her das gesamte geistige Leben des Menschen begreifen.

Die Analyse der *Rezeptivität* setzt ein mit der Beschreibung der Sinnestätigkeiten: Anders als beim Tier stehen die Sinne

163

des Menschen nicht bloß im Dienst der Selbsterhaltung, sondern sind ohne Lenkung durch Triebansprüche für die Gesamtheit der sinnlichen Eindrücke geöffnet und können so die Welt erschließen. Schleiermacher unterscheidet die fünf speziellen Sinne, welche die Differenzen und Qualitäten der einzelnen Objekte wahrnehmbar machen, von dem allgemeinen Sinn (dem „Hautsystem" oder „Hautsinn"), der unmittelbar auf Temperatur, Atmosphäre etc. reagiert und einen Gesamteindruck, d. h. Stimmungen und allgemeine Empfindungen bewirkt (PS 77, 88 f., 430). Die sich hier abzeichnende Unterscheidung von Gegenstandsbezug und Selbstbezug findet sich dann in jeder bestimmten Affektion: Wir setzen einerseits in der Wahrnehmung Gegenstände außer uns und spüren andererseits in Gefühl und Empfindung unmittelbar die durch die Affektion in uns bewirkte Veränderung (PS 70 f.). Das führt zu der für den Menschen konstitutiven Doppelung des Bewußtseins in objektives und subjektives Bewußtsein, Gegenstands- und Selbstbewußtsein.

Beide Bewußtseinsformen entwickeln sich zu „höherer Potenz", zu höherer Stufe. Das *objektive Bewußtsein,* ausgehend von einzelnen Affektionen, verallgemeinert und typisiert seine Eindrücke zu sinnlichen Bildern; die durch die Sinnestätigkeit aktualisierte Vernunft führt zur Begriffsbildung und Strukturierung der Wahrnehmungsinhalte, und die Sprache schließlich macht den inneren Prozeß mitteilbar. Indem so das objektive einzelne Bewußtsein sich mitteilen, d. h. ein gemeinsames werden will, zeigt sich in ihm die Tendenz zum Wissen. Aber damit anerkennt und fordert es eine identische Menschenvernunft und erweist sich als *Gattungsbewußtsein.* Zwar ist jedes Wissen an eine individuelle Sprache gebunden und so nie allgemein, aber die universelle Allgemeingültigkeit wird zu einer unumgänglichen Zielidee („die Identität des denkenden Princips in allen Menschen und die Richtung auf die Identität eines gemeinsamen Erkennens ist ein Glaubenssatz, d. h. eine wesentliche Ueberzeugung in allen Menschen, welche beständig das Princip ihrer Handlung bestimmt, deren Wahrheit nur dadurch, daß sie dies ist, sich realisirt" (PS 180).

Auch im *subjektiven Bewußtsein* macht sich das Gattungs-bewußtsein geltend, indem die Selbstempfindungen auf andere übertragen werden und so sich „gesellige Gefühle" ergeben: in Mitleid und Mitfreude, Freundschaft, Liebe und Ehrfurcht ist die Identität der menschlichen Natur im anderen Subjekt anerkannt (PS 185). Neben den geselligen Gefühlen kommt das Selbstbewußtsein (anschließend an den allgemeinen Sinn [s. o.]) zum Naturgefühl, zum Gefühl des Schönen und Erhabenen (PS 198 ff.). Da das Gefühl des Erhabenen eine Macht außerhalb des Menschen anerkennt, hat es eine enge Beziehung zum religiösen. Mit diesem vollendet sich das Selbstbewußtsein, der Geist kommt in ihm „an die Grenze des endlichen Seins" und erahnt das Unendliche, in welchem der Gegensatz von Sein und Bewußtsein aufgehoben ist (PS 212 f.).

Die Unterscheidung einer objektiven und einer subjektiven Seite des Bewußtseins kehrt bei der Analyse der *Spontaneität* wieder: Denn durch die „ausströmende Tätigkeit" (die Willensäußerung) wird zum einen eine Veränderung und Gestaltung in der äußeren Objektwelt bewirkt, zum anderen aber bringt das handelnde Subjekt sich selbst darin zum Ausdruck und zur Darstellung (PS 70, 72 f.). Sie gabelt sich also zunächst in das „Besitzergreifen" (besonders die Naturbeherrschung, in der Schleiermacher den Schlüssel für das Verständnis der menschlichen Gattungsgeschichte sieht [PS 253 ff.]) und in die „Selbstmanifestation" (besonders die Kunst, aber auch die Wissenschaft [PS 245 ff.]). Beide Tätigkeiten, in denen sich ebenfalls das Gattungsbewußtsein realisiert, decken die Bereiche ab, die in der Ethik durch die organisierende und symbolisierende Tätigkeit bestimmt waren (s. o.). Schleiermacher fügt hier in der Psychologie als drittes Moment noch den „Selbsterhaltungstrieb" an (PS 261 ff.). Dieser richtet sich nicht auf die physische Existenz des Einzelnen, sondern auf das Leben der Gattung, die das Sein des Geistes ist.

Man muß demnach Schleiermachers Psychologie als Ergänzung zu seiner Ethik lesen: Es wird gezeigt, wie die Grundtätigkeiten, die der Ethik zugrunde liegen, näher beschaffen sind und wie aus ihnen jede Individualität (des Einzelnen wie die eines Volkes) als Glied der durch den Geist bestimmten Menschengattung begriffen werden kann. „Wenn wir nun das Resultat davon betrachten in der Gesammtheit und uns die ganze geistige Thätigkeit des Menschen in ihrer Vollendung denken, so muß sie die vollständige Selbstmanifestation des Geistes sein, und zugleich das vollständige Gebildetsein der Welt für den Menschen und in diesen beiden zusammengenommen das vollkommene Sein und Wirkenwollen des Geistes" (PS 243; vgl. 67).

Laut DILTHEY hat Schleiermacher mit Recht die empirische Psychologie zur Fundamentalwissenschaft gemacht; das ganze System, auch die Dialektik, ruhe auf psychologischer Basis (XIV, 465–470; vgl. XVI, 370–373). Dagegen spricht allerdings, daß die Idee des Wissens – das Thema der Dialektik – nicht psychologisch begründet, sondern von der Psychologie vorausgesetzt wird. Aber DILTHEY hat zu Recht – wie seine kurzen Notizen andeuten – die Psychologie der idealistischen Transzendentalphilosophie eingliedern wollen. In der Tat ist die Grundstruktur der Seele nicht ein Aggregat von Vermögen, sondern sie besteht in entgegengesetzten Tätigkeiten des Ich (Spontaneität – Rezeptivität). Allerdings ist die Psychologie weder eine apriorische Philosophie noch eine rein empirische Disziplin, sondern – wie schon C. PLATZ (1862: 480 ff.) richtig erkannte – eine vorläufige Verbindung von spekulativen und empirischen Elementen.

Die Literatur zur Psychologie ist bisher äußerst schmal. O. GEYERS nachzeichnende Dissertation (1895) erschließt noch am besten Aufbau und Inhalt. Dennoch hat die Psychologie für das Verständnis von Schleiermachers Philosophie große Bedeutung, da viele Themenbereiche hier eine ergänzende Beleuchtung erfahren, so z. B. die Sprache (A. CORSANO 1940). Deshalb haben F. W. SIEGMUND-SCHULTZE (1913) die Psychologie für das Verständnis der Glaubenslehre, B. LAIST (1965), J. GRÖLL (1966) und J. SCHURR (1975) für die Erschließung der Pädagogik fruchtbar gemacht. Aber auch für die Interpretation von Ethik und Ästhetik ist die Psychologie ergänzend heranzuziehen.

LITERATURVERZEICHNIS

1. Die Werke Schleiermachers und ihre Siglen

a) Werkausgaben

KGA   Friedrich Daniel Ernst Schleiermacher, Kritische Gesamtausgabe, hrsg. von Hans-Joachim Birkner und Gerhard Ebeling, Hermann Fischer, Heinz Kimmerle, Kurt Victor Selge. Walter de Gruyter, Berlin, New York 1980 ff.
Bisher erschienen:
1. Abt. Bd. 1: Jugendschriften 1787–1796, hrsg. von Günter Meckenstock. 1984.
1. Abt. Bd. 7: Der christliche Glaube nach den Grundsätzen der evangelischen Kirche im Zusammenhange dargestellt (1821/22), 1. und 2. Teilbd. hrsg. von Hermann Peiter. 1980. 3. Teilbd. (Marginalien und Anhang) unter Verwendung vorbereitender Arbeiten von Hayo Gerdes und Hermann Peiter hrsg. von Ulrich Barth. 1984.

SW   Friedrich Schleiermacher's sämmtliche Werke. G. Reimer, Berlin 1834–1864:
1. Abt.: Zur Theologie. 11 Bde., Bd. VI ff. aus dem handschriftlichen Nachlaß.
2. Abt.: Predigten. 10 Bde., Bd. VII ff. aus dem handschriftlichen Nachlaß.
3. Abt.: Zur Philosophie. 10 Bde., Bd. III ff. aus dem handschriftlichen Nachlaß.

WA   Fr. D. E. Schleiermacher, Werke. Auswahl in vier Bänden, hrsg. von Otto Braun und Joh. Bauer. Felix Meiner. Leipzig 1910 bis 1913. 2. Aufl. 1927/28, Neudr. Aalen 1967.

b) Siglen für einzelne Werke

ÄL   Vorlesungen über die Aesthetik. Aus Schleiermacher's hand-
      schriftlichem Nachlasse und aus den nachgeschriebenen Heften
      hrsg. von Carl Lommatzsch. SW 3/VII (1842). Nachdr. Berlin,
      New York 1974.

ÄO   Ästhetik. Im Auftrage der Preuß. Akad. der Wiss. und der Lit.-
      Arch.-Ges. zu Berlin nach den bisher unveröffentlichten Ur-
      schriften zum ersten Male hrsg. von Rudolf Odebrecht. Berlin,
      Leipzig 1931.

DJ   Dialektik. Aus Schleiermachers handschriftlichem Nachlasse hrsg.
      von Ludwig Jonas. SW 3/IV-2 (1839).

DO   Dialektik. Im Auftrage der Preuß. Akad. der Wiss. auf Grund
      bisher unveröffentlichten Materials hrsg. von Rudolf Ode-
      brecht. Leipzig 1942. Repr. Darmstadt 1976.

E   Entwürfe zu einem System der Sittenlehre, nach den Hand-
      schriften Schleiermachers neu hrsg. und eingel. von Otto Braun.
      2. Aufl. 1927/1967 (= WA II).

GL   Der christliche Glaube nach den Grundsätzen der evangelischen
      Kirche im Zusammenhange dargestellt. 7. Aufl. Auf Grund der
      2. Aufl. und krit. Prüfung des Textes neu hrsg. und mit Einl.,
      Erläuterungen und Reg. versehen von Martin Redeker. 2 Bde.
      Berlin 1960.

GPh Geschichte der Philosophie. Aus Schleiermachers handschrift-
      lichem Nachlaß hrsg. von Heinrich Ritter. SW 3/IV-1 (1839).
      Nachdr. Frankfurt a. M. 1981.

HK   Hermeneutik. Nach den Handschriften neu hrsg. und eingel.
      von Heinz Kimmerle. 2., verb. und erw. Aufl. Heidelberg
      1974.

HL   Hermeneutik und Kritik mit besonderer Beziehung auf das
      Neue Testament. Aus dem handschriftlichen Nachlasse und nach-
      geschriebenen Vorlesungen hrsg. von Friedrich Lücke. SW 1/VII
      (1838).

KD   Kurze Darstellung des theologischen Studiums zum Behuf ein-
      leitender Vorlesungen. Kritische Ausg. hrsg. von Heinrich Scholz.
      3. Aufl. Leipzig 1910. Nachdr. (= 4. Aufl.) Darmstadt o. J.
      [1961].

KS   Grundlinien einer Kritik der bisherigen Sittenlehre. SW 3/I, 1
      bis 344.

M   Monologen. Eine Neujahrsgabe. Kritische Ausg. Mit Einl., Bibliogr. und Index von Martin Schiele. Leipzig 1902.

P   Pädagogik, hrsg. von Carl Platz. SW 3/IX (1849). (2. und 3. Aufl. separat unter dem Titel: Schleiermachers Pädagogische Schriften. Langensalza 1876/1902).

PS   Psychologie. Aus Schleiermacher's handschriftlichem Nachlasse und nachgeschriebenen Vorlesungen hrsg. von Leopold George. SW 3/VI (1862).

PW   Platons Werke. 5 Bde. in 3 Tln. 2. verb. Aufl. (3. Tl. in 1. Aufl.). Berlin 1817–1828.

R   Über die Religion. Reden an die Gebildeten unter ihren Verächtern. (1. Aufl.), hrsg. von Hans-Joachim Rothert. Hamburg 1958 u. ö. (zitiert nach der Originalpaginierung).

SL   Die Lehre vom Staat (hrsg. von Christian August Brandis). SW 3/VIII (1845).

W   Die Weihnachtsfeier. Ein Gespräch. Kritische Ausg. Mit Einl. und Reg. hrsg. von Hermann Mulert. Leipzig 1908.

Ausgaben, auf die im Text nur hingewiesen wurde, sind unter dem Namen der Herausgeber in die Literatur (2.) aufgenommen worden.

c) Briefe

Br.   Aus Schleiermachers Leben. In Briefen, hrsg. von Ludwig Jonas und Wilhelm Dilthey. 4 Bde. Berlin 1860–1863 (Bd. 1 und 2 in 2. Aufl.). Nachdr. Berlin, New York 1974.
      Weitere Briefausgaben bei T. N. Tice 1966: Nr. 188–274.

2. Literatur

Adriaanse, Hendrik Johan: Schleiermacher als Philosoph, in: Nederlands Theologisch Tijdschrift 35 (1981) 326–334.

Barth, Karl: Schleiermacher, in: Zwischen den Zeiten 5 (1927) 422 bis 464; auch in: K. B.: Die Theologie und die Kirche. München 1928 (136–189).

–: Die protestantische Theologie im 19. Jahrhundert. Zürich 1946, 3. Aufl. 1960 (379–424).

Barth, Ulrich: Christentum und Selbstbewußtsein. Versuch einer rationalen Rekonstruktion des systematischen Zusammenhanges von Schleiermachers subjektivitätstheoretischer Deutung der christlichen Religion. Göttingen 1983.

Bauer, Bruno: Die gute Sache der Freiheit und meine eigene Angelegenheit. Zürich, Winterthur 1842 (95–113).

Baur, Ferdinand Christian: Die christliche Gnosis oder die christliche Religionsphilosophie in ihrer geschichtlichen Entwicklung. Tübingen 1835, Nachdr. Darmstadt 1967 (626–668).

Beisser, Friedrich: Schleiermachers Lehre von Gott. Göttingen 1970.

Bender, Wilhelm: Schleiermachers Theologie mit ihren philosophischen Grundlagen dargestellt. Tl. 1: Die philosophischen Grundlagen der Theologie Schleiermachers. Nördlingen 1876. Tl. 2: Die positive Theologie Schleiermachers. Ebd. 1878.

Bianco, Franco: Schleiermacher e la fondazione dell'ermeneutica moderna, in: L'ermeneutica della libertà religiosa, hrsg. von E. Castelli. Roma 1968, 609–628.

Birkner, Hans-Joachim: Schleiermacher-Literatur, in: Verkündigung und Forschung. Theologische Jahresberichte 1958/1959 (1960/1962) 150–157.

–: Beobachtungen zu Schleiermachers Programm der Dogmatik, in: Neue Zeitschrift für systematische Theologie und Religionsphilosophie 5 (1963) 119–131.

–: Schleiermachers christliche Sittenlehre im Zusammenhang seines philosophisch-theologischen Systems. Berlin 1964.

–: Theologie und Philosophie. Einführung in Probleme der Schleiermacher-Interpretation. München 1974.

– (Hrsg.): Schleiermacher. Brouillon zur Ethik (1805/06). Auf der Grundlage der Ausgabe von Otto Braun. Hamburg 1981.

Birus, Hendrik: Hermeneutische Wende? Anmerkungen zur Schleiermacher-Interpretation, in: Euphorion 74 (1980) 213–222.

–: Zwischen den Zeiten. Friedrich Schleiermacher als Klassiker der neuzeitlichen Hermeneutik, in: Hermeneutische Positionen. Schleiermacher – Dilthey – Heidegger – Gadamer, hrsg. und eingel. von H. Birus. Göttingen 1982, 15–58.

Bobertag, Reinhold: Schleiermacher als Philosophie, in: Protestantische Kirchenzeitung 8 (1861) 1089–1099.

Böhler, Dietrich: Das dialogische Prinzip als hermeneutische Maxime, in: Man and World 11 (1978) 131–164.

Bolli, Heinz (Hrsg.): Schleiermacher-Auswahl. Mit einem Nachwort von K. Barth. München, Hamburg 1968.

Bolz, Norbert W.: Friedrich D. E. Schleiermacher: Der Geist der Konversation und der Geist des Geldes, in: Klassiker der Hermeneutik, hrsg. von Ulrich Nassen. Paderborn 1982, 108–130.

Brandt, Richard B.: The Philosophy of Schleiermacher. The Development of His History of Scientific and Religious Knowledge. New York 1941, Reprint 1968.

Braniß, Christlieb Julius: Ueber Schleiermachers Glaubenslehre, ein kritischer Versuch. Berlin 1824.

Bratuscheck, Ernst: Friedrich Schleiermacher, in: Philosophische Monatshefte 2 (1868) 1–22.

Bredow, Gerda von: Wertanalysen zu Schleiermachers Güterethik. Würzburg 1941.

Brunner, Emil: Die Mystik und das Wort. Der Gegensatz zwischen moderner Religionsauffassung und christlichem Glauben dargestellt an der Theologie Schleiermachers. Tübingen 1924.

Camerer, Theodor: Spinoza und Schleiermacher. Die kritische Lösung des von Spinoza hinterlassenen Problems. Stuttgart, Berlin 1903.

Christ, Franz: Menschlich von Gott reden. Das Problem des Anthropomorphismus bei Schleiermacher. Gütersloh 1982.

Cohn, Jonas: Theorie der Dialektik. Formenlehre der Philosophie. Leipzig 1923, Nachdr. Darmstadt 1965 (44–50).

Cordes, Martin: Der Brief Schleiermachers an Jacobi, in: Zeitschrift für Theologie und Kirche 68 (1971) 195–212.

Corsano, A.: La psicologia del linguaggio di Friedrich Schleiermacher, in: Giornale Critico della Filosofia Italiana 21 (1940) 385–397.

Cramaussel, Edmond: La philosophie religieuse de Schleiermacher. Geneve, Paris 1909.

Croce, Benedetto: Estetica. Palermo 1902 (194–210); dt. Ausg.: B. C.: Aesthetik, übertr. von H. Feist und R. Peters. Tübingen 1930 (324 bis 336).

–: L'esthétique de Schleiermacher, in: Revue de Métaphysique et de Morale 41 (1934) 327–341; ital. Fassung in: La Critica 33 (1935) 114–127; auch in: B. C.: Storia dell'estetica per saggi. Bari 1967, 197–213.

Crouter, Richard: Hegel and Schleiermacher at Berlin. A Many Sided Debate, in: Journal of the American Academy of Religion 48 (1980) 19–43.

Demange, Pierre: La conscience de soi, lieu du mystère du monde chez Schleiermacher, in: Studi Internationali di Filosofia 8 (1976) 133–144.

Dembrowski, Hermann: Schleiermacher und Hegel, in: Neues Testament und Christliche Existenz, hrsg. von H. D. Betz u. a. Tübingen 1973, 115–141.

Dilthey, Wilhelm: Gesammelte Schriften. Leipzig, Berlin 1922 ff.

–: F. D. E. Schleiermacher (1859), in: W. D.: Gesammelte Schriften. Bd. 15, 17–36.

–: Leben Schleiermachers (Bd. 1). Berlin 1870. 2. Aufl., vermehrt um Stücke der Fortsetzung aus dem Nachlaß des Verfassers, hrsg. von H. Mulert. Berlin, Leipzig 1922. 3. Aufl. Auf Grund der 1. Aufl. und der Zusätze aus dem Nachlaß, hrsg. von M. Redeker. 2 Halbbände. Berlin 1970 (= W. Dilthey, Ges. Schr. XIII/1 und XIII/2). – Leben Schleiermachers. Bd. 2: Schleiermachers System als Philosophie und Theologie. Aus dem Nachlaß von W. Dilthey, mit einer Einleitung hrsg. von M. Redeker. 2 Halbbde. Berlin 1966 (= W. Dilthey, Ges. Schr. XIV/1 und XIV/2).

–: F. D. E. Schleiermacher (1890), in: W. D.: Gesammelte Schriften. Bd. 4, 354–402.

–: Die Entstehung der Hermeneutik (1900), in: W. D.: Gesammelte Schriften. Bd. 5, 317–331.

Dorner, Isaak August: Entwicklungsgeschichte der Lehre von der Person Christi von den ältesten Zeiten bis auf die neuesten dargestellt. Stuttgart 1839 (487–529). 2. Aufl. Berlin 1853 (Tl. 2, 1153–1197).

–: Die Geschichte der Lehre von der Unveränderlichkeit Gottes bis auf Schleiermacher, in: Jahrbücher für deutsche Theologie 1 (1856) 361–416, 2 (1857) 440–500.

–: Dogmatische Erörterung der Lehre von der Unveränderlichkeit Gottes, in: Jahrbücher für deutsche Theologie 3 (1858) 579–660.

Dunkmann, Karl: Die theologische Prinzipienlehre Schleiermachers nach der kurzen Darstellung und ihre Begründung durch die Ethik, in: Beitrag zur Förderung christlicher Theologie 20 (1916) 69 bis 220.

Ebeling, Gerhard: Schleiermachers Lehre von den göttlichen Eigenschaften (1968), in: G. E.: Wort und Glaube. Bd. 2, Tübingen 1969, 305–342.

–: Frömmigkeit und Bildung (1970), in: G. E.: Wort und Glaube. Bd. 3, Tübingen 1975, 60–95.

–: Schlechthinniges Abhängigkeitsgefühl als Gottesbewußtsein (1972), in: G. E.: Wort und Glaube. Bd. 3, Tübingen 1975, 116–136.

–: Beobachtungen zu Schleiermachers Wirklichkeitsverständnis (1973), in: G. E.: Wort und Glaube. Bd. 3, Tübingen 1975, 96–115.

Eck, Samuel: Ueber die Herkunft des Individualitätsgedankens bei Schleiermacher. Gießen 1908.

Falcke, Heino: Die soziale Frage in der Sicht F. D. E. Schleiermachers, in: Wissenschaftliche Zeitschrift der Universität Rostock 8 (1958/1959), Gesellschafts- und sprachwissenschaftliche Reihe H. 3, 363–376.

–: Theologie und Philosophie der Evolution. Grundaspekte der Gesellschaftslehre F. Schleiermachers. Zürich 1977.

Favino, Francesco: Saggio sulla filosofia del diritto di Friedrich Schleiermacher. Napoli 1940.

Ferry, Luc und Renault, Alain: Université et système. Réflexions sur les théories de l'Université dans l'idéalisme allemand, in: Archives de Philosophie 42 (1979) 59–90.

Fichte, Immanuel Hermann: J. G. Fichte und Schleiermacher. Eine vergleichende Skizze (1846), in: I. H. F.: Vermischte Schriften zur Philosophie, Theologie und Ethik. Leipzig 1869, Neudr. Aalen 1969. Bd. 1, 339–379.

–: System der Ethik. Erster kritischer Teil. Leipzig 1850 (277–353).

Fischer, Hermann: Subjektivität und Sünde. Kierkegaards Begriff der Sünde mit ständiger Rücksicht auf Schleiermachers Lehre von der Sünde. Itzehoe 1963.

Fischer, Rudolf: Religionspädagogik unter den Bedingungen der Aufklärung. Studien zum Verhältnis von Theologie und Pädagogik bei Schleiermacher. Heidelberg 1973.

Flückiger, Felix: Philosophie und Theologie bei Schleiermacher. Zürich 1947.

Foerster, Erich: Der Organismusbegriff bei Kant und bei Schleiermacher und seine Anwendung auf den Staat, in: Zeitschrift für Theologie und Kirche. N.F. 12 (1931) 407–421.

Foreman, Terry H.: Schleiermacher's "Natural History of Religion". Sciences and the Interpretation of Culture in the Speeches, in: The Journal of Religion 58 (1978) 91–107.

Forstman, Jack: A Romantic Triangle. Schleiermacher and Early German Romanticism. Missoula (Mont.) 1977.

Frank, Manfred: Das individuelle Allgemeine. Textstrukturierung und Textinterpretation nach Schleiermacher. Frankfurt a. M. 1977.

Frank, Manfred (Hrsg.): F. D. E. Schleiermacher. Hermeneutik und Kritik. Mit einem Anhang sprachphilosophischer Texte Schleiermachers. Frankfurt a. M. 1977.

Friebel, Horst: Die Bedeutung des Bösen für die Entwicklung der Pädagogik Schleiermachers. Ratingen 1961.

–: Über den Begriff der öffentlichen Erziehung in der Pädagogik Schleiermachers, in: Vierteljahrsschrift für wissenschaftliche Pädagogik 39 (1963) 218–234.

Fuchs, Emil: Vom Werden dreier Denker. Was wollten Fichte, Schelling, Schleiermacher in der ersten Periode ihrer Entwicklung? Tübingen, Leipzig 1904; auch in: E. F.: Von Schleiermacher zu Marx, hrsg. von H. Fink und H. Trebs. Berlin-Ost 1969.

Gadamer, Hans-Georg: Wahrheit und Methode. Tübingen 1960, 4. Aufl. 1975 (bes. 172–185).

–: Das Problem der Sprache in Schleiermachers Hermeneutik (1968), in: H.-G. G.: Kleine Schriften. Bd. 3, Tübingen 1972, 129 bis 140.

–: Schleiermacher als Platoniker (1969), in: H.-G. G.: Kleine Schriften. Bd. 3, Tübingen 1972. 141–149.

–: Hermeneutik als theoretische und praktische Aufgabe, in: Revue Internationale de Philosophie 33 (1979) 239–259.

Garczyk, Eckhard: Mensch, Gesellschaft, Geschichte. F. D. E. Schleiermachers philosophische Soziologie. Diss. München 1963.

Gaß, Wilhelm: Schleiermacher, in: Realencyclopädie für protestantische Theologie und Kirche, hrsg. von J. J. Herzog. Bd. 13, Leipzig 1860. 741–784, 2. Aufl. Bd. 13, Leipzig 1884, 525–571.

–: Schleiermacher als Philosoph, in: Philosophische Monatshefte 13 (1877) 257–277.

Gelles, Siegfried: Die pantheistischen Gedanken in Leibniz' „Theodizee" und Schleiermachers „Reden über die Religion". Erlangen 1908.

George, Leopold: Princip und Methode der Philosophie mit besonderer Rücksicht auf Hegel und Schleiermacher. Berlin 1842.

Gerdes, Hayo: Das Christus-Bild Sören Kierkegaards, verglichen mit der Christologie Hegels und Schleiermachers. Düsseldorf 1960.

Gerner, Berthold (Hrsg.): Schleiermacher. Interpretation und Kritik. München 1971.

Geyer, Otto: Friedrich Schleiermachers Psychologie, nach den Quellen dargestellt und beurteilt. Leipzig 1895.

174

Ginzo Fernández, Arsenio: La filosofía de la religión en Hegel y Schleiermacher, in: Universidad (Madrid). Anales del Seminario de Metafísica 16 (1981) 89–118.

Girndt, Helmut: Kultur und Erziehung bei Schleiermacher, in: Zeitschrift für Philosophische Forschung 23 (1969) 550–566.

Glockner, Hermann: Hegel und Schleiermacher im Kampf um Religionsphilosophie und Glaubenslehre, in: Deutsche Vierteljahrsschrift für Literaturwissenschaft und Geisteskultur 8 (1930) 233–259.

Goebel, Louis: Herder und Schleiermachers Reden über die Religion. Gotha 1904.

Graby, J. K.: Reflections on the History of the Interpretation of Schleiermacher, in: Scottish Journal of Theology 21 (1968) 283 bis 299.

Gräb, Wilhelm: Humanität und Christentumsgeschichte. Eine Untersuchung zum Geschichtsbegriff im Spätwerk Schleiermachers. Göttingen 1980.

Graf, Friedrich Wilhelm: Ursprüngliches Gefühl unmittelbarer Koinzidenz des Differenten. Zur Modifikation des Religionsbegriffs in den verschiedenen Auflagen von Schleiermachers „Reden über die Religion", in: Zeitschrift für Theologie und Kirche 75 (1978) 147 bis 186.

Gröll, Johannes: Rezeptivität und Spontaneität. Studien zu einer Grundkategorie im psychologisch-pädagogischen Denken Schleiermachers. Diss. Münster 1966.

Gutzkow, Karl (Hrsg.): Schleiermacher. Vertraute Briefe über die Lucinde, mit einer Vorrede. Stuttgart 1835.

Hahn, Bent: Schleiermachers Aesthetik og Hermeneutik, in: Dansk Teologisk Tidsskrift 41 (1978) 11–21.

Halpern, Isidor: Der Entwicklungsgang der Schleiermacherschen Dialektik, in: Archiv für Geschichte der Philosophie 14 (N.F. 7) (1901) 210–272.

– (Hrsg.): F. Schleiermacher. Dialektik. Berlin 1903.

Hartenstein, Gustav: Die Grundbegriffe der ethischen Wissenschaften. Leipzig 1844 (103–127).

Hartmann, Nicolai: Die Philosophie des deutschen Idealismus, 1. Tl.: Fichte, Schelling und die Romantik. Berlin, Leipzig 1923 (233 bis 273).

Hauswaldt, Johann Ulrich: Schleiermachers Güterlehre und die Wertphilosophie. Diss. Mainz 1953.

Haym, Rudolf: Die romantische Schule. Ein Beitrag zur Geschichte des deutschen Geistes. Berlin 1870, Nachdr. Darmstadt 1961 (bes. 391–551).

Herms, Eilert: Herkunft, Entfaltung und erste Gestalt des Systems der Wissenschaften bei Schleiermacher. Gütersloh 1974.

–: Die Ethik des Wissens beim späten Schleiermacher, in: Zeitschrift für Theologie und Kirche 73 (1976) 471–523.

Hertel, Friedrich: Das theologische Denken Schleiermachers. Untersucht an der ersten Auflage seiner Reden „Über die Religion". Zürich 1965.

Herzog, Frederick: Schleiermacher's Hermeneutics. Diss. Princeton 1950.

Hinrichs, Wolfgang: Schleiermachers Theorie der Geselligkeit und ihre Bedeutung für die Pädagogik. Weinheim 1965.

–: Die pädagogische Schleiermacher-Forschung, in: Zeitschrift für Pädagogik (1977) Beiheft 14, 285–299.

Hirsch, Emanuel: Geschichte der neuern evangelischen Theologie. 3. Aufl. Gütersloh 1964 (Bd. 4, 490–582, Bd. 5, 281–364).

Hoenderdaal, Gerrit Jan: Religieuze existentie en aesthetische aanschouwing: een studie over het misverstand omtrent het aesthetische element in Schleiermachers wezensbepaling der religie. Arnhem 1948.

–: Friedrich Schleiermacher als Filosoof, in: Allgemeen Nederlands Tijdschrift voor Wijsbegeerte en Psychologie 60 (1968) 65–88.

Hojer, Ernst: Das Problem der demokratischen Erziehung bei Schleiermacher, in: Pädagogische Rundschau 27 (1973) 1–13.

Holstein, Günther: Die Staatsphilosophie Schleiermachers. Bonn, Leipzig 1923, Repr. Aalen 1972.

Huber, Eugen: Die Entwicklung des Religionsbegriffs bei Schleiermacher. Leipzig 1901, Neudr. Aalen 1972.

Jacob, Friedrich: Geschichte und Welt in Schleiermachers Theologie. Berlin 1967.

Jørgensen, Poul Henning: Die Ethik Schleiermachers. München 1959.

Jørgensen, Theodor Holzdeppe: Das religionsphilosophische Offenbarungsverständnis des späten Schleiermacher. Tübingen 1977.

Jursch, Hanna: Schleiermacher als Kirchenhistoriker. Bd. I: Die Problemlage und die geschichtstheoretischen Grundlagen der Schleiermacherschen Kirchengeschichte. Jena 1933 (kein weiterer Band erschienen).

Kang, Ton-Ku: Die grammatische und die psychologische Interpretation in der Hermeneutik Schleiermachers. Diss. Tübingen 1978.

Kantzenbach, Friedrich Wilhelm: Friedrich Daniel Ernst Schleiermacher. In Selbstzeugnissen und Bilddokumenten. Hamburg 1967.

Kaulbach, Friedrich: Schleiermachers Theorie des Gesprächs, in: Die Sammlung. Zeitschrift für Kultur und Erziehung 14 (1959) 123 bis 132.

–: Schleiermachers Idee der Dialektik, in: Neue Zeitschrift für systematische Theologie und Religionsphilosophie 10 (1968) 225–260.

Keil, Siegfried: Die christliche Sittenlehre F. Schleiermachers. Versuch einer sozialethischen Aktualisierung, in: Neue Zeitschrift für systematische Theologie und Religionsphilosophie 10 (1968) 310–342.

–: Zum Neuansatz der Theologischen Ethik bei Friedrich Schleiermacher, in: Zeitschrift für evangelische Ethik 13 (1969) 40–52.

Keller-Wentorf, Christel: Schleiermachers Denken. Die Bewußtseinslehre in Schleiermachers philosophischer Ethik als Schlüssel zu seinem Denken. Berlin 1984.

Kimmerle, Heinz: Die Hermeneutik Schleiermachers im Zusammenhang seines spekulativen Denkens. Diss. Heidelberg 1957 (masch.).

–: Das Verhältnis Schleiermachers zum transzendentalen Idealismus, in: Kant-Studien 51 (1959/60) 410–426.

–: Hermeneutische Theorie oder ontologische Hermeneutik, in: Zeitschrift für Theologie und Kirche 59 (1962) 114–130.

–: Théologie philosophique et existence historique contréte, in: Archives de Philosophie 32 (1969) 40–68.

Kliebisch, Udo: Transzendentalphilosophie als Kommunikationstheorie. Eine Interpretation der Dialektik Friedrich Schleiermachers vor dem Hintergrund der Erkenntnistheorie Karl-Otto Apels. Bochum 1980.

Knittermeyer, Hinrich: Schelling und die romantische Schule. München 1929 (124–135, 254–276, 405–415).

Krapf, Gustav Adolf: Platonic Dialectics and Schleiermacher's Thought: an Essay towards the Reinterpretation of Schleiermacher. Yale University Ph. D. 1953.

Krautkrämer, Ursula: Staat und Erziehung. Begründung öffentlicher Erziehung bei Humboldt, Kant, Fichte, Hegel und Schleiermacher. München 1979.

Kroker, Paul: Die Tugendlehre Schleiermachers mit spezieller Berücksichtigung der Tugendlehre Platos. Diss. Erlangen 1889.

Laist, Bruno: Das Problem der Abhängigkeit in Schleiermachers Anthropologie und Bildungslehre. Ratingen 1965.

Lichtenstein, Ernst (Hrsg.): F. E. D. Schleiermacher. Ausgewählte pädagogische Schriften. Paderborn 1959, 3. Aufl. ebd. 1983.

–: Schleiermachers Pädagogik, in: Neue Zeitschrift für systematische Theologie und Religionsphilosophie 10 (1968) 343–359.

Lipsius, Richard Adelbert: Studien über Schleiermachers Dialektik, in: Zeitschrift für wissenschaftliche Theologie 12 (1869) 1–62, 113–154.

–: Schleiermachers Reden über die Religion, in: Jahrbücher für protestantische Theologie 1 (1875) 134–184, 269–315.

Loew, Wilhelm: Das Grundproblem der Ethik Schleiermachers in seiner Beziehung zu Kants Ethik. Berlin 1914, Repr. Würzburg 1971.

Lötzsch, Frieder: Kritik der Autorität. Das Sittengesetz als pädagogisches Problem bei Luther, Kant und Schleiermacher. Köln, Wien 1974.

Maraldo, John C.: Der hermeneutische Zirkel. Untersuchungen zu Schleiermacher, Dilthey und Heidegger. Freiburg i. Br., München 1974.

Meinecke, Friedrich: Zur Entstehungsgeschichte des Historismus und des Schleiermacherschen Individualitätsgedankens, in: Vom geschichtlichen Sinn und Sinn der Geschichte. Leipzig 1939. 97–122; auch in: F. M.: Werke. Bd. 4, Stuttgart 1959, 341–357.

Meister, Ernst: Schleiermachers Geschichts- und Staatsauffassung. Diss. Leipzig 1922 (masch.).

Meyer, E. Rudolf: Schleiermachers und C. G. v. Brinkmanns Gang durch die Brüdergemeinde. Leipzig 1905.

Michelet, Carl Ludwig: Geschichte der letzten Systeme der Philosophie in Deutschland von Kant bis Hegel. 2 Bde. Berlin 1837/1838, Repr. Hildesheim 1967 (II 46–114).

–: Der Standpunkt Schleiermachers, in: Der Gedanke 8 (1869) 59–71.

Miller, Marlin E.: Der Übergang. Schleiermachers Theologie des Reiches Gottes im Zusammenhang seines Gesamtdenkens. Gütersloh 1970.

Moretto, Giovanni: Attualità di Schleiermacher, in: Cultura e scuola 15 (1976) 103–132.

–: Etica e storia in Schleiermacher. Napoli 1979.

Müsebeck, Ernst: Schleiermacher in der Geschichte der Staatsidee und des Nationalbewußtseins. Berlin 1927.

Mulert, Hermann: Schleiermachers geschichtsphilosophische Ansichten in ihrer Bedeutung für seine Theologie. Gießen 1907.

–: Schleiermacher. Tübingen 1918.

–: Schleiermacher über Spinoza und Jacobi, in: Chronicon Spinoza-num 3 (1923) 195–316.

–: Schleiermacher und die Gegenwart. Frankfurt a. M. 1934.

Naumann, Friedrich (Hrsg.): Schleiermacher der Philosoph des Glau-bens. Berlin-Schöneberg 1910.

Neglia, F.: La filosofia della religione di Schleiermacher. Torino 1952.

Neubauer, Ernst: Die Begriffe Individualität und Gemeinschaft im Denken des jungen Schleiermacher, in: Theologische Studien und Kritiken 95 (1923) 1–77.

Neumann, Johannes: Schleiermacher. Existenz, Ganzheit, Gefühl als Grundlagen seiner Anthropologie. Berlin 1936.

Niebuhr, Richard R.: Schleiermacher: Theology as Human Reflection, in: The Harvard Theological Review 55 (1962) 21–49.

Nipkow, Karl-Ernst: Die Individualität als pädagogisches Problem bei Pestalozzi, Humboldt und Schleiermacher. Weinheim, Berlin 1960.

Odebrecht, Rudolf: Schleiermachers System der Ästhetik. Grundlegung und problemgeschichtliche Sendung. Berlin 1932.

–: Das Gefüge des religiösen Bewußtseins bei Fr. Schleiermacher, in: Blätter für Deutsche Philosophie 8 (1934/1935) 284–301.

–: Der Geist der Sokratik im Werke Schleiermachers, in: Geistige Ge-stalten und Probleme. Eduard Spranger zum 60. Geburtstag, hrsg. von H. Wenke. Leipzig 1942, 103–118.

Oettingen, Alexander von: Spinozas Ethik und der moderne Mate-rialismus, in: Dorpater Zeitschrift für Theologie und Kirche 7 (1865) 297–316.

Offermann, Doris: Schleiermachers Einleitung in die Glaubenslehre. Eine Untersuchung der „Lehnsätze". Berlin 1969.

Oranje, Leendert: God en Wereld. De vraag naar het transcendentale in Schleiermachers ›Dialektik‹. Amsterdam 1968.

Osculati, Roberto: Schleiermacher. L'uomo, il pensatore, il christiano. Brescia 1979.

Palmer, Richard E.: Hermeneutics. Interpretation Theory in Schleier-macher, Dilthey, Heidegger and Gadamer. Evanston (Ill.) 1969.

Pansch, Bernhard: Fichtes Bestimmung des Menschen und Schleier-machers Monologen (Beilage zum Programm des Realprovinzial-gymnasiums zu Buxtehude). Buxtehude 1885.

Patsch, Hermann: Friedrich Schlegels „Philosophie der Philologie" und Schleiermachers frühe Entwürfe zur Hermeneutik, in: Zeitschrift für Theologie und Kirche 63 (1966) 434–472.

Peiter, Hermann: Motiv oder Effekt. Kants imperativische Moral und Schleiermachers Lehre vom höchsten Gut, in: Die Zeichen der Zeit. Evangelische Monatsschrift für Mitarbeiter der Kirche 18 (1964) 327–332.

–: Theologische Ideologiekritik. Die praktischen Konsequenzen der Rechtfertigungslehre bei Schleiermacher. Göttingen 1977.

Platz, Carl: Schleiermachers Psychologie, in: Protestantische Kirchenzeitung 9 (1862) 479–485, 543–551, 567–577.

Pleger, Hagen: Praxis und Theorie in Schleiermachers Sozialphilosophie. Diss. Münster 1974.

Pohl, Karl: Studien zur Dialektik F. Schleiermachers. Diss. Mainz 1954 (masch.).

–: Die Bedeutung der Sprache für den Erkenntnisakt in der „Dialektik" Friedrich Schleiermachers, in: Kant-Studien 46 (1954/1955) 302 bis 332.

Pünjer, Georg Christian Bernhard (Hrsg.): Friedrich Schleiermachers Reden über die Religion (Kritische Ausgabe). Braunschweig 1879.

Quäbicker, Richard: Über Schleiermachers erkenntnistheoretische Grundansicht, ein Beitrag zur Kritik der Identitätsphilosophie. Breslau 1871.

Quapp, Erwin H. U.: Christus im Leben Schleiermachers. Vom Herrnhuter zum Spinozisten. Göttingen 1972.

–: Barth contra Schleiermacher? „Die Weihnachtsfeier" als Nagelprobe. Mit einem Nachwort zur Interpretationsgeschichte der „Weihnachtsfeier". Marburg 1978.

Reble, Albert: Schleiermachers Kulturphilosophie. Eine entwicklungsgeschichtlich-systematische Würdigung. Erfurt 1935.

–: Schleiermachers Denkstruktur, in: Zeitschrift für Theologie und Kirche, N.F. 17 (1936) 254–272.

–: Schleiermacher und das Problem einer Grundlegung der Pädagogik, in: Bildung und Erziehung 4 (1951) 801–815.

Redeker, Martin: Friedrich Schleiermacher. Berlin 1968.

–: Schleiermacher ist wieder im Gespräch, in: Deutsches Pfarrerblatt 68 (1968) 801–804.

Reuter, Hans: Zu Schleiermachers Idee des 'Gesamtlebens'. Berlin 1914, Neudr. Aalen 1973.

Reuter, Hans-Richard: Die Einheit der Dialektik Friedrich Schleiermachers: Eine systematische Interpretation. München 1979.

Ricœur, Paul: Schleiermacher's Hermeneutics, in: The Monist 60 (1977) 181–197.

Rintelen, Fritz Joachim von: Schleiermacher als Realist und Metaphysiker. Versuche über seine philosophische Dialektik, in: Philosophisches Jahrbuch 49 (1936) 223–254.

Ritter, August Heinrich: Die christliche Philosophie nach ihrem Begriff, ihren äußeren Verhältnissen und ihrer Geschichte bis auf die neuesten Zeiten. Bd. 2, Göttingen 1859 (747–812).

Rosenkranz, Karl: Kritik der Schleiermacherschen Glaubenslehre. Königsberg 1836.

Rothert, Hans-Joachim: Die Dialektik Friedrich Schleiermachers. Überlegungen zu einem noch immer wartenden Buch, in: Zeitschrift für Theologie und Kirche 67 (1970) 183–214.

Samson, Holger: Die Kirche als Grundbegriff der theologischen Ethik Schleiermachers. Basel 1958.

Schaller, Julius: Schleiermachers Dialektik, in: Hallische Jahrbücher für deutsche Wissenschaft und Kunst 181–185 (1839) 1441–1444, 1449–1472, 1476–1480.

–: Vorlesungen über Schleiermacher. Halle 1844.

Schmidt, Guenther R.: Friedrich Schleiermacher, a Classical Thinker on Education, in: Educational Theory 22 (1972) 405–459.

Schmidt, Julius: Wie verhält sich der Tugendbegriff bei Schleiermacher zu dem platonischen? Aschersleben 1873.

Schmidt, Paul: Spinoza und Schleiermacher. Die Geschicke ihrer Systeme und ihr gegenseitiges Verhältniß. Ein dogmengeschichtlicher Versuch. Berlin 1868.

Schmied-Kowarzik, Wolfdietrich: Schleiermacher im zweihundertsten Geburtsjahr. Ein Literaturbericht, in: Archiv für Geschichte der Philosophie 52 (1970) 91–108.

Schmolze, Gerhard: „Freie Geselligkeit." Ein unausgearbeitetes Kapitel der Ethik Schleiermachers, in: Jahrbuch der Schlesischen Friedrich-Wilhelms-Universität zu Breslau 16 (1971) 232–261.

Scholtz, Gunter: Schleiermachers Musikphilosophie. Göttingen 1981.

–: Schleiermachers Theorie der modernen Kultur mit vergleichendem Blick auf Hegel, in: Kunsterfahrung und Kulturpolitik im Berlin Hegels (Hegel-Studien, Beiheft 22), hrsg. von O. Pöggeler, A. Gethmann-Siefert. Bonn 1983, 131–151.

Scholtz, Gunter: Schleiermachers Dialektik und Diltheys erkenntnistheoretische Logik, in: Dilthey-Jahrbuch für Philosophie und Geschichte der Geisteswissenschaften 2 (1984).

–: Schleiermacher und die Platonische Ideenlehre, in: Kongreßbericht des Internationalen Schleiermacher-Kongresses. Berlin 1985.

Scholz, Heinrich: Christentum und Wissenschaft in Schleiermachers Glaubenslehre. 2. Aufl. Leipzig 1911.

Schott, Erdmann: Erwägungen zu Schleiermachers Programm einer philosophischen Theologie, in: Theologische Literaturzeitung 88 (1963) 321–336.

Schrofner, Erich: Theologie als positive Wissenschaft. Prinzipien und Methoden der Dogmatik bei Schleiermacher. Frankfurt a. M. 1980.

Schürer, Emil: Schleiermachers Religionsbegriff und die philosophischen Voraussetzungen desselben. Leipzig 1868.

Schuffenhauer, Heinz (Hrsg.): Friedrich Daniel Schleiermacher. Ausgewählte pädagogische Vorlesungen und Schriften. Berlin-Ost 1965.

–: Der fortschrittliche Gehalt der Pädagogik Schleiermachers. Berlin-Ost 1965.

Schulte, Robert Werner: Schleiermachers Monologen in ihrem Verhältnis zu Kants Ethik, in: Vierteljahrsschrift für wissenschaftliche Philosophie und Soziologie 40 (1916) 300–320.

Schultz, Werner: Die theoretische Begründung des Begriffs der Individualität in Schleiermachers ethischen Entwürfen, in: Zeitschrift für Theologie und Kirche, N.F. 5 (1924) 37–63.

–: Das Verhältnis von Ich und Wirklichkeit in der religiösen Anthropologie Schleiermachers. Göttingen 1935.

–: Die Grundprinzipien der Religionsphilosophie Hegels und der Theologie Schleiermachers. Ein Vergleich. Berlin 1937.

–: Die Grundlagen der Hermeneutik Schleiermachers, ihre Auswirkungen und ihre Grenzen, in: Zeitschrift für Theologie und Kirche 50 (1953) 158–184.

–: Schleiermacher und der Protestantismus. Hamburg 1957.

–: Die Idee der Menschheit bei Schleiermacher, in: Studium generale 15 (1962) 246–264.

–: Die Transformierung der theologia crucis bei Hegel und Schleiermacher, in: Neue Zeitschrift für Systematische Theologie und Religionsphilosophie 6 (1964) 290–317.

–: Das griechische Ethos in Schleiermachers Reden und Monologen, in: Neue Zeitschrift für systematische Theologie und Religionsphilosophie 10 (1968 a) 261–288.

–: Die unendliche Bewegung in der Hermeneutik Schleiermachers und ihre Auswirkung auf die hermeneutische Situation der Gegenwart, in: Zeitschrift für Theologie und Kirche 65 (1968 b) 23–52.

Schulze, Theodor: Stand und Probleme der erziehungswissenschaftlichen Schleiermacher-Forschung in Deutschland, in: Paedagogica Historica 1 (1961) 291–326.

Schurr, Johannes: Schleiermachers Theorie der Erziehung. Interpretationen zur Pädagogikvorlesung von 1826. Düsseldorf 1975.

Scott, Charles E.: Schleiermacher and the Problem of Divine Immediacy, in: Religious Studies 3 (1967/1968) 499–512.

Seifert, Paul: Die Theologie des jungen Schleiermacher. Gütersloh 1960.

Senft, Christophe: Die neue Aktualität Schleiermachers, in: Philosophische Rundschau 10 (1962) 283–290.

Siegmund-Schultze, Friedrich Wilhelm: Schleiermachers Psychologie in ihrer Bedeutung für die Glaubenslehre. Tübingen 1913.

Sigwart, Christoph von: Schleiermachers Erkenntnistheorie und ihre Bedeutung für die Grundbegriffe der Glaubenslehre, in: Jahrbücher für Deutsche Theologie 2 (1857) 167–327; ders.: Schleiermachers psychologische Voraussetzungen, insbesondere die Begriffe des Gefühls und der Individualität, ebd. 829–864. Beide Abhandlungen in einem Band. Darmstadt 1974 (Zitation nach dieser Ausgabe).

Simon, Marianna: Sentiment religieux et sentiment esthétique dans la philosophie religieuse de Schleiermacher, in: Archives de philosophie 32 (1969) 69–90.

–: La philosophie de la religion dans l'œuvre de Schleiermacher. Paris 1974.

Sommer, Wolfgang: Cusanus und Schleiermacher, in: Neue Zeitschrift für systematische Theologie und Religionsphilosophie 12 (1970) 85–102.

–: Der Zusammenhang von Pädagogik und praktischer Theologie in Schleiermachers Religionspädagogik, in: Der evangelische Erzieher 30 (1978) 321–341.

Sorrentino, Sergio: Schleiermacher e la filosofia della religione. Brescia 1978.

Spiegel, Yorick: Theologie der bürgerlichen Gesellschaft. Sozialphilosophie und Glaubenslehre bei Friedrich Schleiermacher. München 1968.

Stahl, Friedrich Julius: Die Philosophie des Rechts. 1. Bd.: Geschichte der Rechtsphilosophie. 2. Aufl. Heidelberg 1847 (515–541).

Stalder, Robert: Grundlinien der Theologie Schleiermachers. I. Zur Fundamentaltheologie. Wiesbaden 1969 a.

–: Aspects du principe d'individuation chez Schleiermacher, in: Archives de philosophie 32 (1969 b) 91–112, 206–229.

Stoltenberg, Hans Lorenz: Friedrich Schleiermacher als Soziologe, in: Zeitschrift für die gesamte Staatswissenschaft 88 (1930) 71–113.

Stosch, Gerhard: Die Gliederung der Gesellschaft bei Schleiermacher, ein Beispiel der genetisch-konstruktiven Klassifikationsmethode, in: Vierteljahrsschrift für wissenschaftliche Philosophie und Soziologie 29, N.F. 4 (1905) 67–110, 165–177.

Strauss, David Friedrich: Schleiermacher und Daub, in ihrer Bedeutung für die Theologie unserer Zeit, in: D. F. St.: Charakteristiken und Kritiken. Leipzig 1839, 3–212.

–: Der Christus des Glaubens und der Jesus der Geschichte. Eine Kritik des Schleiermacherschen Lebens Jesu. Berlin 1865, Neudr., hrsg. von H.-J. Geischer, Gütersloh 1971.

Sünkel, Wolfgang: Friedrich Schleiermachers Begründung der Pädagogik als Wissenschaft. Ratingen 1964.

Süskind, Hermann: Der Einfluß Schellings auf die Entwicklung von Schleiermachers System. Tübingen 1909.

–: Christentum und Geschichte bei Schleiermacher. Die geschichtsphilosophischen Grundlagen der Schleiermacherschen Theologie. Tübingen 1911.

Szondi, Peter: Einführung in die literarische Hermeneutik, hrsg. von J. Bollack u. H. Stierlin. Frankfurt a. M. 1975 (bes. 155–191).

–: Schleiermachers Hermeneutik heute, in: Sprache im technischen Zeitalter 58 (1976) 95–111.

Thiel, John E.: God and World in Schleiermacher's 'Dialektik' and 'Glaubenslehre': Criticism and Methodology of Dogmatics. Bern, Frankfurt a. M., Las Vegas 1981.

Thilo, Christfried Albert: Die Wissenschaftlichkeit der modernen spekulativen Theologie. Leipzig 1851 (54–96).

Thimme, Gottfried: Die religionsphilosophischen Prämissen der Schleiermacherschen Glaubenslehre. Hannover, Leipzig 1901.

Thomsen, Nicolaus: Die Schleiermacher'sche philosophische Grundansicht, dargestellt und erörtert, in: Theologische Mitarbeiten 3 (1840) 39–122 (separat Kiel 1840).

Tice, Terrence N.: Schleiermacher Bibliography. With Brief Introductions, Annotations, and Index. Princeton, New Jersey 1966.

Timm, Hermann: Die heilige Revolution. Das religiöse Totalitätskonzept der Frühromantik. Schleiermacher – Novalis – Friedrich Schlegel. Frankfurt a. M. 1978.

Tissot, David: La dialectique de Schleiermacher, in: Revue de Théologie et de Philosophie 33 (1900, Repr. 1965) 156–167, 294–301, 512–543; 34 (1901) 333–341.

Todt, Bernhardt: Schleiermachers Platonismus. (Programm des Königl. Gymnasiums Wetzlar für das Schuljahr 1881/82.) Wetzlar 1882.

Töllner, Heinrich: Die Bedeutung der Geselligkeit in Schleiermachers Leben und Schriften. Erlangen 1927.

Torrance, Thomas F.: Hermeneutics According to F. D. E. Schleiermacher, in: Scottish Journal of Theology 21 (1968) 257–267.

Trillhaas, Wolfgang: Der Mittelpunkt der Glaubenslehre Schleiermachers, in: Neue Zeitschrift für Systematische Theologie und Religionsphilosophie 10 (1968) 289–309.

Trowitzsch, Michael: Zeit zur Ewigkeit. Beiträge zum Zeitverständnis in der „Glaubenslehre" Schleiermachers. München 1976.

Twesten, August: Friedrich Schleiermachers Grundriß der philosophischen Ethik; mit einleitender Vorrede. Berlin 1841.

–: Zur Erinnerung an Friedrich Daniel Ernst Schleiermacher. Berlin 1869.

Uhlhorn, Otto: Schleiermachers Entwurf einer Kritik der bisherigen Sittenlehre dargestellt und nach seinen Ergebnissen untersucht. Diss. Rostock 1894.

Ungern-Sternberg, Arthur von: Freiheit und Wirklichkeit. Schleiermachers philosophischer Reifeweg durch den deutschen Idealismus. Gotha 1931.

–: Schleiermachers völkische Botschaft aus der Zeit der deutschen Erneuerung. Gotha 1933.

Van der Bend, Johannes Gerrit: Schleiermachers „Reden über die Religion" en Spinoza, in: Algemeen Nederlands Tijdschrift voor Wijsbegeerte en Psychologie 61 (1969) 93–106.

Vattimo, Gianni: Introduzione all'ermeneutica di Schleiermacher. Torino 1967.

–: Schleiermacher. Filosofo dell'interpretatione. Milano 1968.

Viëtor, Lukas: Schleiermachers Auffassung von Freundschaft, Liebe und Ehe in der Auseinandersetzung mit Kant und Fichte. Eine Untersuchung zur Ethik Schleiermachers. Tübingen 1910.

185

Völter, Hans (Hrsg.): Schleiermacher und die Gegenwart. Fünf Vorträge. Heilbronn 1919.

Vorländer, Franz: Schleiermachers Sittenlehre ausführlich dargestellt und beurtheilt mit einer einleitenden Exposition des historischen Entwicklungsganges der Ethik überhaupt. Marburg 1851.

Vorsmann, Norbert: Die Bedeutung des Platonismus für den Aufbau der Erziehungstheorie bei Schleiermacher und Herbart. Ratingen 1968.

Wach, Joachim: Das Verstehen. Grundzüge einer Geschichte der hermeneutischen Theorie im 19. Jahrhundert. 3 Bde., Tübingen 1926 bis 1933, Neudr. Hildesheim 1966 (bes. Bd. 1, 83–167).

Wagner, Falck: Schleiermachers Dialektik. Eine kritische Interpretation. Gütersloh 1974.

Weber, Fritz: Schleiermachers Wissenschaftsbegriff. Eine Studie aufgrund seiner frühesten Abhandlungen. Gütersloh 1973.

Wehrung, Georg: Der geschichtsphilosophische Standpunkt Schleiermachers zur Zeit seiner Freundschaft mit den Romantikern. Straßburg 1907.

–: Die philosophisch-theologische Methode Schleiermachers. Eine Einführung in die kurze Darstellung und in die Glaubenslehre. Göttingen 1911.

–: Die Dialektik Schleiermachers. Tübingen 1920.

–: Schleiermacher in der Zeit seines Werdens. Gütersloh 1927.

Weimar, Klaus: Historische Einleitung zur literaturwissenschaftlichen Hermeneutik. Tübingen 1975 (bes. 116–134).

Weiß, Bruno: Untersuchungen über F. Schleiermachers Dialektik, in: Zeitschrift für Philosophie und philosophische Kritik 73 (1878) 1–31; 74 (1879) 30–93; 75 (1879) 250–280; 76 (1880) 63–84.

Weissenborn, Georg: Vorlesungen über Schleiermachers Dialektik und Dogmatik. 2 Tle. Leipzig 1847/1849.

Weniger, Erich (Hrsg.): Friedrich Schleiermacher. Pädagogische Schriften. Unter Mitwirkung von Theodor Schulze herausgegeben. 2 Bde. 2. Aufl. Düsseldorf 1966, Neudr. Berlin 1983/1984.

Weymann, Volker: Glaube als Lebensvollzug und der Lebensvollzug des Denkens. Eine Untersuchung zur Glaubenslehre Friedrich Schleiermachers. Göttingen 1977.

Wiehl, Reiner: Schleiermachers Hermeneutik – Ihre Bedeutung für die Philologie in Theorie und Praxis, in: Philologie und Hermeneutik im 19. Jahrhundert, hrsg. von H. Flashar, K. Gründer, A. Horstmann. Göttingen 1979, 32–67.

Wilke, Hans-Hermann: Religionspädaogik, wissenschaftliche Bildung und Theologie – Am Beispiel der religionspädagogischen Fragestellungen in Schleiermachers System der Wissenschaften. Diss. Hannover 1977.

Williams, Robert R.: Schleiermacher the Theologian: The Construction of the Doctrine of God. Philadelphia 1978.

–: Hegel and Schleiermacher on the Question of Theological Truth, in: Phenomenology and the Understanding of Human Destiny, hrsg. von St. Skousgaard. Washington D.C. 1981, 285–301.

–: Some Uses of Phenomenology in Schleiermacher's Theology, in: Philosophy today 26 (1982) 171–191.

Willim, Bernd: Urbild und Rekonstruktion. Zur Bedeutung von Schleiermachers Konzept der Literaturauslegung in der aktuellen Diskussion um eine materiale Hermeneutik. Frankfurt a. M. 1983.

Winkler, Michael: Geschichte und Identität. Versuch über den Zusammenhang von Gesellschaft, Erziehung und Individualität in der „Theorie der Erziehung" Friedrich Daniel Ernst Schleiermachers. Bad Heilbrunn 1979.

Wintsch, Hans-Ulrich: Religiosität und Bildung. Der anthropologische und bildungsphilosophische Ansatz in Schleiermachers Reden über die Religion. Zürich 1967.

Wobbermin, Georg: Methodenfragen der heutigen Schleiermacherforschung, in: Nachrichten von der Gesellschaft der Wissenschaften zu Göttingen, philologisch-historische Klasse (1930) 30–52.

Zeller, Eduard: Erinnerung an Schleiermachers Lehre von der Persönlichkeit Gottes, in: Theologische Jahrbücher 1 (1842) 263–287.

Aus dem weiteren Programm

6303-1 Aguirre, Antonio F.:
Die Phänomenologie Husserls im Licht ihrer gegenwärtigen Interpretation und Kritik. (EdF, Bd. 175.)

1982. VII, 173 S., kart.

Diese Abhandlung ist eine systematische Auseinandersetzung mit den wichtigsten, auf zentrale Punkte der Husserlschen Phänomenologie zielenden Kritiken. Die Antwort auf diese Einwendungen machte neue Forschungen notwendig, wodurch einige immer noch sehr kontroverse Aspekte des Husserlschen Denkens – Intersubjektivität, Lebenswelt – erhellt werden konnten.

8540-X Kant, Immanuel:
Vorlesungen über die philosophische Religionslehre. (1830)
Hrsg. von K. H. L. Pölitz.

Reprogr. Nachdr. 1982. (IV)XX, 235 S., Gzl.

Inhalt: Vorreden zur ersten und zweiten Auflage (von K. H. L. Pölitz). Einleitung in die philosophische Religionslehre. I. Die Transzendentaltheologie. II. Die Moraltheologie. Anhang: Geschichte der natürlichen Theologie.

8769-0 Kaufmann, Walter:
Nietzsche. Philosoph – Psychologe – Antichrist.
Aus dem Amerikanischen übers. von Jörg Salaquarda.

1982. (II)XXVIII, 562 S., Efalin-Einband.

Der Autor weist nach, wie die frühen Nietzsche-Rezeptionen eine Nietzsche-Legende erzeugt haben, die vom Nationalsozialismus aufgenommen und noch verstärkt worden ist. Die Darstellung zerstört diese Legende und stellt Nietzsche in den Zusammenhang der großen Tradition des Philosophierens.

8542-6 Kaulbach, Friedrich:
Einführung in die Philosophie des Handelns.

1982. XII, 178 S., kart.

In diesem Buch wird zwischen „Praxis" und dem „Handeln" in engerem Sinne des Bewirkens bzw. Veränderns unterschieden. Im Spannungsfeld zwischen den beiden Gestalten des Handelns werden fünf Möglichkeiten der Rationalität aufgewiesen, von denen bei der Erklärung der Grundlagen des Handelns Gebrauch gemacht wird. Transzendentalphilosophische Erörterungen des Entwurfes der Handlungswelt machen die Ermöglichung des Handelns begreifbar.

8547-7 Weimer, Wolfgang:
Schopenhauer. (Erträge der Forschung, Bd. 171.)

1982. XI, 172 S. mit einigen tabellarischen Aufstellungen, kart.

Die vorliegende Untersuchung möchte im Ausgang von Schopenhauers kritischer Beschäftigung mit Kant und Fichte einen systematischen Zugang zu Schopenhauers Philosophie vermitteln und berücksichtigt dabei vor allem die Plausibilität der Argumente vieler seiner Gedanken zu Erkenntnistheorie, Metaphysik, Ästhetik und Ethik.

83/I

WISSENSCHAFTLICHE BUCHGESELLSCHAFT
Hindenburgstr. 40   D-6100 Darmstadt 11

Aus dem ⓦ-Gesamtprogramm

6713-4 Giese, Richard-Heinrich:
Einführung in die Astronomie.

1981. XII, 395 S. mit 21 Tab. u. 75. Abb., 34 Abb. auf 32 S. Kunstdr.

In kompakter, aber leicht lesbarer Form legt Giese die wichtigsten Grundlagen und interessantesten Ergebnisse der Astronomie dar. Das Manuskript ist aus einem Universitätskurs für Lehramtskandidaten hervorgegangen und sowohl zum Selbststudium wie auch als mögliche Arbeitsgrundlage für die neugestaltete gymnasiale Oberstufe gedacht.

3179-2 Hütteroth, Wolf-Dieter:
Türkei. (WL, Bd. 21.)

1982. XXI, 548 S. mit mehreren Tab., 111 Abb. u. 5 farb. Kt., kart.

Die Türkei zeigt in ihrer Landschaftsphysiognomie deutliche Beziehungen zu ihren europäischen wie auch zu ihren orientalischen Nachbarländern. Hier vollzieht sich der Übergang südosteuropäischer zu orientalischer Kulturlandschaft, verbunden mit einem Entwicklungsgefälle von West nach Ost.

7058-5 Kienast, Dietmar:
Augustus.

1982. X, 515 S. mit 1 Kt., 2 Faltkt., Gzl.

Das Buch gibt einen Überblick über die reichen Ergebnisse der internationalen Forschung, besonders der letzten Jahrzehnte. Anhand einer an den Quellen orientierten Darstellung des Aufstiegs und der Politik des Oktavian/Augustus werden alle Bereiche seines politischen Wirkens diskutiert und noch bestehende Forschungsprobleme aufgezeigt.

8629-5 Krieg, Werner:
Einführung in die Bibliothekskunde.

1982. VI, 164 S., kart.

Dieses Buch gibt u. a. eine Charakteristik der verschiedenen Bibliothekstypen, eine Darstellung der Organisation des Bibliothekswesens und eine Schilderung der Arbeitsabläufe in den Bibliotheken. Ein Überblick über die Geschichte der Bibliotheken sowie Ratschläge für die Benutzung runden das Bild ab.

9365-8 Ranke, Leopold von:
Über die Epochen der neueren Geschichte. Vorträge dem Könige Maximilian II. von Bayern gehalten. (Hundertjahr-Gedächtnisausgabe 1954.)

Reprogr. Nachdr. 1982. VIII, 167 S., Paperback.

In den berühmten Vorlesungen, die Ranke im Jahre 1854 vor dem bayerischen König hielt, hat er den Versuch gemacht, in kurzem Abriß die historische Entwicklung von der ausgehenden Antike bis zur Mitte des 19. Jahrhunderts aufzuzeigen, von den Grundlagen des römischen Weltreiches bis zur „konstitutionellen Zeit".

83/I

WISSENSCHAFTLICHE BUCHGESELLSCHAFT
Hindenburgstr. 40   D-6100 Darmstadt 11